बाजे पायलिया के घुँघरू

जीवन को सन्मित्र की तरह बदलनेवाले, बेहद मनोरंजक
चौंतीस संस्मरणात्मक निबन्ध

बाजे पायलिया के घुँघरू

कन्हैयालाल मिश्र 'प्रभाकर'

भारतीय ज्ञानपीठ

लोकोदय ग्रन्थमाला : ग्रन्थांक 57

ग्रन्थमाला सम्पादक

रवीन्द्र कालिया

सह-सम्पादक

गुलाबचन्द्र जैन

पहला संस्करण : 1957
पाँचवाँ संस्करण : 2004
छठा संस्करण : 2011

ISBN 978-81-263-3077-5

प्रकाशक :
भारतीय ज्ञानपीठ
18, इन्स्टीट्यूशनल एरिया, लोदी रोड
नयी दिल्ली-110 003

मुद्रक : आर.के. ऑफसेट, दिल्ली-110 032

छठा संस्करण : 2011
मूल्य : 120 रुपये

BAAJE PAYALIYA KE GHUNGHAROO
(Reminiscential Essays)
by Kanhaiya Lal Mishra 'Prabhakar'

Published by
Bharatiya Jnanpith
18, Institutional Area, Lodi Road
New Delhi-110 003
e-mail : jnanpith@satyam.net.in, sales@jnanpith.net
website : www.jnanpith.net

Sixth Edition : 2011
Price : Rs. 120

उग-उभरती पीढ़ियों के हाथों में

मैं गाँधी-जवाहरलाल-सुभाष की जिस पीढ़ी में जन्मा, पला, बड़ा हुआ और जिया, वह भारत की स्वतन्त्रता के सिपाहियों की पीढ़ी थी।

इस पीढ़ी की जवानी लाठी चार्जों की धमाधम, गोलीकाण्डों की धायँ-धायँ और हथकड़ी-बेड़ियों की छनाछन में बीती। इसके बाद की पीढ़ी, जिसमें मेरा बुढ़ापा बीत रहा है, राष्ट्र के नवनिर्माताओं की पीढ़ी है और उनका कार्य है देश की भावी पीढ़ियों के लिए सुख-साधन सँजोना।

क्या ये दो भिन्न कार्य हैं ?

ना, मैं नहीं मानता यह। ये दोनों कार्य एक ही जीवन की परिपूर्णता के तन्त्र-मन्त्र हैं, पर मैं मानता हूँ कि सांसारिक वैभव की परिपूर्णता होते भी जीवन की परिपूर्णता अपूर्ण है, यदि मानसिक परिपूर्णता न हो।

मेरा विश्वास है कि उग-उभरती पीढ़ियों की मानसिक पूर्णता के लिए ये लेख अमोघ रसायन हैं; तो अपने जीवन की यह कमाई मैं अपनी उग-उभरती पीढ़ियों के हाथों आनन्द और शुभ कामनाओं के साथ समर्पित करता हूँ; क्योंकि अपनी मृत्यु के बाद मैं उन्हीं में तो जीवन का आनन्द भोगूँगा !

—**'प्रभाकर'**

यह क्या पढ़ रहे हैं आप ?

एक बार मैं गाँधी जी के निकट बैठा था और बातचीत प्रार्थना पर चल रही थी। वे बोले, "प्रार्थना का एक चमत्कार यह है कि हमारे सामने जब विकट समस्याएँ होती हैं और हमारी शक्तियाँ उन्हें सुलझाने में अपने को असमर्थ पाती हैं, हम सरल भाव से प्रार्थना करें, तो परिस्थितियों में बिना किसी प्रयत्न के ऐसा परिवर्तन हो जाता है कि वे समस्याएँ आप ही आप सुलझ जाती हैं।"

मैंने नम्रता से पूछा, "बापू, बिना किसी प्रयत्न के इस परिवर्तन का रहस्य क्या है ?"

बापू ने कहा, "यह बात एक और एक दो की भाषा में नहीं कही जा सकती, पर सत्य है। अपनी भाषा में मैं इसे ईश्वर की कृपा मानता हूँ, पर मनोवैज्ञानिक रूप में भी इस पर बहुत कुछ कहा जा सकता है।"

नरेन्द्रनाथ रामकृष्ण परमहंस के निकट गये, तो नास्तिक थे, पर लौटे, तो आस्तिक होकर।

मैं अनेक बार अशान्ति के क्षणों में लहलहाते खेतों पर गया हूँ और वहाँ से उत्फुल्ल होकर लौटा हूँ।

यह सब क्या है ?

यह सब शुभ सम्पर्क की शक्ति है।

अत्यन्त नम्रता के साथ मैं कहना चाहता हूँ कि इन लेखों में वही शुभ सम्पर्क है, जो अशान्ति में शान्ति, नीरसता में सरसता और निराशा में आशा का भाव देकर मन को बिना किसी प्रयत्न के यों बदल देता है कि जीवन अपनेआप पहले से अच्छा और आनन्दपूर्ण हो जाता है।

एक ही बात हम दो आदमी कहते हैं, पर एक की बात का हम पर

कोई असर नहीं होता और दूसरे की बात का हमें तुरत विश्वास को जात
है। यह क्यों ?

यह इसलिए कि एक कहता है बुद्धि से और दूसरा हृदय से। बुद्धि
को बात बुद्धि से टकराती है और हृदय की हृदय से, यह प्राकृतिक नियम
है। बुद्धि है अविश्वासी, अनिश्चयात्मक और तार्किक, इसलिए बुद्धि की बा
बुद्धि में नहीं उतरती, देर में उतरती है और उतरकर भी यों नहीं पचत
कि रस बनकर जीवन को सौन्दर्य दे, पर हृदय है विश्वासी और सरल
इसलिए हृदय की बात हृदय में झट उतर जाती है और यों पच जाती
कि रस बनकर जीवन को सौन्दर्य दे।

इन लेखों में न बुद्धि के गोरखधन्धे हैं, न सूखे ज्ञान के अम्बार; सर
हृदय की जिज्ञासाएँ हैं, चिन्तन हैं, अध्ययन हैं, प्रयत्न हैं, समाधान है
सफलताएँ हैं, अनुभव हैं, निष्कर्ष हैं।

इसीलिए वे पाठक को बहस में निरुत्तर नहीं करते, मन में शान्त कर
हैं; उसके ज्ञान को झकझोरते नहीं, जीवन को बदलते हैं और यह सब
दण्ड या कड़ाई से नहीं, मिठास से मित्र की तरह—सच तो यों कि पता न
चलता और जीवन में परिवर्तन हो जाता है, वह ऊँचा उठ जाता है, जीव
की पायलिया के घुँघरू बज उठते हैं, उसमें सात्त्विक आनन्द भर जाता
और यह आनन्द उसे रचनात्मक कर्म में लगा देता है।

बस यहीं ये लेख इस तरह के दूसरे लेखों से भिन्न हैं।

इसी शृंखला के कुछ लेख 'ज़िन्दगी मुसकरायी', 'ज़िन्दगी लहलहाय
और 'महके आँगन, चहके द्वार' में छपे हैं और कुछ ये हैं। इनमें मेरी लगभ
चार दशाब्दियों की जीवन-साधना है और यह मेरा अभिमान नहीं सन्तो
है कि देश की उग-उभरती पीढ़ियों को मैं यह उपहार दे सका।

—कन्हैयालाल मिश्र 'प्रभाक

अनुक्रम

यह किसका सिनेमा है ?

लम्बी बीमारी से उठकर अपने ही नगर की नहर पर उस दिन गया, तो लगा जैसे मेरा पुनर्जन्म हुआ है। चारों ओर अजीब-सा लगता था।

रास्ते में देखा एक नया सिनेमा-घर बन रहा है। जिस मित्र की मोटर में घूमने गया था, उनसे ही पूछा, "यह किसका सिनेमा बन रहा है भाई ?"

बोले, "यह रण्डी का सिनेमा है।"

"रण्डी का ?" मुझे हँसी आ गयी। मैंने कहा, "फिर तुमसे अच्छी तो यह रण्डी ही रही कि कमाई से इतना बड़ा सिनेमा बना लिया। तुम्हारी तो दूकान भी अभी तक किराये की है।"

वे भी हँस पड़े, बात पूरी, पर पूरी होकर भी इसने मेरे मन में जिज्ञासा का एक जाल-सा पूर दिया। एक रण्डी ने इस नगर में इतना रुपया कमा लिया कि खा-पीकर वह इतना रुपया जोड़ सकी कि लाख रुपये लगाकर यह बिल्डिंग बना-खड़ी की। कुछ-न-कुछ तो पास भी बचा रखा होगा और डेढ़ लाख जिसके पास है, उसने खाने-पीने में भी तीन लाख ख़र्चे ही होंगे, तो एक रण्डी ने पाँच लाख रुपये कमाये। इन पाँच लाख के पीछे कितने उजड़े और उदास घरों की कहानियाँ कसक रही हैं, इसे कौन जान सकता है ? और यह रण्डी, जो स्वयं सबसे बड़ी कसक कहानी है इस समाज-व्यवस्था की !

दो

कुछ दिन बाद मैं स्वास्थ्य-सुधार के लिए पहाड़ चला गया। वहीं एक दिन

एक बेंच पर बैठा, मैं सामने का पहाड़ देख रहा था कि पास की बेंच पर एक सज्जन आकर बैठ गये और कोई पुस्तक पढ़ने लगे—एकदम गम्भीर और डूबे हुए।

तभी उधर आ निकले एक और सज्जन—कोट-बूट-धारी और उन पढ़न्तू मित्र के पास पहुँचते-न-पहुँचते बोले, "मैं तो तुम्हारे कमरे पर गया था। नौकर से मालूम हुआ कि तुम इधर घूमने गये हो। मैंने सोचा—चलो, उधर ही चलूँ, कहीं-न-कहीं मुलाकात हो ही जाएगी।"

दूर बैठे-ही-बैठे मैंने महसूस किया कि उन्हें इनका यहाँ आना अच्छा नहीं लगा। तभी उड़ती-उखड़ती-सी आवाज़ में वे बोले, "हाँ, मैं इधर चला आया था।"

मन में सोचा—इस 'हाँ' का अर्थ है कि बड़ी बेवक़ूफ़ी की, जो नौकर को अपना पता दे आया कि भूत की तरह आप मेरे पीछे यहीं आ धमके। मुझे लगा कि ये आने वाले सज्जन, इनसे कोई ऐसी बात चाहते हैं, जिन्हें यह पसन्द नहीं करते।

बेंच पर बैठते-बैठते उन्होंने कहा, "तो फिर क्या सोचा तुमने अपनी पॉलिसी के बारे में ? और सोचना क्या है, लो फ़ॉर्म भर दो।"

अरे, यह तो बीमा कम्पनी का एजेण्ट है। बीमा-एजेण्ट, अपने समय का ऐसा आदमी जिसे कोई पसन्द नहीं करता, पर जो बिना बुलाये भी किसी के घर जाने में नहीं झिझकता !

तीन

स्वस्थ होकर पहाड़ से लौट आया, तो एक दिन मेरे एक परिचित किसी अपरिचित को साथ लिये आये और बोले, "ये मेरे मित्र हैं भाई साहब, और आपकी मदद चाहते हैं।" ये सज्जन होंगे कोई पचास वर्ष के। चेहरे पर सौम्यता, तो गले में मिठास। बोले, "बनता-बनता मेरा सिनेमा रुक गया है। आप जानें, ये परमिट-कण्ट्रोल के दिन हैं, बिना सिफ़ारिश कोई बात नहीं करता, पर बरसात ऊपर से आ रही है, अब छत न पड़ी तो सारी लागत पानी में बह जाएगी और हम कहीं के न रहेंगे। आप टी. आर. ओ. से कहकर हमें थोड़ा-सा लोहा और सीमेण्ट दिला दें, तो हमारा काम बन

जाए।"

मैंने कोशिश करने की बात कही और पूछा, "कौन-सा सिनेमा बना रहे हैं आप ?"

बोले, "नहर की सड़क पर बना रहा हूँ। बस छत पड़ी कि तैयार हुआ। तब दिखाऊँगा आपको।"

सुनकर मुझे याद आ गयी, अपने मित्र की बात, "यह रण्डी का सिनेमा है।"

टटोलते-से पूछा, "पर सुना था, वह सिनेमा तो कोई बहन बना रही हैं ?"

"जी हाँ !" वे ख़ुश होकर बोले, "वो मेरी बीवी हैं। मैं तो एक ग़रीब आदमी हूँ, पर उनके पास थोड़ी-सी जमा-पूँजी है। वही उसे बना रही हैं।"

वे चले गये और मुझे उलझा गये। मैं सोचता रहा—मित्र कहते हैं, यह रण्डी का सिनेमा है, ये हज़रत कहते हैं सिनेमा मेरी बीवी बना रही हैं !

मैं उठकर सिनेमा की ओर गया। म्युनिसिपैलिटी का भंगी झाड़ू लगा रहा था, उससे पूछा, "यह किसका सिनेमा बन रहा है चौधरी साहब ?" बोला, "यह रण्डी का सिनेमा है बाबूजी !"

तभी उधर से निकले म्युनिसिपल बोर्ड के एक मेम्बर। मैंने कहा, "आप के वार्ड में तो यह बहुत शानदार सिनेमा बन रहा है, आप ही बना रहे हैं क्या ?"

बोले, "नहीं जी, यह तो किसी रण्डी ने बनाया है। हम क्या बनाएँगे सिनेमा, गुज़र ही मुश्किल से हो रही है !"

मैं लौट आया। अजीब बात है कि भंगी और मेम्बर साहब, दोनों कहते हैं, यह किसी रण्डी का सिनेमा है और वे साहब फ़रमाते हैं कि मेरी बीवी यह सिनेमा बना रही हैं। क्या सारा समाज झूठा है और बस वे ही सच्चे हैं ?

चार

तीसरे दिन अपनी दरख़्वास्त लिये वे आ पहुँचे। मैं रण्डी और बीवी के झमेले में उलझा था—हम बातों में ढल गये और जो कुछ हाथ आया, यह है—

माँ और बेटी। माँ ढलती हुई, तो बेटी उभरती हुई, जिसकी उम्र नयी, रूप नया, नाम नया, हर बात नयी और ये अभी-अभी बाप को दफ़नाकर निमटे एक नौजवान, जिनकी उम्र नयी, रूप नया, चाव नये, हर बात नयी और बाप की कमाई दौलत पास ! वे दोनों वेश्याएँ, यह आज़ाद रईस। उधर एक महा घाघ, तो दूसरी बछेरी, एक का इशारा, तो दूसरी का उस्तरा और इधर वह अलमस्त छैला, जो पिये गया और दिये गया। बस पाँच-सात बरसों में ही ऐसी हज़ामत बनी कि पास में इकन्नी नहीं, पर दिल में अरमानों के अभी अम्बार।

इनके लिए वह घड़ी नज़दीक, जब उस्तादजी सारंगी के गज़ से पीटकर, धकियाते हुए जीने से उतार दें और दरवाज़ा इतने ज़ोर से बन्द करें कि उसके फिर खुलने की उम्मीद का तार ही टूट जाए, पर घाघ माँ के सामने यह सूरज की तरह साफ़ कि खूँटा ही बछेरी से नहीं, उसकी बछेरी भी खूँटे में उलझी हुई है।

वेश्या होकर भी वह माँ और माँ समझदार, जो अपने पेशे के कोढ़ को पूरी तरह भोग चुकी थी। उसने दोनों को टिटकारियाँ दीं, टंकोरा-झकोरा, स्याह-सफ़ेद दिखाया और एक दिन मज़बूत गाँठ में स्वयं बाँध दिया। माँ एक दिन दुनिया से उठ गयी और जन्नत पहुँची, तो ज़िन्दगी के रजिस्टर में उसने देखा, इस गाँठ में उसके सब गुनाह बँध गये थे !

और ये दोनों ? इनके लिए तो अब घर ही स्वर्ग था—इनकी जन्नत आसमान में नहीं, धरती पर, इन्हीं के आँगन में थी।

धन इनके पास तब रहा नहीं था, कुछ रूप के भी ये लच्छे न थे, फिर इनमें वह क्या था, जो एक चमकती परी को पत्नी बना पाया ? प्रश्न उठा, पर प्रश्न ही रहा और वे उठकर चले गये। मैं सोचता रहा—एक वेश्या ने उस पुरुष को अपने जीवन की बागडोर पकड़ा दी, जिसके पास कुछ न रहा था, जो उसके ही द्वारा लुट चुका था; क्या यह दया है ? या यह आत्म-समर्पण है, पुरुष के सर्वस्व समर्पण के बदले में किया गया, नारी का आत्म-समर्पण ?

पाँच

सिनेमा बन गया और उसमें तस्वीरें दिखायी जाने लगीं। एक दिन परिवारसहित मैं भी निमन्त्रित था। समय पर हम पहुँचे, तो वे ही सज्जन हमें खड़े मिले। बॉक्स में हमें बैठाकर वे चले आये और थोड़ी देर में एक स्त्री के साथ लौटे।

परिचय की भाषा यह थी, ''लीजिए, ये भी आ गयीं आपके साथ सिनेमा देखने—इन्होंने ही आपको आज यहाँ तशरीफ़ लाने की दावत भिजवायी थी।'' वे उन्हें बैठाकर चले गये। मैंने समझा उन्हें कोई ज़रूरी काम होगा, पर वे थोड़ी देर बाद आये, पत्नी की गरम चादर साथ थी, हमारे लिए पान। पान हमने खाये। वे बोलीं, ''मुझे तो अपने ही हाथ का पान अच्छा लगता है।'' सुनते ही वे फिर चले गये और उनके पानों की डिबिया उन्हें दे गये।

'इण्टरवैल' परदे पर और वे दरवाज़े पर, चाय वाला साथ। हमने चाय पी, पान खाये। वे उस गरम चादर को पत्नी के कन्धों पर डाल, फिर चले गये और खेल ख़त्म हुआ कि वे फिर दरवाज़े पर—पान साथ !

चाँदने में दोनों को एक साथ ग़ौर से देखा। नारी में सरलता भी है, बड़प्पन भी। उसकी मुसकान में आकर्षण है, जो बेधक न होकर मोहक है। बातचीत में वे खुली हैं, पर इस खुलेपन में कहीं भी हलकापन नहीं, शालीनता ही है। मैंने उन्हें बड़ी बहन कहा, तो पूरे मन से ही कहा। पुरुष में सौम्यता है। वे धीमे बोलते हैं, पर पूरी मिठास के साथ। उनकी हर बात में एक संयम है।

वे चले गये, मैं अपने प्रश्नों का उत्तर पा गया। एक वेश्या : उसके पास जो आता है, वही अपनी बात मनवाने के लिए। ठीक है, वह पैसा फेंकता ही इसलिए है कि उसकी हर इच्छा को हाँ सुनाई दे। पैसे की शक्ति के सामने सिर झुकाने की शिक्षा वेश्या को दी जाती है, वह सिर झुकाती है, पर उसके हृदय की प्यास उससे पूछती है, 'क्या इस संसार में ऐसा कोई नहीं, जो मेरी इच्छा के सामने भी सिर झुकाए ? अपने सामने मेरी इच्छा को महत्त्व दे ?' इस पुरुष में यह गुण है कि अपने को भूलकर, दूसरे का

ध्यान रखें और यही वह रसायन है, जिसने वेश्या को पत्नी बना दिया।

छह

यों मेरे सब प्रश्नों का समाधान हो गया, पर तभी एक नये प्रश्न ने मुझे आ घेरा—गिरना आसान है, गिरकर उठना कठिन, यह नारी गिरी, गिरने की हद तक गिरी और उठ गयी—उठने के ऊँचे-से-ऊँचे शिखर तक।

एक स्वस्थ दर्शक के मन में गिरावट के लिए दया और उठाव के लिए प्रशंसा की भावना उठनी चाहिए, पर यह क्या बात है कि वेश्या के गृहिणी बनने पर भी हमारे समाज का एक शिक्षित व्यापारी और अशिक्षित भंगी बरसों बीत जाने पर भी उसके गृहिणीपन को स्वीकार नहीं करता और वेश्यापन को भूलता नहीं; जबकि वेश्यापन पहला और गृहिणीपन बाद का है—पहला पाठ कण्ठ और बाद का पाठ घूँ-घाँ यह कैसी स्मृति है, हमारे समाज की ?

और तभी याद आ गये मुझे उस पहाड़ी बेंच पर बैठे बातें करते वे दोनों परिचित, जिनमें एक बीमा-एजेण्ट। बीमा-एजेण्ट; जिसे हमारे देश में अभी कोई पसन्द नहीं करता !

और यहीं मन में फूटा-पनपा एक नया प्रश्न—भला क्यों ?

बीमा-एजेण्ट हमारा बीमा करता है, तो उसमें हमारा ही लाभ है। हमें बुढ़ापे में इकट्ठा रुपया मिल जाता है, जो वैसे हम जमा न कर पाते। वह हमें बुढ़ापे की बेफ़िक्री देता है और मौत बेवक़्त आ निकले, तो बाल-बच्चों को बचाता है। बीमा में हमारा, हमारे परिवार का, हमारे देश का, लाभ ही लाभ है, फिर वीमा करने वाला हमें क्यों अच्छा नहीं लगता ?

—क्योंकि हमारी आँखें देखती हैं कि इस बीमा में उसे लाभ है और हमारा दिमाग़ सोचता है कि वह उस लाभ के लिए ही हमारे पास आया है। तो फिर वही वेश्यावाली बात कि उसका गृहिणी बनना हमारे दिल-दिमाग़ को नहीं छू पाता और उसका वेश्या रूप ही हम पर छाया रहता है।

लोक-कथा में कहा गया है कि दया से द्रवित हो, नारद मुनि ने कुबड़ी बुढ़िया से कहा, "आ बुढ़िया, तेरा कूबड़ अच्छा कर दूँ।"

बुढ़िया ने कहा, "बाबा, दयालु हुए हो, तो मेरा कूबड़ रहने दो, मेरे पड़ोसियों की कमर में कूबड़ हो जाने का वरदान दो।"

अब बाबा भौचक ! बोले, "उनकी कमर में कूबड़ होने से तुझे भला क्या फ़ायदा ? तेरी कमर तो झुकी की झुकी ही रही ?"

बुढ़िया तमककर बोली, "अरे बाबा, मैं भी एक बार देख लूँ कि ये मुझे किस तरह देखते हैं !"

यही दोष-दर्शन की वृत्ति सारे समाज पर छायी है कि हमें अपने लाभ से ज़्यादा दूसरे की हानि की और दूसरे के गुणों की अपेक्षा उसके दोषों की ही अधिक चिन्ता है। मक्खी नूरजहाँ के सुरभित शरीर में भी चोट की चेंहट ही तो खोजती है ?

एक दूसरी लोक-कथा में कहा है कि दयालु हो, कीचड़ में पड़े शूकर से नारद ने कहा, "चल, तुझे स्वर्ग ले चलूँ !"

शूकर ने कहा, "क्या है तुम्हारे स्वर्ग में बाबा ?"

"स्वर्ग में ? अरे मूर्ख, स्वर्ग में सब कुछ है। खाने को बत्तीस भोग, छत्तीसों व्यंजन, देखने को नृत्य, सुनने को संगीत, सेवा को अप्सराएँ—क्या नहीं है हमारे स्वर्ग में ? चल, उठ !"

शूकर उठा पर उठते-उठते उसने पूछा, "महाराज, आप के स्वर्ग में कुरड़ियाँ और कीचड़ के गड्ढे भी हैं या नहीं ?"

बाबा हँसे, "अरे भोंदू ! स्वर्ग में इनका क्या काम ?"

अपनी कीचड़ में फिर से लेटते हुए शूकर ने कहा, "फिर वहाँ है ही क्या ख़ाक ?"

उस दिन एक विद्वान् पधारे। एक ऐसी संस्था के कार्यकर्ता, जो राष्ट्र का सांस्कृतिक केन्द्र कहलाती है। कुछ दिन पहले मैंने एक ऐसे व्यक्ति पर जीवन-परिचय लिखा था, जो समय की बात, एक ऊँचे राज-पद पर भी प्रतिष्ठित है। उसकी चर्चा चली, तो बोले, "आपके पत्रों को उनसे कुछ लाभ पहुँचता होगा !"

"क्या मतलब ?"

"यही कि बिना मतलब किसी की तारीफ़ कोई क्यों करेगा ?"

मतलब से भी तारीफ़ की जाती है, यह सच है, पर हमें सब जगह और

सबसे पहले वही क्यों दिखाई दे ? मैंने सोचा–उस शूकर और इस विद्वान् में क्या अन्तर है ?

लोक-गाथा में इस क्यों का उत्तर है। गुरु द्रोणाचार्य ने युधिष्ठिर से कहा, "कोई दुर्जन खोज लाओ।" वह सब जगह घूम आया, उसे कहीं कोई दुर्जन मिला ही नहीं।

उन्होंने दुर्योधन से कहा, "कोई सज्जन खोज लाओ।" वह सब जगह घूम आया, उसे कोई सज्जन मिला ही नहीं।

क्या बात हुई यह ? यही बात कि हमें अपना आपा ही सब जगह दिखाई देता है। हममें दोष हैं, हमें वे सब जगह दिखाई देते हैं। हम उन्हे ही सब जगह देखते हैं, इसलिए वे हममें बराबर बढ़ रहे हैं। जीवन दोष-गुण का ताना-बाना है। कौन है जिसमें कमी नहीं, धोती के भीतर सब नंगे, प दोष ही दोष दिखाई देना, पहले दोष पर ही दृष्टि जाना, हमारी दृष्टि क भेंगापन है।

हम इस दोष से बचें, दोषों के रहते भी गुणों को परखें, प्यार करें, त पाएँ कि स्वयं हमारे भी दोष कम हो रहे हैं–'यो यच्छ्रद्धः स एव सः।' गीत कहती है, जिसकी जिसमें श्रद्धा है, वह वही हो जाता है। हम गुणों को परखे उनमें श्रद्धा रखें तो स्वयं गुणी होते चलें।

मैं आँख फोड़कर चलूँ या आप बोतल न रखें ?

श्रीमती शान्तिदेवीजी भीतर के कमरे से चौके में आ रही थीं कि उनका पैर रास्ते में रखी बोतल से टकरा गया।

बोतल सरसों के तेल की। तेल बिखर गया, नाखून में सख़्त चोट लगी। झल्लाकर छेदा से बोलीं, "अरे, तू जहाँ देखता है, वहीं चीज़ पटक देता है। यह बोतल रखने की जगह है ? गधा कहीं का !"

अवसर पारखी छेदा ने अपनी बहूजी का पैर मसला, तेल समेटा और ग़लती मानी। हमारी शान्तिदेवीजी हैं बमभोला शिवशंकर; वे हँस पड़ीं और बात आयी-गयी हुई, पर इसके कोई दस-पन्द्रह दिन बाद उसी स्थान पर उसी घटना ने एक नया रूप ले लिया।

छेदा भीतर के कमरे से चौंके में आ रहा था कि उसका पैर रास्ते में रखी बोतल से टकरा गया। पैर में चोट लगी, तेल बिखर गया, बोतल टूट गयी। वह सँभल ही रहा था कि झल्लाकर शान्तिदेवीजी ने कहा, "अरे, आँख फोड़कर नहीं चला जाता तुझसे ?"

छेदा चण्ट-चतुर, जानता था कि बोतल आज रास्ते में बहूजी ने रखी है, इसलिए शोख़ी से मुसकराते, कन-अँखियों से देखकर वह बोला, "बहूजी, मैं आँख फोड़कर चलूँ या आप रास्ते में बोतल न रखें ?"

समय की बात; मैं दोनों दिन वहीं था, इसलिए छेदा के प्रश्न में जो मीठा-पैना व्यंग्य था, उसे मैं ले पाया और बहुत ज़ोर से मेरी हँसी फूट पड़ी।

मैंने कहा, "ठीक है, जब छेदा रास्ते में बोतल रखे, तब चीज़ को ग़लत रखने का सिद्धान्त माना जाए और जब वही काम खुद बहूजी करें, तो आँख फोड़कर चलने का असूल लागू हो।"

बात हँसी की थी, हँसी में घुल-मिल गयी, पर मैं देखता हूँ कि हमारे जीवन में व्यापक रूप से यह रोग फैला हुआ है कि हम हरेक घटना को, हरेक प्रश्न को, अपने ही दृष्टिकोण से देखें। रोग, मैं इसे कुछ मुहावरे के तौर पर नहीं कह रहा हूँ। यह सचमुच नैतिक रोग है, जो मनुष्य को मानसिक रूप से काना बना देता है। काना—जिसकी एक आँख दुर्भाग्य से फूट गयी !

ओह, क्या बात याद आ गयी। मेरे एक मित्र थे श्री ब्रह्मदत्त शर्मा 'शिशु'। वे एक बार मुझे भी यात्रा में साथ ले गये। जहाँ गये, वहाँ उनके एक यजमान थे। निमन्त्रण पा, हम दोनों उनके घर भोजन करने गये। अजीब बात कि श्रीमतीजी की दाहिनी आँख बन्द, तो श्रीमानूजी की बायीं; दोनों काने ! मैं सोचता रहा कि दो कमियों का गठबन्धन कर, यह एक पूर्णता की रचना की गयी है या दो पूर्णताएँ रोग के किसी 'कोआपरेटिव' आक्रमण से दो अपूर्णताओं में बदल गयी हैं ?

भोजन बनता रहा, बातें चलती रहीं। बातों-बातों में जाने क्या बात हुई कि पति-पत्नी में बात बढ़ गयी और वे आपस में भिड़ गये। लड़ाई बातों-बातों की, पर काफ़ी पैनी। पति को शायद उसके अहंकार ने अचानक कहा—पत्नी की यह हिम्मत और हिमाक़त कि मेहमानों के सामने मुझसे चोंच भिड़ाए !

वह भभक उठा और तमककर उसने कहा, "बेहया, बके जा रही है; कानी कहीं की।"

पत्नी ने इस भभक को पिया-पचाया और तब अपनी अनदेखती आँख को ज़रा दबाकर, देखती आँख को कुछ कमान-सी ऊपर को खींचे, ठण्डे सुर में कहा, "ओहो, हमने कोई दो आँख का भी न देखा !"

बस कुछ न पूछिए कि निशाना कहाँ बैठा। पति महाशय घड़ों नहा गये और मुझे हँसी रोकना मुश्किल हो गया, तो मैं वहाँ से उठ भागा।

आपको भी सुन-पढ़कर हँसी आए, तो हँस लीजिए, पर बात तो सोचने की यह है कि क्या उन दोनों की तरह हम सब भी काने नहीं हैं और हमारा

भी वही हाल नहीं है कि अपनी आँख को भूले दूसरे की आँख पर निशाना लगाये हुए हैं ?

अच्छा, यह कानापन क्या है। एक पिता के दो बेटे। खेल में एक बन गया राम, तो दूसरा रावण, बस होने लगी तीरन्दाज़ी। तीर मामूली तिलनू के और धनुष बाँस की खपच्ची का, पर तीर आख़िर तीर ! रावण का तीर रामजी की दायीं आँख में खुस गया और आँख जाती रही—हो गये काने। मतलब यह कि चोट से या खोट से, एक आँख बैठ गयी और हो गये काने।

यह हुई बाहरी बात; कानेपन की भीतरी भावना क्या है ? एक लोक-कथा है कि माँ का काना बेटा हरद्वार गया। लौटा तो माँ ने पूछा, "हरद्वार में तुझे सबसे अच्छा क्या लगा रे ?" गाँव के भोले बेटे ने तब-तक कहीं बाज़ार देखा नहीं था। बोला, "माँ, हरद्वार का बाज़ार घूमता है।"

माँ हरद्वार हो आयी थी। बाज़ार घूमने की बात सुनकर वह घूम गयी और चौंककर उसने पूछा, "कैसे घूमता है रे, हरद्वार का बाज़ार ?"

बेटे ने नये सिरे से आश्चर्य में डूबकर कहा, "माँ, मैं हर की पैडी नहाने गया, तो बाज़ार उधर था और नहाकर लौटा, तो इधर हो गया।" दुःख नाकर भी माँ हँस पड़ी और उसने बेटे को छाती से लगा लिया।

दूसरे शब्दों में काने का अर्थ है—एकांगी; जो प्रश्न को, सत्य को, इकहरा यानी अधूरा देखता है।

चलती रेल स्टेशन पर आ ठहरी। भीतर डिब्बे में कुछ मुसाफ़िर, जिनमें एक का नाम 'क' और डिब्बे के बाहर दूसरा मुसाफ़िर, जिसका नाम 'ख'। 'ख' चटखनी खोल भीतर आना चाहता है, पर 'क' उसे कहता है, "अरे भाई, पीछे तमाम गाड़ी ख़ाली पड़ी है, वहाँ क्यों नहीं चले जाते !"

'क' एक सुन्दर नौजवान है, ख़ासकर उसकी दोनों आँखें तो बहुत ही सुन्दर हैं, पर मानसिक रूप से वह काना है, क्योंकि मुसाफ़िरों की सुविधा के प्रश्न को वह अधूरे रूप में ही देखता है, पर क्या हम 'क' की निन्दा करें और 'ख' को अपनी सहानुभूति दें ?

यह हो सकता है, पर अगले ही स्टेशन तक; क्योंकि वहाँ 'ख' डिब्बे के दरवाज़े पर आ अड़ता है और ऊपर चढ़ते मुसाफ़िरों को झकझोरता है, "जब पीछे के डिब्बों में जगह खाली पड़ी है, तो यहाँ क्यों घुसे आ रहे हो ?"

चढ़ने वाले नहीं मानते, तो कहता है, "हमारे देश में तो भेड़ियाधसान है साहब, जहाँ एक घुसेगा, वहीं सब घुसेंगे।" और तब उसकी देशभक्ति उमड़ आती है, "तभी तो हमारे देश का यह हाल है।"

इसी 'ख' ने पहले स्टेशन पर 'क' के बारे में सोचा था, "अरे भाई, डिब्बे में जगह होगी, बैठ जाऊँगा, नहीं तो खड़ा रहूँगा। तुम्हारे सिर पर तो मैं गिरूँगा नहीं, फिर तुम्हें मौत क्यों आ रही है !" तो 'क' की तरह 'ख' भी काना ही है।

एक और मित्र हैं, घर में एक लड़का है, एक लड़की। लड़के का विवाह हुआ तो उन्होंने लड़की वाले से उसी तरह रुपया वसूल किया, जैसे पुलिस वाले किसी चोर से चोरी की जानकारी उगलवाते हैं। बाग़ में उन्हें ढाई हज़ार रुपये मिले, पर उम्मीद थी पाँच हज़ार की। वे शान्त रहे, पर दूसरे दिन बेटे ने फैल भर दिये कि यह तो वह लड़की ही नहीं है, जो पहले दिखायी थी; भला मैं इसे कैसे स्वीकार कर सकता हूँ ! चार-पाँच घण्टे की रस्साकशी के बाद ढाई हज़ार और मिल गये, तो लड़की रूप में लक्ष्मी और गुण में सरस्वती हो गयी।

मिले, तो मैंने कहा, "आप ने तो कसाई को भी मात कर दिया ख़ून निकालने में !"

बिना शरमाये और झिझके, वे बोले, "बिना दबाये गन्ने से रस कहाँ निकलता है भाई साहब !"

कोई तीन वर्ष बाद उन्होंने अपनी बेटी का ब्याह रचाया, तो करम की बात, उन्हें उन जैसा ही समधी मिल गया। ऐसा चूसा कि सफ़ेद पड़ गये और यों कसा कि करवट न ले सके। विवाह के बाद एक दिन समाज की दुर्दशा पर आँसू बहाते-से वे कह रहे थे, "हमारे यहाँ लड़की वाले को तो कोई आदमी ही नहीं समझता। कम्बख़्त मुझे इस तरह देखता था, जैसे मैं उसके बाप का क़र्ज़दार हूँ।"

जी में आया कह दूँ–तीन वर्ष पहले तो आपको गन्ने की उपमा बहुत पसन्द थी भाई साहब !

वही कानेपन की बात; बेचारे का बाज़ार घूम गया–लेने में दायें, देने में बायें।

एक और मित्र हैं, जब मिलते हैं, अपने इकलौते बेटे की शिकायत करते हैं, "कोई बात सुनता ही नहीं, सदा अपने मन की करता है। नाक में दम है पण्डितजी, ऐसी औलाद से तो बेऔलाद भला।"

एक दिन बेटा मिला, तो बोला, "मैं तो उनसे परेशान हूँ पण्डितजी, हमेशा रट लगाये रहते हैं यह मत करो, वह मत करो। आख़िर आप ही बताइए कि मैं कोई भेड़ हूँ कि गड़रिये की तरह वे मुझे हाँका करें, वरना मैं गड्ढे में गिर पड़ूँगा।"

कोई नयी बात नहीं, सिवाय इसके कि दोनों काने हैं—बाप को बेटे की जवानी नहीं दीखती, तो बेटा बाप की बुज़ुर्गी नहीं देख पाता।

जो हाल बाप-बेटे का है, वही पति-पत्नी का। एक मित्र हैं। रात में ग्यारह बजे क्लब से लौटते हैं, तो पत्नी सोयी मिलती है। एक दिन दुःखी होकर बोले, "मैं सुबह नौ बजे से कोई चौदह-पन्द्रह घण्टे घर से बाहर रहकर लौटता हूँ, तो श्रीमतीजी भैंस-सी पलंग पर सवार मिलती हैं।"

एक दिन बातों-बातों में मैंने कहा, "भाभीजी, आपसे भाई साहब को एक शिकायत है !" भरी तो बैठी ही थीं, बीच में ही बात काटकर बरस पड़ीं, "ठीक है आपके भाई साहब को शिकायत है, पर पूरे अठारह घण्टे तेली के बैल की तरह काम में जुड़ी रहने के बाद, जरा पलंग से कमर लगाती हूँ; तो उनके कलेजे में मकौड़े क्यों दौड़ते हैं ?"

वही बात कि दो काने एक गाँठ में बँध गये और पति महाशय पत्नी को और पत्नी महोदया पति को अपनी-अपनी आँख से घूर रहे हैं।

अपरिचित मुसाफ़िर या परिचित मित्र, सगे-सम्बन्धी या पति-पत्नी और पिता-पुत्र-से आत्मीय; जब दो भिन्न विचारों के लोग आपस में बातें करते हैं और एक-दूसरे से सहमत नहीं हो पाते, तो एक-दूसरे को बेईमान मान बैठते हैं और इस प्रकार सुलझाने वाली बातचीत, उलझाने वाली कड़ुवाहट में बदल जाती है, पर यदि हम सब दूसरे के दृष्टिकोण को समझने का प्रयत्न करें, तो बड़े-बड़े विवाद यों ही शान्त हो सकते हैं।

दूसरे के दृष्टिकोण को समझने का प्रयत्न एक ऐसी प्रवृत्ति है, जो वातावरण को कोमलता से भर देती है। यह कोमलता समन्वय के लिए जगह बनाती है और इस प्रकार बीच की दूरी कम होकर एकता का जन्म होता है।

यही दूरी इतनी अधिक और मौलिक हो कि एकता असम्भव रहे, तब भी यह दूरी इतनी कम ज़रूर रह जाती है कि बीच में एक हलका मतभेद ही रह जाए और मन-भेद तक बात न बढ़े !

दूसरे को हमेशा उसकी आँख से देखिए और सावधान रहिए उस ख़तरे से, जो दूरबीन को उलटी करके देखने से पैदा होता है। यहीं यह भी कि सत्य वही और उतना ही नहीं है कि जो-जितना आप देख पाये। फिर यह भी सम्भव है कि हाथी के स्वरूप का अलग-अलग वर्णन करने वाले वे दोनों आदमी शत-प्रतिशत सच्चे होकर भी बस इसलिए अधूरे हों कि एक ने हाथी को देखा था सूण्ड की तरफ़ से और दूसरे ने पेट या पैर की तरफ़ से।

छोटी क़ैंची की एक ही लपलपी में !

आज शौचादि से निवृत्त हो हजामत बनाने बैठा, तो शीशे में देखा कि माथे के बाल बहुत ऊपर तक उड़ गये हैं, पर उड़े स्थान में जो दस-पाँच बाल बचे हैं, उन्हीं में एक बाल है सफ़ेद, जो बीच में तनकर कुछ इस तरह खड़ा है कि जैसे कोई महत्त्वपूर्ण घोषणा कर रहा हो। मुझे जाने क्यों, वह भला नहीं लगा और उसका वहाँ यों उद्धत भाव से खड़ा रहना असह्य हो उठा।

मैंने अपनी छोटी क़ैंची उठायी और एक ही लपलपी में उसे बुरक दिया। उसकी जड़ उखाड़ देना तो मेरे बस का न था, पर हाँ उस समय उसे मैंने अदृश्य अवश्य कर दिया। मैंने ग़ौर से शीशे में देखा। अब वहाँ उसका नाम-निशान कुछ भी न था। भीतर एक सुख का स्पर्श-सा हुआ, पर तभी मुझे बहुत ज़ोर से हँसी आ गयी। बात यह हुई कि सुख के उस स्पर्श के साथ ही मेरे मन में आया कि यह सुख वैसा ही मूर्खतापूर्ण है, जैसा उन अभागे शासकों का होता है, जो दमन से दबे विद्रोहों को समाप्त मानकर सन्तुष्ट हुआ करते हैं। मैंने सोचा कि यह धवल केश मेरी ही खोपड़ी में छिपा इस समय गर्व से शायद कह रहा हो, "अजी क्या रखा है, क़ैंची में और क्या धरा है उस्तरे में, अगले सप्ताह देखिएगा, यहीं अपना झण्डा फहराता दिखाई दूँगा।"

इस घोषणा के साथ मुझे लगा कि धवल केश की यह फ़ाइल अब दफ़्तर दाख़िल हुई, पर तभी कहीं से झाँक पड़ा एक प्रश्न—क्यों जी, जब सिर पर हज़ारों बालों का खड़ा रहना बुरा नहीं लगता, यही नहीं, यह भी कि अच्छा लगता है, तो उस बेचारे एक सफ़ेद बाल का ही खड़ा रहना तुम्हें ऐसा क्यों अखरा कि क़ैंची लेकर दौड़ पड़े ?

प्रश्न का तकाज़ा है कि उसका समाधान हो; नहीं तो वह फाँस-सा चुभता रहे। प्रश्न भी जीवन की एक कसौटी है। 'सबसे भले हैं मूढ़, जिन्हें न व्यापे जगत रति' यह तुलसीदास कह गये हैं। मेरी राय में मूढ़ वह, जिसके मन में कोई प्रश्न ही न उठे। जो जीवन को देखता है, जीवन के बीच से गुज़रता है, पर जीवन में दिलचस्पी नहीं लेता, जिसके मन में जीवन के सम्बन्ध में प्रश्न ही नहीं उठते, वह मूढ़ ही तो है।

फिर प्रश्नों की भी श्रेणी है कि किस तरह के प्रश्न मन में उठते हैं। रात में तारों को देखकर कवि के मन में भी प्रश्न उठते हैं, वैज्ञानिक के मन में भी और भक्त के मन में भी, पर तीनों के प्रश्न अलग-अलग हैं और उनके प्रश्न ही उन तीनों को परखने की कसौटियाँ हैं। साथ ही यह भी कि किसके मन में किस तरह के प्रश्न उठते हैं और वह किस तरह उनका समाधान पाता है।

इस सम्बन्ध में मेरा अपना तरीक़ा यह है कि मुझमें स्वयं प्रश्न उठते हैं और मैं स्वयं अपने में ही उनका समाधान खोजता हूँ। कई बार मुझे कई-कई वर्षों में अपने प्रश्न का उत्तर मिला है और कई बार तुरन्त, पर अपने से बाहर समाधान पाने की मुझमें प्यास कभी नहीं जागी।

बात यह कि मैं विद्वान् नहीं हूँ, जीवन-पथ का एक सतर्क यात्री हूँ; इसलिए मेरे प्रश्न तत्त्वज्ञान की, गहरी जिज्ञासा के तो हो ही नहीं सकते। उनका सम्बन्ध जीवन के साधारण उलट-फेरों के साथ ही होता है और तभी यह भी कि उनका उत्तर जीवन की गतिविधि में ही मिले।

आज का प्रश्न भी जीवन का एक स्वाभाविक प्रश्न है कि क्यों जी, जब सिर पर हज़ारों काले बालों का खड़ा रहना बुरा नहीं लगता, यही नहीं, यह भी कि अच्छा लगता है, तो उस बेचारे एक सफ़ेद बाल का ही खड़ा रहना तुम्हें ऐसा क्यों अखरा कि क़ैंजी लेकर पिल पड़े ?

प्रश्न फालतू हो, तो उसका टालतू उत्तर है मौन, पर फालतू न होकर सही दिशा में हो, तो उसका समाधान हो, नहीं तो कहा नहीं मैंने कि वह फाँस-सा चुभता रहेगा—चुभ ही रहा है।

मैंने समाधान की दिशा में झाँका ही था कि मुझे याद आ गये मेरे मित्र शर्मा जी। हज़ामत तो वे बनाते हैं तीन ही मिनट में, पर मूँछें ठीक करते

हैं पूरे छह मिनट में। बात यह है कि नाक के ठीक नीचे उनकी घनी काली मूँछों में कोई दस-पन्द्रह सफ़ेद बाल उग आये हैं। वे उन्हें अपनी छोटी-सी क़ैंची से कुतर-मुतर करते रहते हैं और मुसीबत यह है कि वे यह तो चाहते हैं कि सफ़ेद बाल किसी को दिखाई न दें, पर यह भी चाहते हैं कि किसी को यह भी दिखाई न दे कि उन्हें यहाँ से हटाया गया है। ग़रज यह कि वे उनका अपने साथ कोई सम्बन्ध होना अपनी हेठी मानते हैं।

फिर वही प्रश्न कि आखिर सफ़ेद बाल से चिढ़ क्यों ? प्रश्न मेरी चेतना में चक्कर काट रहा है और प्रश्न क्या चक्कर काट रहा है, मैं ही चक्कर काट रहा हूँ। चक्कर का अर्थ है घूमना। घूमना यानी अब यहाँ, तो तब वहाँ, लो पहुँच गया मैं वासुदेव की माँ के घर। उम्र चालीस साल की है, सब तरह से सुखी, स्वयं सुहागन है, आगे बेटा-बहू हैं। उस दिन मैं वासुदेव को बुलाने गया, तो देखा कि माँ धूप में बैठी अपनी बहू से सफ़ेद बाल चुँटवा रही है। ओह, इसे भी सफ़ेद बाल से चिढ़ है।

मन में आया, ठीक तो है यह चिढ़ कि सारे बाल तो काले, बीच में दो-चार सफ़ेद। ठीक ऐसा लगता है कि सफ़ेद कुरते में किसी ने लाल टुक्की लगा दी हो। सफ़ेद बाल के प्रति हमारी यह चिढ़ हमारे सौन्दर्य-बोध का चिह्न है। मन को सन्तोष हुआ कि मैंने जो अपने चमकते मस्तक से यह सफ़ेद बाल फुरती के साथ क़ैंची से बुरका, तो यह इस बात का एक प्रमाण ही हुआ कि मुझमें सौन्दर्य-बोध है।

आदमी भी कितना चतुर है कि वह औरों को तो घिस्सा-पट्टी देता ही रहता है, अपने को भी नहीं छोड़ता। मैंने भी यों अपने को सौन्दर्य-बोध का पण्डित मान लिया, पर यह मानना टिका नहीं; क्योंकि तभी मुझे याद आ गये मेरे मित्र चौधरी साहब ! मशहूर आदमी हैं। समाज में नाम है, अण्टी में दाम है। उम्र ढल चली है, पर देह में बल है, चेहरे पर रौनक़ भी। बाल उनके काले हैं, यही मैं जानता था, पर उस दिन लखनऊ जाने की बात चली तो बोले, "मेरे लिए ख़िज़ाब की एक शीशी लेते आना अमीनाबाद पार्क में मन्दिर से आगे जो बड़ी-सी दुकान है, उस पर मिलेगी। ये लो पाँच रुपये।"

मैंने पूछा, "क्या कीजिएगा ख़िज़ाब मँगाकर ?"

बोले, "नज़ले के मारे सिर सफ़ेद हो गया है।"

सोचना पड़ा कि सफ़ेद बाल से हमारी चिढ़ हमारे सौन्दर्य-बोध का चिह्न तो नहीं है; क्योंकि जिनके दस-बीस बाल सफ़ेद हैं, वे ही उन्हें नहीं नोचते; जिनका सारा सिर सफ़ेद है, वे भी उन्हें रँगते हैं।

सफ़ेद बाल से यह चिढ़ किस सीमा तक है, यह मैंने मियाँ नूरू से समझा। नूरू हमारे ही मुहल्ले में रहता है, रात में मण्डी में चौकीदारी करता है। उस दिन दोपहर को अपने घर के बाहर बैठा था। मैं उधर से निकला, तो देखा कि उसके सारे सिर पर कोई दवा लगी है और ऊपर पट्टी बँधी हुई है।

देखा तो धक्-से रह गया। मन में आया, रात मण्डी में कहीं चोरों से मुठभेड़ हुई है और सिर फूटा है। सहानुभूति से पूछा, ''क्यों भाई, कहाँ चोट खा गये ?''

''चोट !'' नूरू मुसकराया, ''बाबूजी, यह तो मैंने मेहँदी लगा रखी है।''

''सिर में मेहँदी क्यों ?'' उत्तर में उसने बताया, ''ख़िज़ाब की मामूली शीशी भी डेढ़ रुपये में आती है। कहाँ से लाएँ बाबूजी, इसलिए बाग़ से मेहँदी चूँट लाये और पीसकर लगा ली।''

''पर नूरू भैया, इससे बाल काले तो नहीं होते ?'' मैंने कहा, तो बोला, ''अजी, काले नहीं होते, तो क्या हुआ, सफ़ेद दाग़ भी तो नहीं रहते।''

मतलब यह कि कुछ भी हो, बाल सफ़ेद न रहें—भले ही वे लाल हो जाएँ।

लहर में से लहर उठती है, तो बातों में से बात। नूरू की बात में-से नयी बात उठी—बालों की सफ़ेदी से आदमी को चिढ़ है, चिढ़ गहरी भी है, पर है क्यों यह चिढ़ ?

जहाँ न पहुँचे रवि, वहाँ पहुँचे कवि। इस प्रश्न का उत्तर अतीत में एक कवि दे गये हैं। वे थे केशवदास। बड़े रसिया थे, पर बेचारों के बाल सफ़ेद हो गये, तो रस-भंग होने लगा। एक दिन दुःखी होकर अपनी भाषा में बोले,

''केशव, केशन अस करी, जस अरिहूँ न कराहिं।
चन्द्रवदनि मृगलोचनी, बाबा कहि-कहि जाहिं ॥''

देह बूढ़ी हो चली है, पर मन अभी तरुण है। तरुणाई रँगरेलियों का त्योहार है, पर बाबा कहने का अर्थ है कि द्वार पर ही उनका प्रवेश-निषेध

हो जाए। तो काला केश जीवन के चढ़ाव का चिह्न है और सफ़ेद बाल ढलाव का। चढ़ाव में चाव है, ढलाव में शान्ति है। चाव में प्राप्ति की कामना है, शान्ति में प्राप्त का सन्तोष है। कामना की शक्ति है आकर्षण, सन्तोष की शक्ति है इच्छा-हीनता।

काला केश यौवन का चिह्न है, सफ़ेद बाल बुढ़ापे का। यौवन की वृत्ति है पाओ, और पाओ, अभी और। बुढ़ापे की वृत्ति है ठहरो और पाये हुए को परखो। यौवन की वृत्ति का स्वरूप है—पिओ, पिओ, पिये जाओ; छको मत। बुढ़ापे की वृत्ति का स्वरूप है—बहुत पी चुके, अब ठहरो।

यौवन रक्त है, बुढ़ापा ओज है। यौवन समेटना है, बुढ़ापा सहेजना है। यौवन यात्रा है, बुढ़ापा पड़ाव है।

काला वर्ण है—एकांगिकता का चिह्न, सफ़ेद वर्ण है—सर्वांगीणता का चिह्न; क्योंकि काला एक रंग है और सफ़ेद में सब रंगों का समन्वय है।

सफ़ेद बाल कहता है कि बुढ़ापा आ गया है, यौवन में जो कुछ समेटा है, उसे सहेज लो।

समेट में सामग्री की बहुलता है, सहेज में उसका वर्गीकरण है और यह भी कि जो फालतू है, बोझ है, उसे हम फेंक दें।

हमारा मोह यहाँ चौंकता है, बिदकता है—नहीं, अभी नहीं, अभी तो समेट का, संग्रह का, जो मिले, सो लेने का ही समय है।

सफ़ेद बाल के प्रति हमारे मन में जो चिढ़ है, वह इसी मोह की ध्वनि है और इस ध्वनि की प्रतिध्वनि है कि हम अभी संघर्ष चाहते हैं, सुख नहीं। यौवन में संघर्ष है, उत्तेजना है, बुढ़ापे में शान्ति है, सुख है। संघर्ष में जीवन का रस है, सुख में जीवन का फल है। रस काव्य है, सुख अध्यात्म है।

हम रस में इतने लीन हैं कि फल की ओर नहीं देख पाते—उस राही की तरह, जो चलते-चलते राह की चीज़ों को देखने में इतना मशगूल है कि मंज़िल को पार करके भी सोचता है, काश, अभी चला ही चलता।

ओह, इस चलाचली में मैं कहाँ चला गया—बात तो बस इतनी ही है कि मेरी चमकती चाँदपर जो थोड़े-से बाल बच गये हैं, उन्हीं में एक था सफ़ेद; जाने क्यों मुझे वह अच्छा नहीं लगा और अपनी छोटी क़ैंची की एक ही लपलपी में मैंने उसे बुरक दिया !

यह सड़क बोलती है !

नयी दिल्ली की एक सड़क का नाम है—पार्लामेण्ट स्ट्रीट। ऑल इण्डिया रेडियो इसी पर है और इसके चौराहे पर आते ही सामने दिखाई देता है वह गोल संसद-भवन, जिसमें हिन्दुस्तान के भाग्य का फ़ैसला हुआ करता है।

क्या नाम है इस सड़क का भी ! पन्द्रह अगस्त को हिन्दुस्तान में हरेक चीज़ बदल गयी, यहाँ तक कि राष्ट्रीय झण्डा भी चर्खा छोड़कर चक्रधारी हो गया, पर यह सड़क है कि पड़ी-पड़ी आते-जातों से मसखरियाँ करके कहती है—भाई, मैं पहले ही जानती थी कि दुनिया बदलेगी। कहो फिर बदली या नहीं ? ऐसी बदली कि बरसाती बदली भी न बदली होगी, पर मैं आने वाले दौर को पहले ही समझ गयी थी और वाह, क्या नाम रखा था मैंने भी अपना—पार्लामेण्ट स्ट्रीट। रास्ता बताती थी असेम्बली-भवन का और थी पार्लामेण्ट स्ट्रीट। कहाँ बेकार, बेअसर बहस करने वाली वह असेम्बली और कहाँ सर्वतन्त्र स्वतन्त्र पार्लामेण्ट; मुझे मालूम थी पन्द्रह अगस्त की बात; तभी तो मैंने अपना यह नाम रखा था।

सच मुझे मालूम थी; बिलकुल उसी तरह, जिस तरह ज्योतिषियों को चाँद-सूर्य के ग्रहण की बात। न अन्दाज़, न अटकल, न ग़ालिबन, न यथा-सम्भव; पंचांग में साफ़ छपा रहता है और छपा क्या रहता है कोई यों ही उसकी तसवीर तक बनी रहती है कि कितना ग्रहण लगेगा। अजी, मिनट तो बहुत बड़ी बात है, पलों की गिनती लिखी रहती है। फिर दुनिया कोई मेरी मौसी का घर तो नहीं कि चाहे जहाँ से देख लो, वैसा ही दीखे—य

दुनिया है जनाब, विश्व-ब्रह्माण्ड। पंचांग में साफ़ लिखा रहता कि ग्रहण हिन्दुस्तान में इतना दीखेगा, अफ्रीका में इतना, अमेरिका में इतना और फ्रांस में दीखेगा ही नहीं।

"तो क्यों जी, ये ज्योतिषी लोग ग्रहण को ही पहले से जान लेते हैं या आदमी की क़िस्मत को भी ?"

वाह, क्या सवाल पूछा है आपने भी ! क़िस्मत ही नहीं, ये लोग क़िस्मत के पन्नों का एक-एक अक्षर ऐसा पढ़ लेते हैं, जैसे चवन्नी-दर्शक सिनेमा के गानों की किताब !

कुछ लोग बॉक्सों में बैठकर सिनेमा देखते हैं, कुछ फ़र्स्ट क्लास में। सफ़ेदपोश ग़रीब आदमी भी अपने बच्चों का दूध बन्द करके दस आने का टिकट ख़रीदते हैं। कुछ लोग और भी उस्ताद हैं। टिकट तो लेते हैं, दस आने का, पर मैनेजर साहब से दोस्ती गाँठकर उसे सेकेण्ड क्लास बनवा लेते हैं, पर ये सब बेचारे यों ही पैसे खोते हैं सिनेमा में जाकर। पुराने लोग कहते हैं पैसा हाथ का मैल है, पर आँखों की रोशनी तो हाथ का मैल नहीं, उसे भी खोते हैं ये लोग। बॉक्सों में तो जाने क्या-क्या होता है, पर फ़र्स्ट और सेकेण्ड क्लास में भी लोग घास खोदते हैं, जी हाँ, घास खोदते हैं, यानी समय की जड़ काटते हैं।

जड़ काटने का मतलब आपने ख़ूब पूछा—समय कोई पेड़ थोड़े ही है कि उसकी जड़ पर कोई कुल्हाड़ी मारे ! समय की जड़ काटने का मतलब है, समय बरबाद करना। वही करते हैं ये लोग। ऐसे गुमसुम बैठे रहते हैं, जैसे इनके मुँह में हापू निकल आया हो। कुछ लोग बात भी करते हैं, तो बेकार की। एक साहब हैं, अपनी टार्च जला-जलाकर कुछ नोट-बुक में लिखते रहते हैं। बेचारे सम्पादक होंगे किसी पत्र के। तभी तो अँधेरे में पटबीजने बन रहे हैं। घर जाकर आलोचना करेंगे फ़िल्म की। अरे साहब, फ़िल्म है तफ़रीह—मनोरंजन। दिन-भर दफ़्तर में घिसे, शाम को घर के धन्धों में पिसे, रात को ये दो घण्टे मिले, हँसिए, उछलिए, फुदकिए, चहकिए !

असल में सिनेमा देखना सीखिए पाँच आने वालों से। ऐसे लीन रहते हैं फ़िल्म में कि क्या कहने। किसी की शादी परदे पर हुई, तो ऐसे खुश हैं कि बस जैसे वे ही दूलहे बन रहे हों। किसी प्रेमिका ने अपने प्रेमी को

आधी रात बाग़ में बुलाया, तो जैसे उन्हीं को निमन्त्रण मिला है। हर मौक़े पर फिट रिमार्क और चुस्त चोचलेबाज़ी। क्या ख़ाक बीड़ी पीकर आलोचना लिखेंगे बेचारे सम्पादकजी; हूँ ! एक दिन इस दरज़े की आलोचना को शार्ट-हैण्ड से लिख लें, तो सम्पादकजी धन्य हो जाएँ ! ये लोग थके हुए आते हैं और ताज़े होकर लौटते हैं, जब कि गद्दों पर बैठने वाले सिनेमा हाल के बरामदे में अँगड़ाइयाँ लेकर अपनी मोटरों या ताँगों की सीटों पर आ गिरते हैं। सच यह है भाई साहब, ज़िन्दगी ज़िन्दादिली का नाम है।

यह दुनिया भी चोंचों का मुरब्बा है। चोंचों का मुरब्बा ? हाँ जी, एकदम चोंचों का मुरब्बा। जो लोग दिन-भर गद्दियों पर बैठे रहे, बदहाज़मा जिनका ऐसा साथी कि मरियम तो मरियम पै टरियम नहीं, सिनेमा में बैठे-बैठे भी जिनकी पिण्डलियाँ फूल जाती हैं, वे मोटरों में क्यों बैठते हैं ? रात का सुहावना समय और परिवार का साथ, टहलते-टहलते घर आएँ, तो क्या कहने ! और जो कहीं चाँदनी रात हो, तो वाह, वाह ! चाँदनी रात क्या है, धरती का स्वर्ग है।

सुना है अमेरिका में एक करोड़पति का लड़का तीन-चार साल की उम्र में अन्धा हो गया। यह तब की बात है, जब वहाँ आँखों का ऑपरेशन नहीं होता था। छत्तीस-सैंतीस वर्ष वह अन्धा ही रहा, अन्धापन प्रकृति का कितना बड़ा दण्ड है ! पिछली लड़ाई में जो नये-नये आविष्कार हुए, उनमें कई ओषधियाँ भी थीं और कई नये ऑपरेशन भी ! उस लड़के की क़िस्मत जागी और वह ठीक हो गया। लड़का क्या अब तो वह चालीस साल का अधेड़ था। ओह, उसकी खुशी ! बादल को देखकर मोर भी क्या नाचा होगा, जो वह नाचा। सारी दुनिया उसे अजीब लगी। हर चीज़ को वह एक खास कौतुक से देखता, घण्टों देखता, बार-बार देखता, देखता ही रहता। उसे आश्चर्य होता कि इस इतनी सुन्दर दुनिया को देखे बिना ये अन्धे कैसे जीवित रहते हैं ?

एक दिन अचानक उसके मन में आया कि वह सारे संसार के सुन्दर स्थानों की सैर करे। रुपया पास था, काम-धन्धे की चिन्ता न थी, बस निकल पड़ा दुनिया की सैर को ! यह देख, वह देख। घूमता-फिरता वह हमारे देश में भी आया। अमेरिका में पहुँचकर जब पत्रकारों ने उससे पूछा, तो

सने कहा, दुनिया की सबसे सुन्दर चीज़ हिन्दुस्तान में पूनों की चाँदनी रात ै। उस दिन ऐसा मालूम होता है कि लोहे की काली रात अचानक चाँदी ी हो गयी है।

वाह, क्या कवियों-जैसी बात कही है उस धनी अमेरिकन ने। मेरी भी ही राय है कि चाँदनी रात धरती का स्वर्ग है, पर भाई साहब, हमारे देश ं कुछ लोग हैं, जो चाँदी के तगार घोलने में परेशान हैं और कुछ आसमान े स्वर्ग का पासपोर्ट बनवाने में। यह अपने सामने फैली चाँदी और अपनी ट्ठी का स्वर्ग उन्हें दिखाई ही नहीं देता !

आदमी के दिमाग़ में यह क्या खुराफ़ात भरी है कि वह कांचन को ोड़कर काँच की ओर लपकता है। एक स्वामीजी एक दिन अपने किसी ले को एक कहानी सुनाते जा रहे थे कि एक ग़रीब आदमी ने किसी साधु हात्मा की बड़ी सेवा की। महात्माजी प्रसन्न हो गये और बोले, लो, यह रस पथरी तुम्हें दिये जा रहा हूँ। परसों आकर ले लूँगा। तब-तक जितना ोना तुम चाहो बना लो। परसों जब मैं आऊँगा तो ठहरूँगा नहीं। फ़ौरन रस पथरी लेकर चला जाऊँगा। ग़रीब आदमी बड़ा ख़ुश हुआ, पर उसने ोचा कि अब तो मेरा भाग्य बदल ही गया, अब क्या। आज तो इस खुशी मैं खूब सोऊँगा और कल लोहा ख़रीदकर उसका सोना बनाऊँगा। वह स दिन खूब सोया। दूसरे दिन सुबह उठा और लोहा ख़रीदने चला, पर स्ते में एक मदारी का खेल हो रहा था, वह उसे देखने में लग गया और पहरी चढ़ आयी। रईसी बेचारे के दिमाग़ में आ ही गयी थी। सोचा, चलो, ब खाना खाकर सोएँगे। शाम को लोहा ख़रीदेंगे। ख़रीदा और पारस-पथरी री; काम ही कितना है। शाम को लोहा ख़रीदने गये, तो भाव न बना। का कहना था कि जब हम सौ-पचास मन इकट्ठा ख़रीद रहे हैं, तो कानदार को हमारा लोहा हमारे घर पहुँचा देना चाहिए, पर दुकानदार इस तैयार न हुआ। ग्राहक के दिमाग़ में नयी रईसी के सपनों की गरमी, भी न झुका और चला गया। उसने सोचा, महात्माजी कल सुबह इतनी दी कहाँ आ जाएँगे ? मैं जल्दी उठकर दूसरी दुकान से लोहा ख़रीद लूँगा, दूसरे दिन वह सो ही रहा था कि महात्माजी आ पहुँचे। वह बहुत ा-घिघियाया पर वे न माने। इसके लिए भी तैयार न हुए कि वह ग़रीब

अपने किवाड़ों की कुण्डी-साँकल का ही सोना बना ले। महात्माजी अपनी पारस-पथरी लेकर चलते बने। बेचारा सिर पीटता रह गया, पर यह क़सूर किसका था ?

दुनिया में बहुत ही कम लोग हैं, जो नफ़े-नुक़सान को ठीक-ठीक समझते हैं। यह बेवक़ूफ़ भी मजदूरी के कुछ रुपये बचाने की चिन्ता में लाखों का नुक़सान कर बैठा। कभी-कभी तो नफ़े-नुक़सान का सवाल इतना सूक्ष्म हो उठता है कि उसे समझना ही मुश्किल हो जाता है। बड़े-बड़े पण्डित खो जाते हैं कि नफ़ा क्या है, नुक़सान क्या है ?

एक दिन किसी बड़े घर का ख़ानसामा—दो साइकिलें एक ही साथ लिये जा रहा था। अब सूरत यह थी कि वह ज़मीन पर पैदल और एक साइकिल उसके बायें हाथ और एक दायें हाथ। दोनों को लिये वह जा रहा पैदल। अब देखने में उसके पास दो सवारियाँ, पर असल में वह खुद एक सवारी बना हुआ। यानी साइकिलों पर वह नहीं, साइकिलें उस पर सवार। जिनके पास एक साइकिल, वे हवा से बातें करते हुए निकले जा रहे हैं, पर जिसके पास दो सवारियाँ, वह घिसट रहा है ज़मीन पर। हाँ जी, यह घिसटना है कि साइकिलों पर हाथ रखे चले जा रहे हैं, जैसे यह भी कोई नृत्य की मुद्रा हो या डांस का पोज़ ! अब अगर यह ख़ानसामा एक साइकिल किसी को दे दे तो क्या ? पहली बात तो यह है कि यह सवारी से सवार हो जाए और दूसरी यह कि इसे एक और आदमी भी अपनी बग़ल में हवा से बातें करता नज़र आए। हमेशा के लिए जो एक आदमी सुख-दुःख का साथी बन जाए, वह नफ़े में, पर नहीं यह ज़मीन पर ही रेंगेगा और किसी को देगा नहीं अपनी एक साइकिल !

और फिर इस बेचारे ख़ानसामा की क्या शिकायत ! यह तो किसी दूसरे की साइकिलें लिये जा रहा है। यह एक किसी को दे दे, तो इसकी वह चाँदमारी हो कि तबीयत हरी हो जाए ! हमारा तो सारा समाज ही विषमता का शिकार है। हमारे विद्वानों ने अर्थशास्त्र के नाम पर समाज में कहीं टीबे खड़े कर दिये हैं और कहीं गड्ढे खोद दिये हैं। नफ़ा-नुक़सान भी यह एक अजीब पहेली है !

और क्यों जी, पहेली क्या नहीं है ? सारा जीवन पहेली-ही-पहेली

प्राचीन भारत के किसी धर्म-जिज्ञासु ने परेशान होकर कहा था, 'श्रुतयो विभिन्नाः स्मृतयो विभिन्नाः नैको मुनिर्यस्य वचः प्रमाणम् !' वेद अलग हैं, स्मृतियाँ अलग हैं, अरे भाई, कोई भी ऐसा मुनि नहीं, जिसकी बात हरेक के लिए प्रमाण हो और फिर ख़ैर, यह तो धर्म की बात हुई—धर्मस्य त्वरिता गतिः—धर्म की गति सूक्ष्म है, उसे भाँपना आसान नहीं, पर यहाँ तो हरेक आदमी की अपनी ही राय है।

मेरे पड़ोस में स्टेशन से सिविल लाइन को जो सड़क गयी है, उस पर कुछ लम्बे-लम्बे पहाड़ी पेड़ खड़े हैं। उनमें से एक पर उस दिन एक चील बैठी थी। उधर से दो ऐंग्लो इण्डियन लड़के आये और उन्होंने अपनी छोटी बन्दूक़ से उस चील पर वार किया। निशाना ठीक बैठा, छर्रा कलेजे को बींध गया। चील टूटे आम-सी नीचे आ गिरी। बारूद की आग से वह भुनी जा रही थी। उन लड़कों ने उसे देखा और चल दिये। उनसे किसी ने कहा, "अरे, इसे मारा है, तो उठा ले जाओ !"

लड़के बोले, "हम इसे क्या करेंगे ?" पूछा गया कि तब तुमने इसे मारा ही क्यों ? लड़के मुसकराये, "वाह, हम तो निशाना सीख रहे हैं !" तभी उधर से दो और लड़के आये। एक ने दूसरे से कहा, "आ भाई, इसे हलाल करें।" वे दोनों उसके पास जा बैठे। चाक़ू निकालकर उन्होंने कुछ मन्त्र-सा पढ़ा और उसके गले में वह उतार दिया। चील हमेशा के लिए सो गयी। लड़कों ने अपना चाक़ू घास में साफ़ किया और चलने लगे। किसी ने उनसे कहा, "अरे, भाई तुमने मारा है तो ले जाओ इसे !"

लड़के बोले, "हम इसे क्या करेंगे ले जाकर ?"

"खा-पका लेना और क्या करोगे ?"

"जी नहीं, चील का ग़ोश्त खाने के लायक़ नहीं होता !"

"फिर तुमने इसे मारा ही क्यों ?"

"अजी, हम तो हलाल करना सीख रहे थे !"

अब बताइए, एक की राय में चील निशाना सीखने का सिर्फ़ काला सितारा है, तो दूसरे की राय में हलाल सीखने की कुंजी ही ! है न हरेक की अपनी राय ? यह अपनी राय का मसला इतनी बड़ी पहेली है कि सुलझाये नहीं सुलझती। इस दुनिया में लाखों आदमियों का यही पेशा है

कि वे यह बताएँ कि इस मामले पर अमुक महापुरुष की क्या राय थी ? इससे भी मज़ेदार यह कि यदि इस मसले पर महापुरुष ने कभी कोई राय नहीं दी, तो यदि वे राय देते, तो क्या देते ? समाज में इन्हें धर्मगुरु कहा जाता है, इनका मान किया जाता है। अच्छा छोड़िए धर्मगुरुओं की बात; इन वकीलों को देखिए। दोनों तरफ़ के दो वकील, पर क़ानून एक। दोनों अपना-अपना अर्थ बताते हैं। अब जिसका भी अदालत मान ले, यानी क़ानून न हुआ, लाटरी हुई कि जिसकी खुल गयी, खुल गयी !

ओह, मैं भी इधर-उधर की बातों में ऐसी उलझी कि अपनी बात ही भूल गयी। मैं कह रही थी कि मेरा नाम पार्लमेण्ट स्ट्रीट है और भविष्य का रूप मैं पहले से ही जानती थी। बात यह है कि जब सिर पर आ पड़े, तब तो सभी समझ लेते हैं, पर ख़ूबी तो उसकी है, जो दूर से ताड़ ले। मैं यह न ताड़ पाती, तो आज मेरा भी तख़्ता उलटा जाता। मेरा यह पाठ संसार पढ़ ले, तो पैंसठ फ़ीसदी दुःख छू-मन्तर हो जाएँ। मैं आज भी लोगों की बातें सुनती रहती हूँ। संसार बदल रहा है, पर सामाजिक और धार्मिक संस्कारों के सम्बन्ध में लोग अपने विश्वासों को नहीं बदलना चाहते। अब कोई पूछे इनसे कि 20वीं में 16वीं सदी कैसे टिक सकती है ? बदलेंगे बेचारे, रो-झींककर, पर बात उनकी है, जो भविष्य को वर्तमान में देख लें और तैयार हो जाएँ उसके लिए।

मेरी तो यही बात है, जिसे मैं अपने देश के हरेक आदमी से कहना चाहती हूँ और इसीलिए मैं हर आते-जाते से बोलती रहती हूँ।

धूप-बत्ती : बुझी, जली !

अपनी कोठरी में आते ही देखा कि कल सुबह जो धूप-बत्ती जलायी थी, वह पूरी तरह जली नहीं थी, कुछ जलकर बुझ गयी थी और अब भी ज्यों की त्यों खड़ी है। मुझे वह सिर-जली ऐसी लगी कि जैसे कोई मनुष्य हो, थोड़े-बहुत ज्ञान से जिसका बौद्धिक जागरण तो हो गया हो, पर मानसिक विकास न हुआ हो और वह उस बौद्धिक जागरण को अपना सम्पूर्ण विकास मानकर अहंकार में उफ़ना फिरता हो।

हाय रे बेचारे ज्ञान-दग्ध, ज्ञानलवदुर्विदग्धं ब्रह्मापि तं नरं न रंजयति।

मेरा मन दया से भर गया और मैंने उस धूप-बत्ती को बिना उठाये ही फिर से जलाने का निश्चय कर लिया। झट मैंने दियासलाई जलायी और उसे धूप-बत्ती के सिर से लगाया। दियासलाई जलकर बुझ गयी, पर धूपबत्ती न जली। मैंने दियासलाई की दूसरी सींक जलायी और उसे उसके दाहिनी ओर लगाया, पर धूप-बत्ती न जली। मैंने तीसरी दियासलाई जलायी और उसे उसके बायीं ओर लगाया, पर वह भी जलकर बुझ गयी।

धूप-बत्ती अब भी बिना जली, पहले जैसी ही सिर-जली खड़ी थी और मेरे लिए अब कोई मार्ग न था कि उसे खड़ी रहते जला दूँ। मैंने उसे उसके स्थान से उखाड़ लिया और उसे झुकाकर चौथी दियासलाई जलायी। अरे साहब, वह दियासलाई से छूते ही जल उठी। दियासलाई में अब भी इतना दम था कि तैयार हों, तो वह चार-पाँच धूप-बत्तियाँ और जला दें !

जलती धूप-बत्ती ने अपनी सुगन्ध से कोठरी को भर दिया। यह काम समाप्त हुआ, तो बुद्धि ने अपनी कलाबाज़ी दिखायी : तीन दियासलाइयाँ

पूरी जलकर बुझ गयीं पर धूप-बत्ती न जली और एक दियासलाई के स्पर्श मात्र से ही वह भभक उठी, यह क्या बात है ?

मन ने कहा, "कोई बात तो है यह; पर प्रश्न तो यह है कि क्या बात है यह ?"

अब ऊहापोह की बारी है, तर्क-वितर्क की बारी है, चिन्तन की बारी है।

जब तक तीन दियासलाइयाँ जलकर बुझीं, धूप-बत्ती खड़ी थी और जब वह चौथी को छूते ही जल उठी, तो झुकी हुई थी।

लगता है, इस अनुभव में मेरे प्रश्न का उत्तर आ गया है, पर वह इतना संकेतात्मक है कि कहूँ—समा गया है। समाये को जानना आवश्यक है, तो सोच रहा हूँ कि धूप-बत्ती खड़ी हो या तिरछी, उसमें जलने की शक्ति बराबर ही है, पर खड़ी हुई धूप-बत्ती दियासलाई की ज्वाला को ग्रहण करने में असमर्थ रहती है और तिरछी धूप-बत्ती उसे सुगमता से ग्रहण कर लेती है; क्योंकि झुकी हुई धूप-बत्ती को दियासलाई अपनी लौ के पूरे घेरे में ले पाती है और सीधी खड़ी को नहीं।

बात हाथ आ गयी, पर बात अपने में अकेली-इकहरी बात ही तो नहीं है, उसमें बात-बात में बात भी तो है—'ज्यों केले के पात में पात-पात में पात।'

तो यह निकली आ रही है बात में से बात कि किसी से कुछ लेना हो तो झुकना आवश्यक है। झुकना, क्या शरीर का ? नहीं जी यों झुककर, दण्डवत् लेटकर ही तो फ़ौज़ के सिपाही गोलियाँ दागते हैं, तो झुकना देह का नहीं, भाव का। साफ़-साफ़ यों कि पाने के लिए नम्र होना आवश्यक है। लोकोक्ति है, बेटा बनकर सबने खाया, बाप बनकर किसी ने नहीं। यह बेटा बनना नम्रता ही तो है ?

याद आ रहा है संस्कृत का एक श्लोक, जिसमें सुख की कुंजी बतायी गयी है—विद्या ददाति विनयं विनयाद् याति पात्रताम्, पात्रत्वाद् धनमाप्नोति धनाद् धर्मं ततः सुखम्। भाव यह है कि विद्या से मनुष्य में विनय आती है, विनय से पात्रता—पाने की योग्यता—और वह पात्रता से पाता है धन, धन से करता है धर्म, तब सुख-ही-सुख। तो पात्रता का मूल है

विनय—नम्रता, झुकना।

क्यों भला ? नम्रता से दाता के मन में प्रवेश पाना, सुगम है, सहज है। इससे दाता के मन में देने की वृत्ति खिलती है, वह देने में सुख लेता है और अविनय से वह वृत्ति संकुचित होती है, वह देने में भार मानता है।

हमारे लोक-जीवन में इसका एक मर्मस्पर्शी संस्मरण सुरक्षित है, 'कानी भाभी, पानी पिला। हाँ, इन बोलों दूध के कटोरे !'

भाभी की एक आँख शीतला में मारी गयी और अब वह कानी है। उसका देवर, भाभी के लिए जिससे प्यारा कोई रिश्ता नहीं, उससे पानी चाहता है। लोक की ही अभिव्यक्ति है, पानी से भी पतला क्या ? देवर को ही क्या, पानी तो किसी को भी पिलाया जा सकता है, उसके लिए किसी पात्रता की आवश्यकता नहीं।

ठीक है, पानी पीने के लिए किसी पात्रता की आवश्यकता नहीं; पर अपात्रता न हो, यह तो आवश्यक है और 'कानी' विशेषण ने, देवर की अविनयी वृत्ति ने, उसकी अपात्रता सिद्ध कर दी है।

भारतीय संस्कार है कि जो अपात्र को दे, अपात्रेभ्यश्च दीयते, वह पतित, तो देवर का भाभी को चुभता उत्तर है—'हाँ, इन बोलों दूध के कटोरे !' अरे देवरजी, तुम्हारे बोल तो इतने मीठे हैं कि मैं तुम्हें पानी नहीं दूध पिलाऊँगी; मुँह धोये रहो !!

हमारे लोक-जीवन में विनय का भी एक संस्मरण सुरक्षित है, 'रानी भाभी, पानी पिला; पानी देवर के कुत्तों को !'

प्यासा देवर भाभी से कहता है, मेरी रानी भाभी, दो घूँट पानी पिला दो। रानी के विशेषण में जो नम्रता है, अपनी अपेक्षा दूसरे को महत्त्व देने की जो वृत्ति है, उसने भाभी का मन पुलकित कर दिया और उसकी उदारता को, ममता को जगा दिया है।

वह कहती है, अरे देवरजी, पानी का क्या पिलाना, पानी तो मैं लाड़ले देवर के कुत्तों के लिए भी स्वयं कुएँ से भर-खींच लाऊँ; देवरजी, तुम तो कुछ और पियो—दूध, लस्सी, शिकंजवी, शरबत !

माँगा था पानी, मिला चुभता ताना और माँगा था पानी, पर मिल रहा दूध-शरबत। झुकने और अकड़ने का यह चमत्कार है।

ओह, याद आ गये बुज़ुर्ग दोस्त कुन्दनलाल। मेरी ही जन्मभूमि में सुना का काम करते थे। बड़े ही दिलचस्प आदमी थे। जब हम उनकी दुका पर पहुँचते, वे सोने-चाँदी का कोई ज़ेवर बनाते होते और हम कहते, "कहिए क्या बना रहे हैं भाई साहब ?"

वे अपना हथौड़ा रोक देते और राजा टोडरमल के समय का अपन चश्मा नाक से माथे पर रखते हुए कहते, "अजीब सवाल है कि आज मैं क्या बना रहा हूँ ? अरे भाई, किसी की बनती है नथ, किसी की अँगूठी किसी का हार और किसी का कंगन, पर अपनी तो मैं दाल-रोटी ही बनाता हूँ, क्या आज, क्या कल और क्या परसों।" और तब ऐसी मीठी हँसी हँस कि उस बुढ़ापे में भी उनका ख़ुबानी चेहरा कन्धारी अनार हो जाता !

अपनी ठुक-ठुक के बीच इन्होंने उर्दू में कुछ कविताएँ भी लिखी थीं एक शेर याद आ गया है पर याद धोखा दे गयी, शेर कहाँ, शेर का भा ही है बस कि सुराही बहुत क़ीमती है, उसमें शराब भी बहुत क़ीमती है औ वह साक़ी के बहुत क़ीमती हाथों में भी है—है बेशक, पर महत्त्व तो उ मामूली प्याले का है, जो उस सुराही को सिर झुकाकर शराब देने के लि विवश कर देता है।

वही बात कि देने से बढ़कर लेने वाले की पात्रता है। लो, स्मृति आसन पर आ बैठे हैं पूज्य मदनमोहनजी मालवीय, जिन पर सदा ध बरसा। उस बार काशी विश्वविद्यालय में उनके दर्शन करने गया, त बातों-बातों में उन्होंने कहा था, "देश के हर द्वार पर एक दाता खड़ा अपनी खुली थैली लिये, पर कमी उन हाथों की है, जिनमें वह अपनी भे दे सके !"

मेरे उठते-उठते, आग्रह से कहा था उन्होंने, "भूलना मत इसे।"

और बम्बई मेल के उस थर्ड क्लास कम्पार्टमेण्ट में उस दिन पूज मालवीयजी के सन्देश का परीक्षण कितना सफल रहा था :

मेल का हर डिब्बा क़रीब-क़रीब 'एयरटाइट' था; बस ख़ाली था ए डिब्बा, पर इसमें चढ़ना शेर की दाढ़ से ग़ोश्त निकालना था। स्टेशन आते ही उसकी बन्द खिड़की से एक रोबीले पेशावरी पठान का चेहरा बा निकल आया। खिड़की के बाहर हम सात मुसाफ़िर थे। खान और फ़ौ

उस युग के शेर-साँप थे; उन्हें लाँघना कठिन क्या, असम्भव ही था।

ख़ान ने मुसाफ़िरों को देखा और पूरे रौब से कहा, "खिड़की नहीं खुलेगा।"

हम सबने समझ लिया कि ठीक ही है यह कि खिड़की नहीं खुलेगी, तो हम सात मुसाफ़िरों में से पाँच तो उसी क्षण दूसरे डिब्बे की ओर भाग निकले। छठे ने सामने से आते चैकर से शिकायत की, "जनाब, ये हज़रत पूरा डिब्बा घेरे बैठे हैं और हमें चढ़ने नहीं देते।"

चैकर महोदय ने अपने नये यूनीफ़ार्म के रौब में ज़रा डाँट के स्वर में खान से कहा, "आप दूसरे मुसाफ़िरों को चढ़ने से नहीं रोक सकते; खोलिए खिड़की।"

ख़ान ने सचमुच खिड़की खोल दी और चैकर की ओर मुसकराते हुए कहा, "ओः शाला, तुम बैठाएगा इशको ? बैठाओ। जब गाड़ी चलेगा और हम इस शाला को बाहर फेंकेगा, तो तुम शाला झण्डी हिलाना।"

चैकर तो खिसका ही, वे मुसाफ़िर महाशय भी नौ-दो-ग्यारह हुए। ख़ान ने उन्हें आवाज़ देकर कहा, "ओः शाला, कहाँ जाता है ? आवो ईढर, हम पूरी शीट देगा।" निमन्त्रण काफ़ी उदार था, पर उसे स्वीकार करने की शक्ति उन महाशय में न थी। वे चले, तो चले ही गये। ख़ान ने अपनी खिड़की धम से बन्द कर ली।

मैं अब भी अपनी जगह खड़ा था, अपनी अटैची हाथ में लटकाये। ख़ान ने मुझे देखा मैंने ख़ान को। उसने क्या सोचा मैं नहीं जानता, पर मैंने सोचा, "मालवीयजी महाराज का वचन है कि हर द्वार पर एक दाता खड़ा है, तो क्या यह ख़ान भी दाता है ?"

तभी ख़ान ने मुझसे कहा, "तुम नहीं गया ?"

मैंने संक्षेप में कहा, "नहीं ख़ान साहब !"

"क्यों, गाड़ी में नहीं चड़ेगा ?"

"चढूँगा, अगर आप प्यार से चढ़ाएँगे।"

"क्यों ? दूसरे डब्बे में नहीं चड़ेगा ?"

"ख़ान साहब, आप एक बहादुर पठान हैं और बहादुर आदमी का दिल बहुत बड़ा होता है। उसमें ही जगह न मिले, तो फिर कहाँ जगह मिलेगी ?"

"तुम डरता नहीं, हम तुम्हें नीचे फेंक देगा ?"

"नहीं ख़ान साहब, बहादुर आदमी के पंजे सख़्त होते हैं, दिल मुलायम होता है। आप मुझे नीचे नहीं फेंक सकते।"

ख़ान ने कुछ सोचा कि तभी गार्ड की सीटी बजी और हरी झण्डी हिली। ख़ान ने खिड़की खोली और मुझे बुलाया। मैं झपटकर खिड़की पर पहुँचा कि खान ने सहारा देकर मुझे भीतर ले लिया।

अठारह आदमियों के बैठने लायक़ उस छोटे-से डिब्बे में ख़ान था, उसकी ख़ूबसूरत बीवी थी और दो बच्चे थे। सबके बिस्तर बिछे थे; जैसे वे पलँग पर ही हों। मैंने ख़ान की बीवी को सलाम किया और ख़ान को धन्यवाद दे, दूसरी तरफ़ बैठ गया। कुछ देर बाद धीरे-से ख़ान मेरे पास आया और उसने मुझे दो बहुत बढ़िया सेब दिये। खाकर मज़ा आ गया और मैंने सोचा, "मालवीयजी महाराज का वचन सत्य है कि देश के हर द्वार पर एक दाता खड़ा है, अपनी खुली थैली लिये, पर कमी उन हाथों की है, जिनमें वह अपनी भेंट दे सके।"

सचमुच यह ख़ान, जिसे हम सात मुसाफ़िरों ने यमदूत या जीता भूत समझा था, एक दाता ही तो था और उसकी प्यार-भरी भेंट मेरे हाथों में थी, पर मेरी सनक देखिए कि मैं अब अपने दाता की कसकर परीक्षा लेने पर तुल गया था।

दूसरे स्टेशन पर गाड़ी आकर रुकी तो समय की बात, स्टेशन मेरी तरफ़ था। ख़ान की तरह मैं खिड़की से बाहर झुक गया। तीन मुसाफ़िर थे–दो जवान एक बूढ़ा। बिना ख़ान की तरफ़ देखे, ज़ोर से मैंने कहा, "बूढ़े बाबा, यह ख़ान साहब का डिब्बा है। उन्होंने मुझे मेहरबानी करके बैठने की जगह दे दी है। वह जगह मैं तुम्हें दे दूँगा और खुद खड़ा रहूँगा। तुम भीतर आ जाओ।" और बिना क्षण-भर रुके, मैंने उन दोनों जवानों से कहा, "तुम्हारे लिए खिड़की नहीं खुलेगी, तुम कहीं और चले जाओ।"

तुरत वे दोनों चले गये और मैंने बूढ़े को भीतर ले अपनी जगह बैठा दिया। मैं कुछ देर तो खिड़की पर झुका रहा और फिर दीवार से लगकर खड़ा-खड़ा अपनी पुस्तक पढ़ने लगा। कोई बीस मिनट बाद ख़ान ने पूछा, "तुम क्यों खड़ा है मेरे भाई ?"

सरलता से मैंने कहा, "खान साहब, आपने मेहरबानी करके जो जगह मुझे दी थी, वह मैंने बूढ़े बाबा को दे दी, लेकिन मुझे कोई दिक़्क़त नहीं है, आप आराम से लेटिए।" ख़ान ने बिना अपनी गम्भीरता भंग किये कहा, "नहीं, तुम भी बैठो।" ख़ान को धन्यवाद देकर मैं बैठ गया।

दूसरे स्टेशन पर गाड़ी ठहरी तो मैंने एक स्त्री और उसके बालक को अपनी जगह बिठा दिया और खड़ा हो गया। कुछ देर बाद ख़ान की बीवी ने ख़ान के कान में कुछ कहा और ख़ान ने मुझे फिर बैठा दिया।

अब दोपहर भर गयी थी। सोने के लिए करवट लेते-लेते ख़ान ने मुझसे कहा, "तुम चाएगा तो किसी को बैठाएगा पर तुम ज़रूर बैठेगा, हम सोता है।"

और ख़ान जब सोकर उठा तो हम बाहर थे। ख़ान देखकर हँसा और बोला, "सरकार तुमको रोज़ बौम्बे मेल में रखे तो बौत मुसाफ़िर को आराम होगा।"

मैंने कहा, "पर ख़ान साहब, आपको भी मेरे साथ रहना पड़ेगा; नहीं तो मुझे ख़ाली डिब्बा कहाँ मिलेगा !" ख़ान और उसकी पत्नी इतने ज़ोर से हँसे कि मज़ा आ गया।

शाम को सात बजे मैं अपने स्टेशन पर उतरा तो ख़ान ने मुझसे हाथ मिलाया और उसकी बीवी ने मुझसे पहले मुझे सलाम किया।

ख़ान की सख़्ती क्यों छूमन्तर हो गयी थी ?

ख़ान देने को क्यों उतावला हो उठा था ?

मेरी सफलता का रहस्य क्या था ?

धूप-बत्ती तीन दियासलाइयों में क्यों न जली ?

चौथी दियासलाई के छूते ही क्यों जल उठी ?

देख रहा हूँ, "धूप-बत्ती झम-झम जल रही है और मेरी कोठरी उसकी भीनी सुगन्ध से भरी है। सोच रहा हूँ, यह पहली दियासलाई में जल जाती तो यह बात और बात में छिपी बात मैं कैसे पाता ?

सहो मत, तोड़ फेंको !

कई साल बाद मैं अपने उन मित्र के घर गया, तो मुझे वे एक नये आदमी-से लगे। हँसी उनमें फूट-बिखरी, तो मस्ती उठ-उभरी, चुलबुले वे इतने कि राह चलतों से छेड़ कर बातें करें, पर अब देख रहा हूँ कि उन पर एक बोझ-सा लदा है और जैसे वे कुछ खोये-खोये-से हैं। वे हँसते हैं, तो उस हँसी में कहीं प्राण नहीं और जी रहे हैं, तो जैसे अनमने होकर !

देखा था बसन्त तो देख रहा हूँ पतझड़, बहुत अजीब-सा लग रहा है उनके साथ रहना, पर पूछता हूँ उनसे कि भाई, यह सब क्या है तो कहते हैं, "कुछ नहीं, बहुत दिन में मिले हो, तभी ऐसा लगता है, ठीक तो हूँ।" पर ठीक कहने से ठीक हुआ करता तो यह दुनिया आज तक जाने कैसी हो गयी होती। देख रहा हूँ कि चल तो सभी कुछ रहा है, पर चूल हिली हुई है।

"क्या मैं आपके पीछे आपकी डायरी पढ़ सकता हूँ इन तीन वर्षों की ?" दफ़्तर जाते हुए मित्र से मैंने पूछा तो वे खोखली-सी आँखों मुझे देखते रह गये। मुझे मालूम था वे बराबर डायरी लिखते हैं और उस डायरी में वे खुद होते हैं तो उसमें उनके मन का बोझ भी होगा !

मित्र बोले कुछ नहीं, अपनी दराज़ से निकालकर दो वर्षों की डायरियाँ मेरे पास रख गये। दोपहर में मैंने चालू वर्ष की डायरी उठायी तो पाँच-सात दिन पहले के पेज़ पर उन्होंने अपने मानसिक संघर्ष का यह सार दे रखा था :

"देख रहा हूँ कि गम्भीर होता जा रहा हूँ और जिस प्रसन्नता के सहारे

मौत जैसे मोर्चों पर भी मैंने हार न मानी, वह बुझती जा रही है। इस तरह मैं एक धनकुबेर से निर्धन होता जा रहा हूँ और डर है कि यह निर्धनता मुझे भिखारी न बना दे।

यह क्यों हो रहा है ?

पिछले दो वर्षों में मैं अपनों के द्वारा बहुत पीड़ित हुआ हूँ। क़साई जो जानवर को क़त्ल करता है, वह उस पीड़ा से बहुत कम है। उसका प्रहार एक बार होता है, यह निरन्तर हुआ है। उस पीड़ा का प्रहार के बाद अन्त हो जाता है, यह प्रहार के बाद और भी उफ़नती है। फिर यह प्रहार उस मनुष्य के हाथों होता है जिसका हित ही उस प्रहार की सफलता में है। यह प्रहार उन हाथों हुए कि जिनका हित मेरे जीवन के साथ नत्थी है।

क्या मैं उनसे कमज़ोर हूँ ?

जिनके द्वारा ये प्रहार हुए हैं मैं उनसे कमज़ोर नहीं हूँ क्योंकि वे मुझ पर निर्भर हैं, मैं उन पर नहीं। फिर ? फिर क्या, मैं अपनी नम्रता और अपार स्नेह से उन प्रहारों को सह गया हूँ। मुझे सुख है, सन्तोष है कि मैंने प्रहार पर प्रहार नहीं, प्रहार पर प्यार ही किया है, पर इसमें सन्देह नहीं कि ये चोटें मेरी मस्ती को चाट गयी हैं।

संघर्ष में लिखने और खेलने की आदत रही है। कभी भय और आशंका मुझे स्पर्श भी नहीं कर पाते। संघर्ष उत्तेजना देता है और वही उत्तेजना संघर्ष लड़ती है; इस तरह थकान का पास फटकना सम्भव ही नहीं होता।

फिर मैं थक क्यों गया ?

मैं थक इसलिए गया कि संघर्ष में उत्तेजना नहीं, हीनता का धुआँ ही चारों ओर भरा रहा। मैं कुछ कहूँगा तो इन्हें दुःख होगा, इस भावना से मैं उस नरक को सहता रहा जिसे वे पूरी ताक़त से उछालते रहे और इस तरह मेरी जीवन-शक्ति कुण्ठित होती गयी।

क्या इसका कोई उपाय न था ?

उपाय था असहयोग, दीनता और हीनता से दूर हो जाना और उन्हें अपने से दूर झटक देना, पर स्वभाव की गहरी ममता उन्हें दुत्कार न पायी और पुचकार से वे अपने को सँभाल न पाये। मैंने बहुत बार सद्भावना से दुर्भावना पर विजय पायी है, पर इस बार दुर्भावना इतनी प्रचण्ड है कि मैं

उसे ममता की आँच से पिघला न पाया और खुद ही उसमें झुलस गया हूँ।

उन पर इसका क्या प्रभाव पड़ा ?

देख रहा हूँ कि मेरे मिटते जाने से उन पर प्रभाव पड़ता है, पर यह प्रभाव उन्हें उनकी हीनता से विमुख नहीं करता, उलटे प्रचण्ड होकर वे पूछते हैं, यह मिट क्यों रहा है ? वे उस डॉक्टर की तरह हैं जो रोग को तो समझना नहीं चाहता, पर दवा देने के लिए आग्रही है। अपने को बदलकर मुझे पल-भर में ताज़गी दे सकते हैं, पर यह शायद वे सोचते ही नहीं।

सोच रहा हूँ कि वे बदलेंगे या मैं ही करवट ले जाऊँगा। सीख रहा हूँ कि बहुत नम्रता एवं कोमलता का भी यह युग नहीं है !"

मित्र की डायरी में और भी बहुत कुछ था, पर मेरे लिए अब उसकी आवश्यकता न थी; क्योंकि मेरे सामने स्पष्ट था कि मित्र महाशय आत्मीयों के आत्महीन व्यवहार से पीड़ित हैं। यह पीड़ा उनके लिए असह्य है, पर वे करें क्या ? और कुछ कर नहीं पाते तो घुल रहे हैं।

दो

जानकारी पूरी हुई तो जी-जान से मुझे लिपटी। मेरे मित्र मिट रहे हैं और इस मिटने में उनकी ममता है आधार। इस तरह लगता है कि अपने को सहकर वे कुछ श्रेष्ठ कार्य कर रहे हैं, पर श्रेष्ठ कार्य का परिचय सम्पर्क पाकर मन के भीतर जो चिकनाई आया करती है, वह नहीं आ रही और लग रहा है, जैसे यह सब कुछ शुभ नहीं है, सुकार्य नहीं है।

मैं मित्र के कमरे में उनके पलंग पर पड़ा सोच रहा हूँ। सोचने की कोई विशेष विचार केन्द्र में नहीं है, पर वैसे विचार इतने हैं कि भीड़ लगी है विचारों की और उसमें से किसी को जानना-पहचानना ही मुश्किल है तो पाना कहाँ सुगम ?

सपनों में कहीं की कड़ी कहीं मिल जाती है। मैं भी इस समय ठेठ जागरण में हूँ, पर सपनों से कम नहीं। मेरे भटकते विचारों की कड़ी भी यह लीजिए जा मिली है मेरे एक पुराने मित्र के साथ।

उनमें प्रतिभा भी है और पुरुषार्थ भी। उनमें पत्रकार-कला के गुणों का

अनुपम विकास हुआ है और वे अपना आपा उसे दे पाएँ, तो एक चमत्कार कर दें। अपने राज्य की राजनीति के वे प्रथम पुरोहितों में हैं और वे राजनीति में ही समाये रहते, तो उस राज्य के मन्त्रिमण्डल की सदस्यता तक पहुँचते, पर हुआ यह कुछ नहीं और उन्नति की नाव एक मामूली स्कूल की अस्थायी अध्यापकी तक ही पहुँच पायी। बातें वे भले ही सदा एक ऊँचे धरातल से करते रहे, पर थके-थके और निचुड़े हुए, जैसे साँस चल रहे हैं और जान निकल गयी। प्रतिभा यदि कोई स्थायी तत्त्व है तो कहना चाहिए कि उनकी पैनी प्रतिभा कुण्ठित हो गयी।

पत्नी अनपढ़ है सो कोई बात नहीं, पर अनगढ़ है और मूर्खता का ऐसा एक भी तत्त्व नहीं जो उसमें भरपूर न हो। वह जीवन में एक ही सफलता मानती है पैसा और इस दृष्टि से उसका पति एक असफल मनुष्य है, एक अत्यन्त मामूली आदमी जो परिवार को न रेशम दे सका, न मक्खन।

इन असफलताओं की जड़ में पति की विशेषताएँ हैं यह वह नहीं समझ सकती और नयी सफलताओं के लिए आज वह नये प्रयत्न नहीं कर पाता, उसका कारण घर का निराश वातावरण है, जिसकी जननी वह स्वयं है, यह उसे ब्रह्मा भी नहीं समझा सकता। नतीजा यह कि हर समय उसका विद्रोह भड़का रहता है, बक-झक, ठोक-पटक, मारा-पीटी और आँसू उसके ज़ीवन-सहचर हो गये हैं।

मेरे ये मित्र क्या करते हैं ? प्रश्न ज़रूरी है और इससे भी ज़रूरी इस प्रश्न का उपप्रश्न कि वे इन सबको पत्नी का अपराध मानते हैं या अधिकार ? यदि यह अपराध है तो दण्ड चाहता है, भले ही यह दण्ड हिंसा का 'लात-घूँसा कमर मध्ये' हो या अहिंसा का अनशन और अधिकार है तो यह स्वीकृति चाहता है।

सचाई यह कि आज न यह अपराध है न अधिकार, अब तो यह उस परिवार के वातावरण का एक अंग है—अनिवार्य अंग, जिसे सहना है, सहे जाना है, यदि छेड़कर उसे और ज़्यादा बढ़ाना न हो !

सोचने का अवसर तब था, जब यह आरम्भ हुआ, पर तब मेरे मित्र ने उससे टक्कर नहीं ली। उससे बग़लग़ीर होने की, उसे सहकर शान्त करने की, पचाने की चेष्टा की। निश्चय ही पत्नी समझदार होती, तो इस सहन

पर नम्र पड़ जाती, कोमल हो उठती, पर मूर्ख थी, सो अकड़ गयी और यहाँ तक कि लकड़ी हो गयी, अब टूट सकती है, मुड़ नहीं सकती।

मैं अकसर देखता हूँ, मेरे मित्र अपने जीर्ण-शीर्ण शरीर से आठ-दस घण्टे काम ले, शाम को पाँच बजे घर आते हैं। आवश्यक है कि उन्हें घर आते ही चाय मिल जाए, पर उन्हें कभी अँगीठी जागती नहीं मिलती। वे कुछ कहें तो होहल्ला मच उठे और बक-झक, ठोक-पटक का समारोह आरम्भ हो जाए। उनकी समझदारी उन्हें सहारा देती है। वे अँगीठी जलाकर चाय बनाते हैं। पीते हैं, पिलाते हैं और शाम के भोजन की तैयारी में पत्नी को सहयोग देते हैं, इसे शान्त रहने की रिश्वत समझिए।

'इसका जी दुःखी न हो' और 'यह किसी तरह शान्त रहे' बस इसी धुरी पर उनकी जीवनचर्या का चक्र घूमता रहता है। दूसरों के दिल न दुखने का धुआँ जैसे उन्हें घेरकर घोट रहा है।

तीन

इन मित्र की बात पूरी हुई है तो फिर उन्हीं मित्र की बात सामने आ गयी है और यह लीजिए, दोनों मित्रों की बात रल-मिलकर अपने में एक हुई जा रही है; जैसे ये दोनों दो न होकर एक ही हों। दोनों मिलकर जैसे एक ही स्वर में मुझसे पूछ रहे हैं, यह जो हम इतने समय से अपनों के अत्याचार चुपचाप सह रहे हैं, हमारी किसी निर्बलता का दण्ड है या ममता का यज्ञ ? और मेरे भीतर जैसे कहीं से उनके प्रश्न के उत्तर में एक नया प्रश्न गूँज रहा है, किसी की दुष्टता-मूर्खता या निर्बलता को सहना पाप है या पुण्य ?

प्रश्न एक की जगह दो हो गये हैं, पर दो से सौ भी हो जाएँ तो क्या; प्रश्न का उत्तर प्रश्न तो नहीं है। मुझे समाधान चाहिए तो पड़ा हूँ मैं मित्र के पलंग पर अपनी देह से और जाने कहाँ-कहाँ घूम रहा हूँ अपने मन से। घूमते-घूमते मैं अपने जीवन के एक बीते संघर्ष के बीच से निकल गया हूँ और तब मेरे सामने आ गया है वह सूत्र, जो उस संघर्ष में एक दिन मेरे हाथ आ गया था। लग रहा है कि उस सूत्र में इन प्रश्नों का समाधान है।

वह सूत्र यह है : तुम जिस संघर्ष में, सहन में, दौड़-धूप में, बाज़ी में,

लगन में जुटे हो, जूझ रहे हो, वह तुम्हारे लिए ठीक है या नहीं, पकड़े रखने लायक़ है या छोड़ देने के क़ाबिल, इसकी कसौटी यह है कि तुम यह देखो कि उस संघर्ष से, दौड़-धूप से, तुम्हारी मानसिक शक्ति—भीतरी शान्ति, सन्तुलन, आनन्द और स्थिरता—बढ़ रही है या घट रही है ?

यदि इस प्रश्न का अपने ही भीतर, अपने को, अपनेआप दिया उत्तर है यह कि बढ़ रही है, तो हार हो या जीत, लाभ हो या हानि, तुम अपनी जगह खड़े रहो, अपनी धुन में जुटे रहो, हारकर भी जीतोगे, खोकर भी पाओगे, पर यदि तुम्हारी मानसिक शक्ति घट रही है तो उस काम में लाभ-ही-लाभ लग रहा हो या विजय पर विजय सामने दीख रही हो, उसे तुरत छोड़ दो और इस बारे में न किसी का परामर्श लो, न कहना मानो, बस तुरत उससे हट जाओ, उसे छोड़ दो; भले ही लोग इसके लिए तुम्हें लांछित करें, कायर कहें, तुम्हारी खिल्ली उड़ाएँ।

ऐसा लग रहा है कि मैं प्रश्नों के भँवर से निकलकर साफ़-सुथरे तट पर आ गया हूँ और वहाँ से साफ़ देख रहा हूँ कि मेरे इन मित्रों ने प्रेम से, ममता से, उदारता से, दया से, सहिष्णुता से, बुद्धिमत्ता से जो कुछ सहा है, उससे उनकी शक्ति नहीं बढ़ी है; अरे भाई, साफ़-साफ़ यह कि घटी है तो वह सब पुण्य नहीं था, धर्म नहीं था, सुकार्य नहीं था।

मुझे ख़ुशी हो रही है कि मैं कुछ पा गया हूँ, कुछ क़ीमती चीज़, काम की चीज़, निराली चीज़ और उस चीज़ की मैं जो छाड़-पछोड़ कर रहा हूँ तो मेरे मन में उभर रहा है यह पूरक सत्य : 'जब अपने घर में, जीवन में, वातावरण में, अपने विरुद्ध कोई प्रतिवादी तत्त्व जागे, उभरे या बाहर से आए, तो उसके पनपते-न-पनपते स्वयं पच जाने की भोली कल्पना न करो, उसे धो-माँजकर ही या झकझोर कर समो दो और यों सब काम छोड़कर वातावरण को शुद्ध, साफ़ और सम कर लो।

यह सम्भव है कि उस प्रतिवादी तत्त्व के विरुद्ध मन में क्रोध की प्रतिक्रिया उपजे और एक क्रूर आक्रमण के साथ उसे मिटा देने की भावना जग उठे, अपने में उसे मिटा देने की ताकत महसूस हो तब भी उससे बचो, यही श्रेयस्कर है, क्योंकि वृत्तियों की प्रचण्डता विरोधी को चोट पहुँचाए या नहीं, जिस हृदय में वह घुमड़ती है उसे अवश्य क्षत-विक्षत कर डालती है।

यहीं यह भी–सम्भव है कि उस प्रतिवादी तत्त्व के सम्बन्ध में कोमलता की प्रतिक्रिया मन में उपजे और एक नरमी के साथ उसे सह जाने की भावना जाग उठे, अपने में उस सहते रहने की ताक़त भी महसूस हो और सफलता में सौ फ़ीसदी विश्वास हो, तब भी उससे बचो, क्योंकि वृत्तियों की दीनता विरोधी को चोट पहुँचाए या नहीं, जिस हृदय में वह पनपती है उसे अवश्य मलीन कर डालती है।

इसलिए क्रूरता और दीनता, दोनों से बचो और प्रतिवादी तत्त्व को अपने से तोड़कर दूर फेंक दो, उससे दूर हो जाओ। उससे असहयोग कर दो, यदि सत्याग्रह करके उसे समो नहीं सकते, पचा नहीं पाते !

अपने दुखित मित्र की डायरी पढ़कर, उनके दुःख को जान-समझकर जो कुछ सोचा है, वह सब संक्षेप में उनसे कह दिया जाए, यह भाव मन में जागा कि यह सूत्र बना, 'दूसरे की कमज़ोरी को सहना, उसे दूर करने का उपाय करना, जीवन का उत्थान है, पुण्य है, पर इसके लिए अपने में कमज़ोरी लानी पड़े, तो यह पतन है, पाप है, अकार्य है दूसरे शब्दों में किसी की हीन वृत्ति को अपनी उच्च वृत्तियों की ढाल पर ले लेना सत्कार्य और स्वयं ही इसके लिए हीन वृत्तियों से घिर जाना असत्कार्य है। साफ़ शब्दों में हम झुककर, मुड़कर, भले ही किसी को उठा सकें, अपना सकें, पर स्वयं गिरकर तो हम यह नहीं कर सकते !

सन्त कवि ने शायद इसी सत्य को अपनी भाषा में यों कहा है, "तज रे मन, हरि विमुखन को संग !"

मैं भी लड़ा, तुम भी लड़े, पर जीता कौन ?

मेरे एक अभिन्न मित्र थे, थे इसलिए कि अब वे इस दुनिया में नहीं हैं। हम दोनों आपस में इतने घुल-मिल गये थे कि दो होकर, दो दिखाई देकर भी, वो न थे।

दुनिया का स्वभाव है कि ऐसा मेल उसे भला नहीं लगता और इस दुनिया में ही कुछ है, जो मौक़े की तलाश में रहते हैं कि कब इनके मनों में खटाई पड़े।

मेरे मित्र की पत्नी मर गयी और मेरे कुटुम्ब की एक कन्या के रिश्ते को लेकर हम दोनों में ख़ासा खिंचाव आ गया। मैंने कोशिश भी की पर खिंचाव यही नहीं कि ढीला नहीं पड़ा, यह भी कि उसमें दिन-दिन तनाव आता गया। अब हमारा मिलना-जुलना और बोलचाल भी बन्द। यारों ने इसका लाभ उठाया और उन्हें अपने हाथों में ले लिया।

एक दिन विश्वसनीय समाचार मिला कि वे मुझ पर यह दीवानी दावा करने वाले हैं कि मैंने उनकी स्वर्गीया पत्नी का धरोहर रखा तीन हज़ार का ज़ेवर मार लिया है। सुनकर गुस्सा भी आया, और हँसी भी आयी।

समय की बात, उसी दिन शाम के झुटपुटे में मुझे मिल गये वे और बचकर, आँख बचाकर, एक तरफ़ को निकलने लगे, पर मैं क्यों चूकता। मैं उनके सामने जा टिका और कन्धे हिलाकर उनसे कहा, "अरे भाई, अभी तो दावा ही लिखा गया है, अभी से बचकर निकलने लगे तो आगे क्या करोगे ? हमने तो यहाँ तक का इरादा बाँध लिया है कि मुक़दमा जमकर

लड़ेंगे और तुम्हें ही जेल भिजवाकर हटेंगे, पर मित्रता का तक़ाज़ा तो यह है कि तुम्हें ही जेल हो जाए तो मैं तुम्हारी और तुम्हारी बच्ची की ख़बर रखूँ और मुझे जेल हो जाए तो छूटने के दिन तुम ही दरवाज़े पर मिलो, पर तुम तो अभी से साथ छोड़ रहे हो !"

सुनकर उनका ख़ून जम-सा गया। मेरा हाथ पकड़कर बोले, "घर तक चलो" और घर पहुँचते ही मेरे पैर पकड़कर रोने लगे। मैं भी रो पड़ा और संक्षेप में बात यह हुई कि हम दोनों फिर ज्यों के त्यों एक हो गये।

दो

मेरे एक दूसरे मित्र हैं, डबल एम. ए. और कॉलेज के प्रोफ़ेसर ! नगर में उस दिन एक सम्मेलन था। वातावरण असफलता का था, पर मेरे कहने से प्रोफ़ेसर साहब ने ख़ुद शहर भर में ऐसा रसीला ऐलान किया कि हवा बँध गयी।

सम्मेलन सफलता के किनारे छू गया, पर जब स्वयं प्रोफ़ेसर साहब माइक पर आये तो एक दुर्घटना हो गयी कि वे कुछ कह रहे थे और मैंने उन्हें संक्षेप करने को कहा तो वे भड़क उठे। वह भड़क मुँह बनाकर ही न रुकी, यहाँ तक मुँह चला बैठी कि मैं उनकी गालियों का शिकार और गालियाँ भी मामूली नहीं, नम्बरी झन्नाटेदार !

लाउडस्पीकर विवेकहीन निकला और उसने उन्हें भी सबमें फैला दिया। श्रोता अप्रसन्न तो साथी अवसन्न, पर मैंने तुरत उन्हें माइक के पास से हटाकर एक सुरीले गले की कवयित्री को वहाँ खड़ा कर दिया।

सम्मेलन के साथी लिपटे कि प्रोफ़ेसर मुझसे माफ़ी माँगे। वातावरण फिर से गरम होने को ही था कि मैंने कहा, "जब मुझे यह अधिकार है कि मैं उसे गली-गली ऐलान करने को कहूँ तो उसे भी यह अधिकार क्यों नहीं है कि गुस्सा आ जाए तो चार कड़वी बात कह ले ? फिर यह मेरी उनकी व्यक्तिगत बात है, कोई सार्वजनिक मसला नहीं; आप लोग शान्त रहें।"

बात समाप्त हो गयी, पर कई दिन तक मेरा मित्र प्रोफ़ेसर मेरे पास न आया। मेरी तबीयत ख़राब थी, इसलिए मैंने उसे एक कार्ड पर ये पंक्तियाँ लिख भेजीं :

मैंने तो समझा था नखरा,
पर यह निकला गुस्सा,
नखरे पर बलि जाऊँ तेरे,
गुस्से पर दूँ घुस्सा !
नख़रा है, तब भी झट आओ,
तुमको चाय पिलाऊँगा,
गुस्सा है, तब भी आओ तो,
चप्पल से चमकाऊँगा !

दूसरे दिन कॉलेज में उन्हें यह पत्र मिला, तो समय काटना, कहते थे उन्हें भारी हो गया और छुट्टी का घण्टा बजते ही सीधे मेरे पास आये। मुझे पता था ही कि वे आएँगे तो बस आते ही उन्हें गरम चाय तैयार मिली।

वे माफ़ी की भूमिका बाँधने लगे तो मैंने कहा, "इस भूमिका में क्या रखा है भाई, अब तो चाय की पुस्तक का रसपान कीजिए।"

चाय पीकर बोले, "उस दिन बड़ी बेवक़ूफ़ी हो गयी भाई साहब !"

मैंने आँखें तरेरकर कहा, "किससे ?" और बस हम दोनों हँस पड़े।

तीन

उत्तर प्रदेशीय काँग्रेस कमेटी की बैठक हो रही थी और पूज्य टण्डनजी सभापति थे। गान्धी-इरविन समझौते के दिनों की बात है। टण्डनजी किसी काम से दस मिनट के लिए बाहर गये तो उपसभापति पं. जवाहरलाल नेहरू उनके आसन पर आ गये।

किसी रूलिंग की बात चल रही थी और बातों में गरमी आ रही थी कि श्री महावीर त्यागी ने एक विधान-ग्रन्थ खोलकर उनकी मेज़ पर रखते हुए कहा, "देखिए पेज़ नम्बर साठ, आप रूलिंग देने के लिए बाध्य हैं !"

तक़ाज़ा और प्रतिवाद जवाहरलाल के स्वभाव को पचते नहीं थे। उनकी आँखें तन गयीं और नसों में बहता ख़ून दौड़ चला, पेंसिल की नोक से किताब को मेज़ के नीचे फेंक वे बोले, "मैं ऐसी साठ किताबें रोज़ लिख सकता हूँ।"

त्यागीजी ने इसे अपमान माना कि उनके मुँह से निकला, "यह

सभापतिजी की ज़्यादती है और उधर से वे किताब फेंक सकते हैं तो इधर से भी कुछ फेंका जा सकता है, मसलन...!"

धीरे से कहे उनके अन्तिम शब्द ने जिसमें ऊ और आ की मात्रा से जुड़े सिर्फ़ दो ही अक्षर थे, पूरे भवन में हड़कम्प मचा दिया और दोनों तरफ़ के मित्र एक साथ चिल्ला उठे, माफ़ी माँगिए, माफ़ी माँगिए।

मेज़ पीटने का वातावरण सिर पीटने के वातावरण से भी रुद्र हो उठा कि तभी लौट आये टण्डनजी अपने दोनों कन्धों को आदत का टँकोरा-सा देते हुए। अब दोनों तरफ़ के साथी उन्हें अपना-अपना पक्ष समझाने को बेचैन कि जवाहरलाल ने कहा, "मेरे और त्यागी के बीच यहाँ कुछ निजी बातें हो गयी हैं, पर मैं समझता हूँ कि यह मुनासिब होगा कि हम उस मसले पर विचार करें, जिस पर पहले से कर रहे थे। मेरा ख़याल है कि त्यागी भी इससे मुत्तफ़िक होंगे !"

त्यागीजी बेचारे मुत्तफ़िक न होते तो क्या करते ! मीटिंग के ख़त्म होने पर कुछ लोगों को दिमाग़ी ख़ाज उभरी कि उस घटना पर विचार हो, पर तभी उन्होंने देखा कि जवाहरलालजी त्यागी का हाथ पकड़ उन्हें अपनी मोटर में बैठा ले गये हैं।

चार

ये हुए तीन संस्मरण पर तीन होकर भी जैसे एक ही हों, क्योंकि नाम-रूप क़ी भिन्नता में भी बात तो इतनी है कि दो मित्र आपस में दूध-मिश्री-से मिले, एक दिन आ गया गुस्सा और हो गये नीम, बस दोस्ती ख़त्म और बोलचाल बन्द; यानी हो गयी लड़ाई !

हाँ जी; लड़ाई तो हो ही गयी, पर प्रश्न तो यह है कि अक़्ल बड़ी है या भैंस ? और सचमुच अक़्ल ही बड़ी है तो इस पहले प्रश्न में से यह नया सवाल भी पैदा होगा ही कि यह क्या बात है कि जो आज मिश्री हैं, वे कल नीम हो जाएँ और जो एक-दूसरे से मिले बिना, आज भोजन नहीं पचा पाते, वे कल दूसरे की सूरत देखने से भी बेज़ार हो उठें ?

यह गुस्से की काली करामात है और गुस्सा है आदमी की मज़बूरी। बड़े से बड़ा क्रोधी भी नहीं चाहता कि उसे क्रोध आए, पर वह आता है

और ऐसा आता है कि आदमी भूत हो जाए !

मान गये कि आदमी को गुस्सा आएगा ही और दो मित्रों में आपसी लड़ाइयाँ भी होती रहेंगी ही, इसलिए यहाँ प्रश्न यह नहीं है कि गुस्सा क्यों आए, प्रश्न यह है कि गुस्सा जब आ ही जाए, तो हम क्या करें ?

इस ज़रूरी और महत्त्वपूर्ण प्रश्न का उत्तर पहले दो संस्मरणों में है कि यदि दुर्भाग्य से दो मित्रों में से किसी एक को गुस्सा आ ही जाए, तो यह क्यों ज़रूरी हो कि दूसरा भी आपे से बाहर हो ? क्या हम किसी को मैले कपड़े पहने देखकर अपने साफ़ कपड़ों पर धूल डालते हैं ? किसी लँगड़े या काने को देखकर अपनी टाँग तोड़ लेते या आँख फोड़ लेते हैं ?

नहीं, हम ऐसा नहीं करते ! यह ठीक भी है तो फिर अपने मित्र को गुस्सा आ जाने पर हम स्वयं भी आगबबूला होना क्यों ज़रूरी समझते हैं ?

जब हमारे मित्र को गुस्सा आता है तो क्या यह कोई अच्छी बात होती है ? नहीं, तो फिर हम एक बुरी बात की नक़ल क्यों करें ? उन्हें गुस्सा आ गया तो आ गया पर आप यत्न करके, उस मित्र की एक मजबूरी मानकर चुप रहिए, शान्त रहिए, मधुर रहिए और इस तरह अपने मित्र की मदद कीजिए।

पाँच

"और क्यों जी, जो दूसरे के गुस्से को देखकर या बातचीत में दूसरे के साथ-ही-साथ हमें भी गुस्सा आ जाए तो क्या करें ?"

प्रश्न उचित है, आवश्यक है, क्योंकि सोच-विचारकर तो किसी को गुस्सा आता नहीं। कहा नहीं कि यह तो आदमी की एक मजबूरी है और मजबूरी पर क़ाबू पाना अभ्यास का, साधना का विषय है, इसलिए गुस्सा हमें भी आ ही जाए तो हम क्या करें ?

इस प्रश्न का उत्तर तीसरे संस्मरण में है कि गुस्सा आ गया, लड़ लिए और लड़ लिये कि बस फिर एक के एक हो गये।

गुस्सा आया, लड़ लिये और गुस्सा उतरा कि बस ज्यों के त्यों, यह एक मनुष्य का चित्र है।

गुस्सा आया लड़ लिये और गुस्सा उतरा कि एक-दूसरे को मिटाने में

जुट गये, यह एक भेड़िए की तसवीर है।

गुस्सा आने पर, गुस्से में गाली-गलौज, मार-पीट कर लेने पर भी आदमी आदमी ही रहता है, पर गुस्सा उतर जाने पर भी गुस्से-जैसा ही व्यवहार करने से आदमी भेड़िया हो जाता है और जो दूसरे को गुस्सा आने पर भी खुद शान्त रहे, गुस्सा न करे तो आदमी देवत्व की ओर बढ़ने लगता है। आप आदमी हैं, उन्नति कीजिए, देवता बनिए, पर ऐसा न कर सकें तो कम-से-कम आदमी तो बने रहिए !

छह

और क्यों भाई, हम आपस में लड़ते क्यों हैं ? लड़ाई की पृष्ठभूमि है प्रतिद्वन्द्विता और उसका उद्देश्य है दूसरे को, सामने वाले को, प्रतिद्वन्द्वी को हराकर उस पर विजय पाना !

अच्छा, इस विजय की कसौटी क्या है ? मैं युद्धशास्त्र की बात नहीं करता, आपसी लड़ाइयों की बात करता हूँ, जो बातों-बातों में छिड़ जाया करती हैं।

लड़ाई मेरी भूल से शुरू हुई या आपकी, वह हो गयी, बज गयी और खूब बजी। दोनों ने अपने हाथ दिखाये, किसी ने कसर न छोड़ी, अब प्रश्न यह है कि तुम भी लड़े, मैं भी लड़ा, पर जीता कौन ?

क्या वह जीता, जिसने ज़्यादा गालियाँ दीं या ज़्यादा हाथ मारे ? ना, मैं उसे विजयी मानने से इनकार करता हूँ और कहना चाहता हूँ कि जीता वह, जो गुस्सा उतरने पर, शान्त होने पर, विवेक के जागने पर और यह सोचने पर कि बड़ी बेवक़ूफ़ी हो गयी, जो गुस्से के चक्कर चढ़-घूमे, न झिझक में पड़ता है, न संकोच में और सीधा उसके घर पहुँचता है, जिससे लड़ाई हुई थी और कड़वाहट को मिठास में बदलकर वातावरण को फिर से सम कर देता है।

अपने मित्रों में कभी अपनी ओर से लड़ाई की हवा न आने दीजिए, आपके किसी मित्र को गुस्सा आ ही घेरे तो स्वयं शान्त रहिए, बात को तरह दीजिए, टाल दीजिए और आपको भी गुस्सा आ ही जाए तो लड़ लीजिए, पर गुस्से के उतरते ही मित्र के पास पहुँचिए और चाय पीकर ही उठिए।

जी, वे घर में नहीं हैं !

यह भी अच्छा बहाना है, जी हाँ यह भी अच्छा बहाना है, पर अच्छा-बुरा तो बाद में देखा जाएगा, पहले यह तो बताइए कि यह बहाना क्या चीज़ है ?

अरे, आप यह भी नहीं जानते कि बहाना क्या चीज़ है। इसे तो छोटे-छोटे बच्चे भी जानते हैं। आप भी कमाल के सवाल पूछते हैं भाई साहब ! मेरा छोटा पुत्र अभी छह साल का है। उस दिन वह मेरी जेब में हाथ डाल रहा था कि अचानक बाहर से मैं आ गया। मुझे देखते ही बोला, पिताजी, देखिए आपकी जेब फट रही है, इसमें पैसे न डालिएगा, नहीं तो निकल पड़ेंगे। मैं अवाक् उस छोटे से बच्चे की तरफ़ देखता रह गया कि क्या बहाने की पट्टी पढ़ायी है बेटे ने मुझे। अब चपत मारना तो दूर, घुड़की देने का भी तन्त बिगड़ गया और मुझे कहना पड़ा कि बेटा, अपनी माँ से कहना कि इसकी मरम्मत कर दे। बेटाजान उस समय शायद सोच रहे होंगे कि जेब की मरम्मत तो बाद में होगी, इस समय तो हमने तुम्हारी ही मरम्मत कर दी।

यह है बहाना और आप पूछ रहे हैं कि बहाना क्या चीज़ है ? और हाँ, आप मुझसे यह सब क्यों पूछ रहे हैं। आप श्रीमती ज्ञानवतीजी के यहाँ तो अकसर जाते रहते हैं। वे इस कला की पूरी पण्डित हैं। आप चाहें, तो वे इस कला पर भाषण दे सकती हैं। याद नहीं, उस दिन हम लोग उनके घर बैठे थे। उनके पति का स्वभाव उदार है और दूसरों को खिला-पिला कर वे खुश होते हैं। उन्होंने धीरे से कहा, सब लोगों के लिए थोड़ी चाय

तो बनवाओ।

सुनते ही श्रीमतीजी का दिमाग़ छछूँदर हो गया और उन्होंने ऐसी कड़वी आँखों से उन्हें घूरा कि जैसे उन्होंने किसी दूसरी के साथ अपनी नयी शादी का ही प्रस्ताव किया हो, पर छोटे मियाँ सो छोटे मियाँ, बड़े मियाँ सुभान अल्लाह; उनके पति भी पूरे औघड़ निकले और ज़रा ज़ोर से बोले, हाँ भई, चाय-वाय तो बनवाओ।

श्रीमतीजी का पारा एक सौ पाँच पर पहुँच गया। ठीक भी है अभी तक तो चाय ही थी अब उसमें वाय और लग गया। चाय के साथ वाय का मतलब है पकौड़ी !

उस दिन पार्टी में वकील साहब भी थे। वे ऐसे मौक़ों की तलाश में ही रहते हैं। अपनी दार्शनिक मुद्रा में बोले, हाँ भाई पण्डितजी का प्रस्ताव तो त्रिपुरी काँग्रेस के पन्त-प्रस्ताव से भी अधिक महत्त्वपूर्ण है, हम लोग इस का बहु-सम्मति से नहीं सर्वसम्मति से समर्थन करते हैं।

श्रीमतीजी ने देखा कि अब मामूली दवा काम नहीं दे सकती। उन्होंने भैयाजी की तरफ़ देखा। भैयाजी हर घड़ी कोई-न-कोई गोरखधन्धा बाँधने में मास्टर हैं। दोनों में इशारे हुए और तब श्रीमतीजी ने कहा, चलिए, मैं आज आप लोगों को गुलाब रेस्टोरेण्ट में चाय पिलाऊँगी। वकील साहब ने उत्फुल्ल होकर इस प्रस्ताव का भी समर्थन किया और सब लोग उठ चले, पर श्रीमतीजी ऐसे रास्ते से चलीं कि वकील साहब का घर रास्ते में पड़ गया। वे सबको लिये उसमें घुस गयीं और उनके पुरुषार्थ से चायवाय ही नहीं, मामला हलवे तक पहुँच गया। वकील साहब बहुत कुलमुलाये, पर उनकी एक न चली।

यह बहाने का एक उत्तम उदाहरण है। कहिए, अब भी आप समझे या नहीं कि बहाना क्या चीज़ है ?

"जी, खूब समझ गया। सचमुच आप-जैसा समझाने वाला बड़े भाग्य से मिलता है, पर ऐसा मालूम होता है कि आपकी राय यह है कि जब भगवान् के यहाँ बुद्धि बँट रही थी, तो आप अगली पंक्ति में थे और मैं सो रहा था। क्या बहाने के तुक्कल उड़ा रहे हैं आप। मेरा प्रश्न यों फ़ुर्र होने वाला नहीं, ज़रा गहरा है। मैं पूछ रहा था कि यह बहाना आख़िर है

क्या चीज़, पर आप क्या समझेंगे इस बात को। लीजिए, मैं ही बता रहा हूँ आपको अपने प्रश्न का उत्तर, बहाना एक परदा है।''

''परदा ? बहाना एक परदा है !''

जी हाँ, बहाना एक परदा है, पर घूँघट या बुरके का परदा नहीं; सचाई और मनुष्य के बीच का परदा है यह। नहीं समझे आप। समझें भी कैसे। आख़िर आपकी अक़्ल सीमेण्ट की चादर-सी नहीं, लाल क़िले की दीवार-सी मोटी है। अरे भाई, मनुष्य जब सचाई का सामना नहीं कर पाता, तो बहाने की, परदे की, आड़ लेता है।

लो, यों समझो कि रामलाल ने झण्डासिंह से सौ रुपये हाथ उधार लिये कि 6 फ़रवरी को लौटा दूँगा। आज है 6 फ़रवरी। झण्डासिंह अपने रुपये माँगने रामलाल के घर आया, पर रुपयों का अभी यहाँ प्रबन्ध नहीं। अब सचाई यह है कि रामलाल झण्डासिंह से अपनी मज़बूरी कहे और कुछ समय रुकने की प्रार्थना करे, पर इस सचाई के सामने आते उसे आती है झेंप, तो झण्डासिंह के पुकारने पर वह कहलवा देता है, वे घर में नहीं हैं। झण्डासिंह लौट जाता है और यों रामलाल सचाई के सामने आने से बच जाता है। कहिए बहाना एक परदा है या नहीं ? तो अब आयी आपकी समझ में मेरी बात ? सच बात यह है कि जितनी देर में दिल्ली के चाँदनी चौक से राजपूताने का ऊँट गुज़र आता है, उतनी देर में आपकी समझ में बात का प्रवेश होता है। फिर भी भाई, आप आप हैं और हम हमी हैं।

''अपने मकान पर दुश्मन भी आ जाए तो मित्र हो जाता है, यह हमारे देश का पुराना संस्कार है, पर आजकल बहुत बार यह भी होता है कि मित्र यदि अपने मकान पर आ जाए, तो वह लौटते-लौटते दुश्मन हो जाता है।''

''यह कैसे ?''

''कैसे इसमें क्या थी, साफ़ बात है। समझ लीजिए कि शर्माजी एक सार्वजनिक कार्यकर्ता हैं। प्रातःकाल चाय पीकर घर से निकले थे कि नौ बजे तक लौट आएँगे और आकर खाना खाएँगे, पर आर्यसमाज के वार्षिक उत्सव के कार्य में ऐसे उलझे कि दो बज गये। वहाँ से चले, तो नेत्र-चिकित्सा-कैम्प वालों ने पकड़ लिया और यों शाम को छह बजे घर में घुसे। आते ही श्रीमतीजी का कुछ गरम और कुछ गम्भीर भाषण सुना और

तब ज़रा पलंग पर तिरछे हुए, पर अभी पूरी तरह पैर खोले भी न थे कि बाहर से आवाज़ आयी–शर्माजी ! उन्होंने चाहा कि वे यह आवाज़ न सुनें पर यह अकेली हो तभी तो वे इसे न सुनें। पुकारने वाले ने और भी ज़ोर से कहा–शर्माजी, और तुरत दोहराया–अरे भाई शर्मा साहब हैं ?

सत्य बड़ी चीज़ है और इस समय सत्य यह है कि शर्मा साहब यहाँ हैं। इस सत्य के साथ ही यह भी सत्य है कि वे दिन-भर की सेवाओं के ही कारण बहुत थके हुए हैं और इसे भी संसार सत्य ही मानता है कि थके हुए आदमी को आराम करने का, सुस्ताने का पूरा अधिकार है।

इतने सत्यों को इकट्ठा कर शर्माजी ने पुकारने वाले से कहलाया कि मैं कल मिलूँगा आपसे, इस समय बहुत थका हुआ हूँ।

जानते हैं आप, क्या होगा इसके दूसरे दिन ? एक जगह आप सुनेंगे–अरे भाई, अब तो शर्मा साहब बहुत बड़े आदमी हो गये हैं। दूसरी जगह सुनाई देगा–अँगरेज़ तो चले गये हिन्दुस्तान से, पर शर्मा साहब अब भी अँगरेज़ों की तरह समय निश्चित करके तब मुलाक़ात करते हैं। तीसरी जगह यह भी कि क्या ठीक है भैया, शर्मा साहब के दिमाग़ का, अपने को पूरा लाट साहब समझते हैं।

कहिए, घर आने पर दोस्त ही दुश्मन हो गये या नहीं ? इस बीमारी से बचने का एक ही उपाय है कि बाहर से किसी ने पुकारा कि शर्माजी हैं और तुरत श्रीमतीजी ने उत्तर दिया कि जी, वे घर में नहीं हैं। बस आने वाले पण्डितजी हों या बाबूजी, शेख़जी हों या सरदारजी, ख़रामा-ख़रामा लौटते नज़र आएँगे और न कहीं नाराज़ी का नाम, न लन्तरानियों के लच्छे। यह बहाना भी हकीम लुक़मान का ही पूरा नुस्ख़ा है।

हाँ, नुस्ख़ा तो यह अचूक है, पर इसमें ज़रा-सी सावधानी की आवश्यकता है। मेरे पिता एक वैद्य थे। उनके पास एक रोगी आया, जिसकी आँखें दुःख रही थीं और दाँतों में दर्द था। उन्होंने उसे दोनों की दवाएँ दे दीं, पर उस मूर्ख ने आँखों की दवा तो दाँतों में मल ली और दाँतों की दवा आँखों में डाल ली। उसे जो मज़ा इससे आया होगा उसे आप खुद ही समझ सकते हैं।

यही हालत इस लुक़मानी नुस्ख़े की है। इसमें जहाँ ज़रा-सी चूक हुई

कि बस गुड़-गोबर एक हुआ। बाहर से किसी ने आवाज़ दी कि पिताजी ने अपने छोटे लड़के को धीरे से समझाया, बेटा, कह दे कि पिताजी घर में नहीं हैं। सरल बालक झूठ बोलना क्या जाने। वह ज़ोर से कहता है, मेरे पिता कहते हैं कि वे घर में नहीं हैं। अब बच्चे पर पड़ रही हैं घुड़कियाँ, जिससे बह चले हैं उसके आँसू और घर भर गया है उसके चीत्कार से। बाहर खड़े सज्जन इनके बारे में जो सोच रहे हैं, वह हम भी समझ सकते हैं और आप भी। कहिए ज़रा-सी चूक ने अचूक नुस्ख़े को बेकार कर दिया या नहीं ?

एक बार एक शाइर साहब अपने किसी शाइर दोस्त से मिलने गये। मकान के सामने खड़े होकर लगायी आवाज़ और लगे इन्तज़ार में ऊपर को देखने। बेग़म साहब ने दीवार के ऊपर से जो नीचे को झाँका तो शाइर साहब ने उन्हें ताक लिया। बेग़म साहबा पीछे हट गयीं और कहा, "जी वे घर में नहीं हैं !"

शाइर साहब ने कहा, "अच्छा हम फिर आवेंगे", पर चलते-चलते उनके दिल में आया कि इतनी ऊँची है यह दीवार और उससे इतनी और ऊँची है हमारे दोस्त की बीवी, इसका मतलब यह हुआ कि बेग़म साहबा क़रीब सात फ़ीट लम्बी हैं। शाइर साहब को जो आयी फुरैरी तो एक कोयला उठाया और दीवार पर लिख मारा :

तूले शबे फ़ुकरत से भी दो हाथ बड़ी है।

अर्थात् वह बेचैनी की रात से भी दो हाथ बड़ी है।

उनके जाने के बाद ये शाइर साहब आये, तो देखा कि दीवार पर यह लाइन लिखी है। बीवी से पूछ-ताछ की तो सब माज़रा समझे और सोचने लगे कि आज तो यह बड़ा तगड़ा झापड़ पड़ा। आखिर शाइर थे वे भी। आयी जो फुरैरी, तो उन्होंने उस लाइन के नीचे एक दूसरी लाइन यों लिखी :

वो ज़ुल्फ़े मसलसल जो तेरे रुख पै पड़ी है।

यानी बेचैनी की रात से भी वह ज़ुल्फ़ दो हाथ बड़ी है, जो तेरे चेहरे पर लहरा रही है।

शाइर साहब घूम-घामकर लौटे तो देखा कि अब एक की जगह वहाँ दो लाइनें हैं और उन्हें पढ़ा, तो मुसकराकर रह गये। कहने का मतलब यह

कि सब बलाएँ भूत के सिर, यह नुस्खा अचूक है कि वे घर में नहीं हैं, पर इसमें ज़रा-सी चूक से बचने की ज़रूरत ज़रूर है।

अच्छा आप बहुत बाल की खाल निकालते हैं और बड़े खोजी बनते हैं, तो मेरे एक प्रश्न का उत्तर दीजिए। प्रश्न यह है कि क्या यह सम्भव है कि आपके घर पर कोई आपसे ही यह कहे कि आप घर पर नहीं हैं और आपको इसका यक़ीन आ जाए ?

मैं जानता हूँ आप इस पर 'नहीं' कहेंगे और इस प्रश्न को ही बेसिर-पैर का बतलाएँगे, पर मैं कहता हूँ कि यह सम्भव है और सौ फ़ी-सदी सम्भव है। फिर यह कोई मैं अपनी तरफ़ से गढ़कर थोड़े ही कह रहा हूँ। यह तो भाई साहब, विश्व-विख्यात लेखक स्वीट मार्डेन ने अपनी एक पुस्तक में लिखा है।

ओहो, इसमें शब्द-समूहों के अम्बार खड़े करने की क्या बात, मेरी पूरी बात तो आप सुन लें। एक प्रोफ़ेसर साहब बाग़ में बैठे विचारों की किसी गुत्थी में उलझ रहे थे। रात गहरी हो चली तो अपने घर आये, पर रास्ते में भी उलझे ही रहे और घर जाकर दरवाज़ा थपथपाया तो उलझे-ही-उलझे। नौकरानी नयी आयी थी। उसने प्रोफ़ेसर साहब को नहीं पहचाना और ऊपर से कहा, साहब घर में नहीं हैं। प्रोफ़ेसर साहब ने यह सुना और सुनकर फिर बाग़ में लौट आये। वहाँ पहुँचकर विचारों की गुत्थी सुलझी तो याद आया कि ओह हम तो अपने ही घर गये थे। अब सोचिए कि इस धरती ने भी कैसे अजीब-अजीब जीव पैदा किये हैं। नौकरानी ने कहा कि साहब घर में नहीं हैं और साहब ने भी मान लिया कि हाँ वे घर में नहीं हैं।

तो, सब संकटों से बचने का उपाय है घर में नहीं हैं। घर एक क़िला है, जिसमें कोई यों ही नहीं घुस सकता। आप घर में हैं और कहा जा रहा है कि घर में नहीं हैं, फिर किसकी ताक़त है कि आपको घर में बताए। नन्हे बच्चे यह सब देखते हैं और झूठ बोलना सीखते हैं। झूठ की पहली छाप यहीं से उनके मन पर पड़ती है। इसलिए यह बहाना अच्छा है, फिर भी एक राष्ट्रीय अपराध है। हमारा कर्तव्य है कि इसका उपयोग न करें और हमारे मित्रों का कर्तव्य है कि इसके उपयोग का हमें सहारा न लेना पड़े।

झेंपो मत, रस लो !

श्रीमती विद्यावती कौशल मूढ़े पर, हम कई आदमी अपनी कुरसियों पर और बातचीत 'कामायनी' के घेरे में। जाने क्या हुआ कि मूढ़ा लुढ़क गया और धम्म से धरती पर आ टिकीं, जैसे कोई बालक सड़क पर पड़े पैसे को अपने दूसरे साथियों से पहले दबोचने को धरती से आ लिपटे !

आदमी की आदत है कि दूसरे को बेवक़ूफ़ बनते देखता है, तो उसके फेफड़े और होठ खिल पड़ते हैं। शायद आदमी की इसी आदत ने नाटकों में जोकरों को जन्म दिया है। जोकर बेवक़ूफ़ न हो, तब भी बेवक़ूफ़ बनता है और हम हँसते हैं।

तो वे लुढ़कीं कि हम हँसे। आदमी की आदत है कि जब किसी पर वह हँसे, तो उसकी आँखें देखना चाहती हैं कि जिसे हँसा गया है, वह झेंपे—खिसियाए !

हम भी हँसे, तो अनचाहते भी चाहा ही कि वे झेंपें, पर हुआ यह कि वे अकेली ही हम तीन-चार से भी ज़्यादा ज़ोर से हँसीं और अपने मूढ़े पर आते-आते बोलीं, "वाह भाई, लाला लेट गये !"

अब एक अजब बात कि उनकी हँसी हमारे कानों में क्या गूँजी, हमारी हँसी एकदम खामोश और हम अपने में समाये हुए-से।

बातचीत फिर अपनी जगह ज्यों-की-त्यों, पर मैं सोच रहा हूँ कि हुआ क्या ? लगता है कुछ हुआ है, पर क्या हुआ है, यह नहीं लगता। मैं सोचता रहा और तब अचानक हाथ आया यह सूत्र—'भूल हो जाए, बेवक़ूफ़ बन जाओ तब भी झेंपो मत, उसमें रस लो !'

दो

मुझे याद आ गयी, अपने ही पिछले जीवन की एक घटना। नहाकर उठा तो बनियान मैला और मैला बनियान पहनने का मतलब हुआ मैला मन।

"प्रभाजी, साफ़ बनियान दो !" मैंने पत्नी से कहा तो मज़बूरी सामने आयी, "कल सोचा था, कपड़े धोऊँगी, पर तबीयत ख़राब हो गयी। पहन लो अब तो इसे ही, दोपहर को दूसरा बदल लेना।" पर देह उसे अपने में लेने को तैयार न हुई, "ना-ना यह नहीं, साफ़ बनियान दो !"

उन्हें सूझी मज़ाक़ और मज़ाक़ की तो बात ही है कि रईस-आज़म के घर में कुल दो बनियान और माँग रहे हैं तीसरी। वे अपना खादी-छींट का धुला जम्फर ले आयीं, "लीजिए हाज़िर है !"

इस मज़ाक़ में मुझे कोई मज़ाक़ न लगा, कुरते के नीचे जैसा बनियान वैसा जम्फर। मैंने उसे गले डाला और विद्यालय चला गया, पर अभी रघुवंश का पाठ आरम्भ ही किया था कि ससुराल का तार—"पहली गाड़ी से आइए !"

पाठ बन्द और मैं स्टेशन पर। स्टेशन से गाड़ी में और गाड़ी से ससुराल के द्वार—श्वसुरगृहनिवासः स्वर्गतुल्यो नराणाम्—तो साक्षात् स्वर्ग में। आवभगत हुई, छोटे साले के सम्बन्ध की बात है, यह बैठते-बैठते सुना, पर दशहरे के दिन कि सुबह ठण्डी फुरैरी तो दोपहर को गुर्राती-सी धूप। मन में चाह, हाथों का सहारा, दिमाग़ बातचीत में, बस कुरता उतारा और खूँटी पर उसे लटका, जो फ़िर कुरसी पर तो हा-हा, हू-हू और 'वाह क्या कहने' के साथ बड़े साले साहब का यह रिमार्क भी कि बस साड़ी की कसर है पण्डितजी !

बात कुछ नहीं, वही जम्फर का मामला और मैं झेंप की रमक में। सोचा कुरता पहन लूँ, पर चिड़िया के उड़ने पर निशाना साधने में लाभ ? बस मैं अपनेआप में स्वस्थ और हँसतों के नेता अपने बड़े साले साहब पर यह करारा वार, "जनाब, हज़ार आदमियों के सामने आप ने अपनी बहन का हाथ मेरे हाथों में दिया था। फिर मैंने उनका जम्फर एक दिन के लिए ले लिया तो आप पुलिस में रपट क्यों लिखा रहे हैं !"

हँसी करवट मारते पूरब से पच्छिम की ओर और साले साहब अब एक

ठहाके के सामने; जैसे तोप का मुँह उन्हें देख रहा हो। बस वे लड़खड़ाये कि यहीं एक और चोट, "क्यों साहब, मैं उनका जम्फर छूऊँ, इसमें आप को कुछ एतराज़ है क्या ?"

ओह हो, एक ओर ज़ोरदार ठहाका, दीवारों को हिलाता-सा और झेंप का रुख मेरी तरफ़ से मुँह मोड़े उन्हें अपने में घेरे-घेरे !

वही बात कि भूल हो जाए, बेवक़ूफ़ बन जाओ, तब भी झेंपो मत—उसमें रस लो। झेंप दूसरी तरफ़ मुड़ जाएगी और आप उससे साफ़ बच जाएँगे।

तीन

बात 'कामायनी' पर ही चलती रही और मैं सोचता रहा। तभी मुझे याद आ गये पण्डित कमलनाभ। वे दो बार ज़िला बोर्ड के मेम्बर रह चुके थे। तीसरी बार वे फिर खड़े हुए। इस बार मुक़ाबला एक धनी और प्रभावशाली आदमी के साथ था। साथ ही अपने इलाक़े में उसने बराबर कई साल से कोशिशें की थीं। इधर पण्डितजी पुराने पत्ते हो चले थे, उधर वह उगता सूरज था।

पहले ही रेले में पण्डितजी हार में थे और उनका विरोधी हारों की उम्मीद में। मैं चुनाव का इन्चार्ज था, इसलिए साढ़े दस बजे ही मैं झेंप चला। पण्डितजी से बचते-बचाते मैंने कहा, "जब साढ़े दस बजे ही डेढ़ बज रहा है तो डेढ़ बजे क्या होगा ?"

चिन्ता तो उन्हें भी थी पर निश्चिन्त हो बोले, "तुम डेढ़ बजे की बात मुझ पर छोड़ो और एक काम करो कि इण्टरवल होने से पहले जितनी मालाएँ बनवा सको, बनवा लो और छुट्टी होते ही मैं ज्यों ही बाहर आऊँ कि लाउड स्पीकर मुझे पेड़ के नीचे मिले। मैं सीधा उस पर आऊँगा और तुम वे सब मालाएँ मुझे पहना देना।"

"क्या मतलब ?" मैंने चौंककर पूछा तो रोककर बोले, "मतलब कुछ नहीं, जाओ मालाएँ बनवाओ, एक रुपये में एक फूल मिले, तब भी मत चूकना !"

यह बजी घण्टी, हुआ इण्टरवल और वे खड़े हैं पण्डितजी पेड़ के नीचे माइक पर। गला मालाओं से लदा और पण्डितजी खिले-हँसते। क्या है ? क्या हुआ ? भीड़ उनके चारों ओर और पण्डितजी कह रहे हैं, "भाइयो, मैं आज लाज से गड़ा जा रहा हूँ। आपने मुझे पहले दो बार बोर्ड का मेम्बर चुना। पिछले साल मैं लापरवाह रहा, ओहदे के नशे में डूबा रहा, आपकी ख़िदमत में भी लापरवाही मैंने की और बहुत-से भाइयों के साथ गरम-सरद भी बोला। मुझे उम्मीद थी कि इस बार आप मुझे ठुकरा देंगे, पर आप बड़े हैं और बड़ों की बात भी बड़ी होती है। आपने आज मुझे तीसरी बार फिर मेम्बर चुन दिया। आपकी मुहब्बत से मैं दबा जा रहा हूँ।

सुना था परमेश्वर दयालु होता है, तो छप्पर फाड़ कर देता है। आज मैंने खुली आँखों देख लिया कि पंच परमेश्वर ने मेरी भूलों को भुलाकर फिर तीसरी बार ये मालाएँ मेरे गले में डालीं।

पंचो, मैं आपके सामने सिर झुकाता हूँ और क़सम खाता हूँ कि अब घर का अपना कोई काम नहीं करूँगा और पूरा समय आपकी सेवा के ही कामों में लगाऊँगा।"

पण्डितजी ने ज़ोर से कहा, बोल, पंच परमेश्वर की जय, पंच परमेश्वर की जय, पंच परमेश्वर की जय और अपने गले से माला उतारकर उन्होंने बड़े बूढ़ों को एक-एक पहना दी !

घण्टी बजी और बस घण्टी ही बज गयी। अपना तो अपना था ही, ग़ैर भी अपना हो गया। जो वोट आया, पण्डितजी के बक्से में और जो वोट आया पण्डितजी के बक्से में। जीतते का जग साथी, हारते का बेटा नहीं। कौन अपना वोट पानी में फेंकता, पण्डितजी एक हज़ार वोट से जीते और विरोधी ने कहा, "वसीयत करके मरूँगा लड़कों के नाम कि कभी चुनाव न लड़ें !"

वही बात कि पण्डितजी झेंपे नहीं और हार को जीत में बदल ले गये !

तीन

क्यों जी, रपट पड़ने पर आदमी झेंपता क्यों है ?

इसलिए कि दूसरों की नज़रों में अपनी हीनता, कमी, लघुता और हार का भाव उसके मानस को घेर लेता है।

और क्यों जी, किसी के रपट पड़ने पर हम हँसते क्यों हैं ?

इसलिए कि उसकी असफलता में अपनी सफलता, उसकी कुरूपता में अपना सौन्दर्य और उसकी हार में अपनी जीत का उल्लास हमारे मानस पर छा जाता है।

और बस यहीं वह प्रश्न, जो इस सारे मामले को उधेड़कर हमारे सामने रख देगा, जब कोई रपट पड़ने पर भी नहीं झेंपता तो हमारी उठती-उभरती हँसी का फ़व्वारा आप-ही-आप क्यों दुबक जाता है ?

इसलिए कि दूसरों को हम पर हँसने का मौक़ा तब आता है, जब हम अपनी आँखों में हलके हो जाएँ ! सुधारक और अग्रगामी संसार में मूर्खों-द्वारा सदा लांछित हुए हैं, पर वे अपनी आँखों में हलके नहीं हुए, इसीलिए यह लांछना उन्हें लांछित नहीं कर पायी और एक दिन अपने प्रति उनका यह सम्मान दूसरों के मस्तकों को अपने चरणों में झुका सका।

बात अब भी 'कामायनी' पर चल रही थी और मैं सोच रहा था।

पाप के चार हथियार !

जार्ज बर्नार्ड शॉ का एक पैराग्राफ़ पढ़ा है। वह उनके अपने ही सम्बन्ध
है, "मैं खुली सड़क पर कोड़े खाने से इसलिए बच जाता हूँ कि लोग मे
बातों को दिल्लगी समझकर उड़ा देते हैं। बात यूँ है कि मेरे एक शब्द प
भी वे ग़ौर करें तो समाज का ढाँचा डगमगा उठे।"

"वे मुझे बरदाश्त नहीं कर सकते, यदि मुझ पर हँसे नहीं। मे
मानसिक और नैतिक महत्ता लोगों के लिए असहनीय है। उन्हें उबाने वा
खूबियों का पुंज लोगों के गले के नीचे कैसे उतरे ? इसलिए मेरे नागरि
बन्धु या तो कान पर उँगली रख लेते हैं या बेवक़ूफ़ी से भरी हँसी के अम्ब
के नीचे ढँक देते हैं मेरी बात।"

शॉ के शब्दों में अहंकार की पैनी धार है, यह कहकर हम इन श
की उपेक्षा नहीं कर सकते; क्योंकि इनमें संसार का एक बहुत ही महत्त्वपू
सत्य कह दिया गया है।

संसार में पाप है जीवन में दोष, व्यवस्था में न्याय है व्यवहार
अत्याचार और इस तरह समाज पीड़ित और पीड़क के वर्गों में बँट ग
है। सुधारक आते हैं, जीवन की इन विडम्बनाओं पर घनघोर चोट करते
विडम्बनाएँ टूटती-बिखरती नज़र आती हैं, पर हम देखते हैं कि सुधारक च
जाते हैं और विडम्बनाएँ अपना काम करती रहती हैं।

आखिर इसका रहस्य क्या है कि संसार में इतने महान् पुरुष, सुधार
तीर्थंकर, अवतार, सन्त और पैगम्बर आ चुके, पर यह संसार अभी तक वै
का वैसा ही चल रहा है। इसे वे क्यों न बदल पाये ? दूसरे शब्दों में जी

के पापों और विडम्बनाओं के पास वह कौन-सी शक्ति है, जिससे वह सुधार के इन शक्तिशाली आक्रमणों को झेल जाते हैं और टुकड़े-टुकड़े होकर बिखर नहीं जाते ?

शॉ ने इसका उत्तर दिया है कि मुझ पर हँसकर और इस रूप में मेरी उपेक्षा करके वे मुझे सह लेते हैं। यह मुहावरे की भाषा में सिर झुकाकर लहर को ऊपर से उतार देना है।

शॉ की बात सच है, पर यह सचाई एकांगी है। सत्य इतना ही नहीं है। पाप के पास चार शस्त्र हैं, जिनसे वह सुधार के सत्य को जीतता या कम-से-कम असफल करता है। मैंने जीवन का जो थोड़ा-बहुत अध्ययन किया है उसके अनुसार पाप के यह चार शस्त्र इस प्रकार हैं :

उपेक्षा, निन्दा, हत्या और श्रद्धा।

सुधारक पापों के विरुद्ध विद्रोह का झण्डा बुलन्द करता है तो पाप और उसका प्रतिनिधि पापी समाज उसकी उपेक्षा करता है, उसकी ओर ध्यान नहीं देता और कभी-कभी कुछ सुन भी लेता है तो सुनकर हँस देता है, जैसे वह किसी पागल की बड़ हो, प्रलाप हो। इन क्षणों में पाप का नारा होता है, "अरे, छोड़ो इसे और अपना काम करो।"

सुधारक सत्य उपेक्षा की इस रगड़ से कुछ तेज़ होता जाता है, उसके स्वर अब पहले से कुछ पैने हो जाते हैं और कुछ ऊँचे भी।

अब समाज का पाप विवश हो जाता है कि वह सुधारक की बात सुने। वह सुनता है और उस पर निन्दा की बौछारें फेंकने लगता है। सुधारक सत्य और समाज के पाप के बीच यह गालियों की दीवार खड़ी करने का प्रयत्न है। जीवन के अनुभवों की साक्षी है कि सुधारक के जो जितना समीप है, वह उसका उतना ही बड़ा निन्दक होता है। यही कारण है कि सुधारकों को प्रायः क्षेत्र बदलने पड़े हैं। मुहम्मद को मक्का से मदीना इसीलिए तो जाना पड़ा था !

इन क्षणों में पाप का नारा होता है :

"अजी बेवकूफ़ है; लोगों को बेवक़ूफ़ बनाना चाहता है।"

सुधारक का सत्य निन्दा की इस रगड़ से और भी प्रखर हो जाता है और अब उसकी धार चोट ही नहीं करती, काटती भी है।

पाप के लिए यह चोट अब धीरे-धीरे असह्य हो उठती है और वह बौखला उठता है। अब वह अपने सबसे तेज़ शस्त्र को हाथ में लेता है। यह शस्त्र है हत्या।

सुकरात के लिए यह ज़हर का प्याला है, तो ईसा के लिए सूली, दयानन्द के लिए यह पिसा काँच है, तो गाँधी के लिए गोली।

इन क्षणों में पाप का नारा होता है, "ओह, मैं तुम्हें खिलौना समझता रहा और तुम साँप निकले, पर मैं साँप को जीता नहीं छोड़ूँगा, पीस डालूँगा।"

सुधारक का सत्य हत्या के इस घर्षण से प्रचण्ड हो उठता है। शहादत उसे ऐसी धार देती है कि सुधारक के जीवन में उसे शक्ति प्राप्त न थी, अब हो जाती है। सूर्यों का ताप और प्रकाश उसमें समा जाता है, बिजलियों की कड़क और तूफ़ानों का वेग भी।

पाप काँपता है और उसे लगता है कि इस वेग में वह पिस जाएगा, बिखर जाएगा। तब पाप अपना ब्रह्मास्त्र तोलता है और तोलकर सत्य पर फेंकता है। यह ब्रह्मास्त्र है श्रद्धा।

इन क्षणों में पाप का नारा होता है :

"सत्य की जय, सुधारक की जय !"

अब वह सुधारक की करने लगता है चरण-वन्दना और उसके सत्य की महिमा का गान और बखान।

सुधारक होता है करुणाशील और उसका सत्य सरल विश्वासी। वह पहले चौंकता है, फिर कोमल पड़ जाता है और तब उसका वेग पड़ जाता है शान्त और वातावरण में छा जाती है सुकुमारता।

पाप अभी तक सुधारक और सत्य के जो स्तोत्र पढ़ता जा रहा था, उनका करता है यूँ उपसंहार, "सुधारक महान् है, वह लोकोत्तर है, मानव नहीं; वह तो भगवान् है, तीर्थंकर है, अवतार है, पैग़म्बर है, सन्त है। उसकी वाणी में जो सत्य है, वह स्वर्ग का अमृत है। वह हमारा वन्दनीय है, स्मरणीय है, पर हम पृथ्वी के साधारण मनुष्यों के लिए वैसा बनना असम्भव है, उस सत्य को जीवन में उतारना हमारा आदर्श है, पर आदर्श को कब कहाँ, कौन पा सकता है ?"

और बस इसके बाद उसका नारा हो जाता है, "महाप्रभु सुधारक वन्दनीय है, उनका सत्य महान् है, वह लोकोत्तर है।"

यह नारा ऊँचा उठता रहता है, अधिक से अधिक दूर तक उसकी गूँज फैलती रहती है, अधिक से अधिक लोग उसमें शामिल होते रहते हैं, पर अब सबका ध्यान सुधारक में नहीं, उसकी लोकोत्तरता में समाया रहता है; सुधारक के सत्य में नहीं, उसके सूक्ष्म से सूक्ष्म अर्थों और फलितार्थों के करने में जुटा रहता है।

अब सुधारक के बनने लगते हैं स्मारक और मन्दिर और उसके सत्य के ग्रन्थ और भाष्य।

बस यहीं सुधारक और उसके सत्य की पराजय पूरी तरह हो जाती है।

पाप का यह ब्रह्मास्त्र अतीत में अजेय रहा है और वर्तमान में भी अजेय है। कौन कह सकता है कि भविष्य में कभी कोई इसकी अजेयता को खण्डित कर सकेगा या नहीं।

जब मैं पंचायत में पहली बार सफल हुआ !

पास-पड़ोस की एक दूकान का उद्‌घाटन था। दूकान क्या, एक पूरी कम्पनी ही है। सब लोग एकत्रित हुए। मैं भी पहुँचा तो देखा कि ऊँची कुरसी मेरे लिए ख़ाली है और उद्‌घाटन मुझे करना है। मैंने सब मनुष्यों पर एक नज़र डाली तो सब युवा थे। तभी आ गये एक रिटायर्ड इंजीनियर महोदय !

मित्रों को मैंने धीरे से कहा, बाबूजी से कराइए उद्‌घाटन तो सब एक साथ मेरे ही लिए चिल्ला से पड़े, नहीं, नहीं, आप !

मैं कुरसी के पास गया और कहा, हमारी सभ्यता का मूलमन्त्र है मर्यादा। इस मर्यादा में युवकों का अधिकार है सेवा और वृद्धों का आशीर्वाद। प्रसन्नता है कि हमारे बीच में एक वृद्धजन हैं। सबकी ओर से मैं उनसे प्रार्थना करता हूँ कि वे इस शुभ कार्य का उद्‌घाटन करें और आशीर्वाद दें। अपने युवा साथियों से मैं प्रार्थना करता हूँ कि वे उस आशीर्वाद को नम्रता के साथ सिर-आँखों ग्रहण करें।

मैंने देखा कि सारा वातावरण एक सात्त्विक आह्लाद से भर गया। बाबूजी ने उद्‌घाटन किया, आशीर्वाद दिया और कार्य समाप्त हुआ, तो चलते समय मुझे अपने से लिपटा लिया, मेरे लिए यह बड़ी चीज़ थी।

श्रीराम शर्मा 'प्रेम' साथ थे। रास्ते में बोले, "आज मैंने आपसे कुछ सीखा।" मैंने पूछा, "क्या ?" तो बोले, "यह कि मनुष्य पद-प्रतिष्ठा और दूसरी ऐसी ही चीज़ों के पीछे दौड़कर सफलता के स्वप्न देखता है, पर वास्तव

में सफलता इनसे मुँह मोड़कर चलने में है। अकसर यह होता है कि हम पाने में खोते हैं और खोने में पाते हैं, पर कुछ ऐसा भ्रमजाल चारों ओर छाया है कि हम इस सचाई को पकड़ नहीं पाते। आज आप उस कुरसी पर स्वयं बैठकर उद्घाटन करते और उपस्थित मनुष्यों के हृदयों में 50 डिग्री का मान पाते तो अब आप उस पर किसी दूसरे को बैठाकर सच कहता हूँ, सौ प्रतिशत मान पा गये।''

मैंने कहा, ''तुम्हारा दृष्टिकोण ठीक है, मैं बरसों पहले ही यह बात समझकर गाँठ बाँध चुका हूँ, पर आज तो मैंने किसी दूसरे ही कारण या दृष्टिकोण से ऐसा किया है।''

उत्सुक हो श्रीराम भाई ने पूछा, ''वह भी समझाइए।'' मैंने कहा, ''समाज में वृद्ध भी हैं और युवक भी। दोनों की मनोवृत्तियों में अन्तर स्पष्ट है। प्राचीन युग में जो आश्रम-व्यवस्था थी, वह इसका सर्वोत्तम इलाज था। युवक पुत्र ने जहाँ घर सँभाला कि वृद्धजी वानप्रस्थी हुए और जहाँ पुत्र पूर्ण प्रबन्धक हुआ कि वे संन्यास लेकर वन की राह लगे। आज दोनों साथ हैं और इसीलिए हर एक घर में घोर संघर्ष है और इस संघर्ष का फल है—सम्मिलित परिवार की समाप्ति। मैं सम्मिलित परिवार के घोर विरुद्ध हूँ, पर सम्मिलित परिवार संस्था को समाप्त करके भी यह प्रश्न पूरा नहीं सुलझता, क्योंकि फिर भी घर में न सही समाज में तो दोनों रहेंगे ही, संघर्ष घरों से निकलकर समाज के आँगन में खुल-खेलेगा। खेल ही रहा है आज।''

''फिर उपाय क्या है ?'' श्रीराम भाई ने पूछा।

मैंने कहा, ''उपाय है दोनों की मनोवृत्तियों का अध्ययन कर दोनों के मध्य मर्यादा की रेखा खींचना। वृद्ध में अनुभव है, युवक में साहस। पहला सोचता है, इसे अभी क्या पता संसार का और दूसरा सोचता है, मैं जो चाहूँ कर सकता हूँ। दोनों अपनी ओर देखते हैं, दूसरे की ओर नहीं। अपने अनुभवों की छाया में वृद्ध चाहता है कि युवक उसकी आज्ञा का पालन करे। वृद्धत्व की सबसे बड़ी आकांक्षा है झुका हुआ सिर देखना। उसकी आँखें नत-सिर और विनत स्कन्ध देखना चाहती हैं और उसके कान सुनना चाहते हैं केवल एक वाक्य—जैसी आपकी आज्ञा !

आँखें खोलकर चलने के कारण अपने सार्वजनिक जीवन के आरम्भ

में ही मैंने समझ लिया था कि नत-सिर और विनत स्कन्ध देखने और 'जैसी आपकी आज्ञा' सुनने के बाद पंचानबे प्रतिशत वृद्धों में शेष के प्रति कोई ज़िद नहीं रहती और इतना उन्हें न मिले, तो फिर वे किसी भी निर्णय के लिए तैयार नहीं होते, क्योंकि उस समय प्रश्न तर्क और औचित्य के राजपथ से उतर, ज़िद और अहंकार की झाड़ियों में उलझ जाता है।"

असल में यह तत्त्व 1931 में मेरे हाथ लगा था। क़स्बे की एक कन्या उस समय गर्भवती थी, जब उसका विवाह हुआ; इसलिए द्विरागमन होने से पहले ही उसके पुत्री हुई। बात खुल गयी और लड़के वालों ने द्विरागमन करने से इनकार कर दिया। एक दिन मैंने उस कन्या को देखा। अत्यन्त भोली, सात्त्विक और संजीदा। मैं उससे मिला। वह भूल पर दुःखी थी और इस बात के लिए तैयार न थी कि उसका कहीं और दूसरा विवाह किया जाए। मुझ पर इस बात का प्रभाव पड़ा और मैंने प्रयत्न करने का निश्चय कर लिया।

तीन महीनों के प्रयत्नों से लड़के वाले उस कन्या को लेने के लिए तैयार हो गये, पर शर्त यह कि मेरे नगर के लोग–ब्राह्मण पंचायत–सार्वजनिक रूप में, उन्हें यह आदेश दें कि वे इसे ग्रहण करें। शर्त कठिन थी, पर उचित। मैंने उद्योग आरम्भ किया, पाँच वृद्ध पंचों को मनाना कठिन था और शेष लोगों से पंचायत में हाथ उठवाना सरल, इसलिए मैंने अलग-अलग पंचों से मिलना आरम्भ किया।

मैंने यह भूमिका तैयार की कि बातचीत इससे ही आरम्भ करूँगा, "लड़की बड़ी गऊ है, ज़रा-सी भूल में मारी गयी। आप समाज की नस-नस को पहचानते हैं, सारी उमर बुरा जीवन बिताएगी, ये इतनी वेश्याएँ यों ही तो बढ़ी हैं। आप आज्ञा दें तो इसे इसके घर पहुँचा दें, पर यह आपकी पूरी शक्ति लगाये बिना सम्भव नहीं। बात यह है कि आप तो युग को पहचानते हैं, पर ज़्यादातर लोग अभी अँधेरे में ही पड़े हैं। हाँ, आपका इतना प्रभाव है कि आप पंचायत में बोल पड़ें तो फिर कोई साँस नहीं ले सकता। यह गऊ अपने खूँटे से बँध जाएगी। एक बात है कि यह सारे समाज का मामला है। हम लोग तो अभी बालक हैं, ठीक समझते नहीं। आपका अनुभव विशाल है। आप आज्ञा दें तो बात चलायी जाए, नहीं तो यहीं ख़त्म !"

बातचीत चलायी गयी और पंचायत में प्रस्ताव इतने ज़ोरों से पास हुआ कि सबके लिए आश्चर्यजनक ! तब से मैंने सीखा कि वृद्धों का यदि हम मान रखें तो वे हमें कर्म की स्वतन्त्रता दे देते हैं। वृद्धों के अहंकार पर कभी आक्रमण मत करो, यह समाज-सुधार का पहला मन्त्र मैंने याद कर लिया और फिर तो वृद्धों का मान मेरा स्वभाव ही हो गया। अब तो मुझे बड़ों के सामने, उनका आदेश पाकर भी ऊपर बैठते संकोच होता है। मेरे लिए अब यह कोई टैक्ट नहीं, संस्कार हो गया है और मैं तो चाहता हूँ कि हरेक युवक में यह संस्कार हो।

मैं पशुओं में हूँ, पशु-जैसा ही हूँ पर पशु नहीं हूँ !

जिज्ञासा :

स्वतन्त्र भारत के केन्द्रीय शासन-द्वारा आयोजित साहित्य-संस्कृति-संगम का उद्‌घाटन दिल्ली के लाल क़िले में महामहिम राष्ट्रपति द्वारा हो चुका तो प्रधानमन्त्री श्री जवाहरलाल नेहरू संस्कृति पर बोलने को माइक पर आये।

उनके भाषण का पहला वाक्य लगभग यह था, "आप जानते हैं कि मुझे तो संस्कृति-कल्चर के मामलों में बहुत दिलचस्पी है, पर मुसीबत तो यह है कि इस मसले पर मैं ज्यों-ज्यों ग़ौर करता हूँ, आलिमों-विद्वानों से मिलता हूँ या उनकी किताबें पढ़ता हूँ, उलझता जाता हूँ।"

नेहरू का यह वाक्य सुनकर मैं अपने में ऐसा उलझ गया कि मुझे नहीं मालूम फिर आगे उन्होंने क्या कहा। सहसा मुझे याद आ गयी अपने ही जीवन की एक घटना। मेरे नगर का विशाल तालाब है देवीकुण्ड। उसमें तैरते-डुबकियाँ लेते मैं पला-पनपा, पर उस दिन तैरते-तैरते कमल-वन में जा घुसा तो लगा कि अब लौटना असम्भव है।

हाथों और पैरों में कमल की नालें इस तरह लिपटीं कि एक से छूटूँ तो दो में उलझूँ और दो से छूटूँ तो चार में और बस छूटने-उलझने की कशम-कश में हालत यह हो गयी कि मकड़ी के मायाजाल में फँसी मक्खी से मैं अपनी उपमा दे सकूँ। अपने प्रिय नेहरू की उलझन मुझ पर कुछ इस तरह छा गयी कि लगा मैं इस समय भी उसी कमल-वन में उलझा हुआ हूँ।

नेहरू के बाद आसफ़अली आये और उन्होंने विनय को ही संस्कृति कहा तो काका कालेलकर ने संस्कृति के नाम पर शुद्धि, समृद्धि, सामर्थ्य और समाधान की चर्चा की और इस तरह दो दिनों तक वर्चस्वी विद्वानों के भाषण सुनकर सचमुच स्वयं मेरी भी हालत नेहरू-जैसी ही हो गयी कि कहूँ, "पर मुसीबत तो यह है कि मैं इस मसले पर ज्यों-ज्यों ग़ौर करता हूँ, आलिमों-विद्वानों से मिलता हूँ या उनकी बातें सुनता हूँ, उलझता जाता हूँ।"

सोचा, आखिर यह संस्कृति है क्या कि जिसके बिना मनुष्य मनुष्य नहीं रहता, पर मानव की अनिवार्यता होकर भी वह ऐसा गूढ़ तत्त्व कि उसकी आँख-पूँछ तो हरेक देखता है, पर उसकी पूर्णता के दर्शन, उसका स्पष्ट ज्ञान, किसी को भी सुलभ नहीं ?

अजीब उलझन है और उलझन का तक़ाज़ा है कि उसे सुलझाया जाए, पर यह सुलझे कैसे ? उलझन को सुलझाने का मेरा अपना तरीक़ा यह है कि जब सुलझाते-सुलझाते बुद्धि उलझने लगे तो मैं उसे अपने अन्तर्यामी को सौंपकर सो जाता हूँ। बस संस्कृति की उलझन भी मैंने अपने अन्तर्यामी को सौंपी और निश्चिन्त हो गया।

कोई चौदह महीने बाद देवप्रयाग के पर्वतों की गोद में अलखनन्दा और गंगा के संगम पर बैठे-बैठे मुझे अन्तर्यामी के बोल सुनाई पड़े। नम्र हो, मैंने उन्हें भाषा में बाँध लिया।

स्वरूप :

वे बोल कुछ इस तरह थे : मनुष्य जाने कब जंगलों में जनमा और पनपा-पला। जंगल की उस जन्मभूमि में मनुष्य के साथी थे जंगली जानवर—शेर, चीते, हाथी, भालू, भेड़िये और अजगर। वह उन्हीं की तरह शिकार करता-खाता, उन्हीं की तरह लड़ता-मरता। उन्हीं की तरह शरीर की दूसरी माँगें पूरी करता, उन्हीं की तरह रहता-सहता और जैसे वे थे वैसा वह था, उन्हीं में एक !

यों ही युग बीत गये।

वह जंगल में जंगली जानवरों की तरह, जंगली जानवरों के साथ, जीता-मरता रहा। पंजे ही उसकी शक्ति, इच्छा ही मार्ग-दृष्टि और यों वह

निर्द्वन्द्व, अल्हड़ और मस्त—दो पैरों का एक चौपाया !

जाने कब, कैसे और क्यों उसने दूसरे जानवरों की ओर देखा और फिर अपनी ओर। जाने कब तक, कितने युगों तक वह यों ही कभी उन्हें और कभी अपने को देखता रहा।

देखते-देखते वह कुछ सोचने लगा। जाने कितने युगों तक वह क्या-क्या सोचता रहा और तब उसके अन्तर में एक पुकार उठी, मैं पशुओं में हूँ, पशुओं जैसा ही हूँ, पर पशु नहीं हूँ।

मनुष्य के हृदय में सहज भाव से उठी यह पुकार, बहुत-सी बातों में पशु के समान होकर भी पशु न होने की, उससे भिन्न होने की, उससे श्रेष्ठ होने की, यह आत्म-चेतना ही मनुष्य की संस्कृति है।

मनुष्य के विकास की पृष्ठभूमि यही आत्म-चेतना, यही संस्कृति है। यह संस्कृति ही उसकी मूल प्रेरणा है। इसी ने उसकी जीवन-दृष्टि को विशिष्टता दी है और इसी ने उसके जीवन-व्यवहार को उच्चता। इसी से मनुष्य उठा और अपने निर्माण के पथ पर चला; क्योंकि अब उसे हर बात में पशु से अपनी श्रेष्ठता अनुभव करनी थी और प्रदर्शित भी।

संस्कृति मनुष्य के जीवन का शाश्वत सत्य है, यही मनुष्य और पशु के बीच की विभाजक रेखा है।

अपने अन्तर्यामी के ये बोल सुनकर मैंने सोचा, संस्कृति में उलझन कहाँ है ? कहीं भी तो नहीं !

साक्षात्कार :

संस्कृति का स्वरूप अब मेरे सामने था, पर उस दिन मुझे अचानक संस्कृति का साक्षात्कार ही हो गया, जैसे योगी को ब्रह्म-ज्ञान के बाद ब्रह्म का साक्षात्कार हो जाए।

यह मेरे जीवन का एक चमत्कार था !

और यह भी एक चमत्कार ही था कि जीवन का यह चमत्कार एक रात को सिनेमा देखते समय हुआ !

तसवीर थी 'प्यार की जीत'। कहानी यों थी कि स्त्री-पुरुषों के दो जोड़े थे, एक सज्जन और एक दुर्जन। सज्जन जोड़ा जीवन में एक होना चाहता

था पर दुर्जन जोड़ा इसमें बाधक था। सज्जन जोड़ा यदि एक हो जाए तो उसे एक बड़ी सम्पत्ति मिलने वाली थी, पर दुर्जन जोड़ा इस सम्पत्ति को स्वयं हड़पना चाहता था।

कहानी का प्रवाह सज्जनता और दुर्जनता के सघन सनसनीपूर्ण घात-प्रतिघात से भरपूर था। सिनेमा हाल अन्धकार से भरा था। मैं ज़रा बाद में आया था और मुझे पता न था कि मेरे आस-पास कौन बैठे हैं। कहानी बलखाती-इठलाती चल रही थी।

सज्जन जोड़ा मिलने का प्रयत्न करता, सफलता निकट दिखाई देती कि वे मिले, वे मिले, वे एक हुए कि दुर्जन जोड़ा अपना दाँव मारता और ये दोनों बहुत दूर जा पड़ते। चोट सहकर वे दुर्जन जोड़े पर चोट करते और दुर्जन जोड़ा चारों खाने चित दिखाई देता।

मेरा ध्यान इस बात पर गया कि जब दुर्जनता की विजय होने लगती है, तो मेरे आस-पास बैठे लोगों का साँस रुकने लगता है और सज्जनता जीतती है तो उनकी तालियों की गूँज से सारा हाल गड़गड़ा उठता है।

एक ऐसी ही गड़गड़ाहट में मध्यान्तर हुआ और ऊपर से प्रकाश के आते-आते सुना, "ऐसे बदमाशों को तो गोली मार देनी चाहिए।" मुड़कर देखा तो यह श्री चावला की आवाज़ थी। यह पुरुष अपनी दूकान स्वयं फूँककर बीमा कम्पनी से बीस हज़ार रुपये उड़ा चुका था !

सज्जनता की जीत पर मेरे पीछे भी बहुत तालियाँ पिटी थीं। उधर देखा तो मैं धक् रह गया। ये एक कपड़े के व्यापारी थे और अपनी विधवा बुआ की हत्या कर उसका धन हड़प चुके थे !

समय की बात, मेरी दृष्टि जिन पर भी उस समय टिकी वे अधिकतर इसी श्रेणी के पुरुष थे।

अचानक मेरे मन में प्रश्न उठा, ये लोग दुर्जन जोड़े की श्रेणी में हैं, फिर यह क्या बात है कि ये तालियाँ बजा रहे हैं सज्जन जोड़े की जीत पर ? साफ़ शब्दों में, इनकी सहानुभूति तो दुर्जन जोड़े के साथ होनी चाहिए !

मैं अपने प्रश्न से बेचैन था और कहानी फिर उसी घात-प्रतिघात में चल रही थी। अन्त में दुर्जनता बुरी तरह हारी और सज्जनता पूरी तरह जीती, तो हाल तालियों से हिल-हिल उठा। मैं हाल से बाहर निकल तारों

की छाँह में आया और पार्क के लॉन पर जा बैठा। मेरा प्रश्न भीतर ही भीतर मुझे उधेड़ रहा था।

सहसा मेरे अन्तर्यामी के बोल मुझे फिर सुनाई पड़े, मनुष्य युग-युगों तक जंगल में रहा है, पशुओं में रहा है, पशुओं की तरह रहा है। उस काल की आदतें, प्रवृत्तियाँ आज भी उसके साथ हैं। ये प्रवृत्तियाँ उसे पशुता की ओर बहा ले जाती हैं, वह पशुता के कार्य करने पर उतारू हो जाता है, पशुता के कार्य करता है पर उसके भीतर अपने को पशु से भिन्न बतलाने वाली, अपने को पशु से श्रेष्ठ समझने वाली एक आत्म-चेतना है और वह उसे सदा पशुता से रोकती है।

मनुष्य बुद्धि के, परिस्थितियों के, प्रलोभन के, माया-जाल में फँस भले ही आत्म-चेतना की उस रोक को न माने, लाख पशुता करे, वह चेतना अपना काम करती रहती है। तभी तो बुरे होकर भी प्रशंसा हम भलाई की ही करते हैं, दुष्ट होकर भी विजय हम सज्जनता की ही चाहते हैं और इस प्रकार हमारे ऊपर पशुता का लाख अँधेरा छा जाए, हमारे अन्तर में देवत्व का प्रकाश ही रहता है। यही संस्कृति का दीपक है। इसी दीपक के प्रकाश की वाणी है : नहि मानुषात् श्रेष्ठतरं हि किंचित्, मनुष्य से श्रेष्ठ कुछ भी नहीं है।

मुझे लगा कि मेरे बाहर, भीतर, आगे, पीछे, ऊपर, नीचे, चारों ओर दीपक ही दीपक जल रहे हैं और तब पार्क की उस हरी दूब पर खुले आकाश के नीचे मैंने अपने से कहा, यही संस्कृति का साक्षात्कार है।

वंश-वृक्ष :

हाँ, तो जंगल में, जंगली जानवरों के साथ, जंगली जानवरों की तरह रहते मनुष्य के अन्तर में चेतना जागी कि मैं पशुओं में हूँ, पशुओं-जैसा ही हूँ, पर पशु नहीं हूँ, यानी उनसे भिन्न हूँ, उनसे श्रेष्ठ हूँ।

यह हुआ संस्कृति का जन्म।

इस चेतना के जन्म से मनुष्य पर जो पहला प्रभाव पड़ा, वह था यह कि अब उसे पशु और मनुष्य में भिन्नता अनुभव होने लगी। भिन्नता के इस बोध ने उसकी मनोवृत्ति में जो गहरा परिवर्तन किया, वह यह था कि

दूसरा मनुष्य उसे अब पहले से अधिक अपना दीखने लगा।

इसका यह फल अनिवार्य ही था कि मनुष्य को अब मनुष्य के साथ पशु से भिन्न व्यवहार करने की, अच्छा व्यवहार करने की इच्छा-प्रवृत्ति हो। धीरे-धीरे इस इच्छा ने जिस व्यवहार-पद्धति को जन्म दिया, आगे चलकर उसी का नाम पड़ा सभ्यता। सभायां साधुः सभ्यः—सभा में, चार आदमियों में बैठकर जो आदमी भला लगे, जिसका व्यवहार अच्छा हो, वही सभ्य कहा-माना जाने लगा।

सभ्यता, मनुष्य और मनुष्य के बीच व्यवहार की एक पद्धति, जिसकी पृष्ठभूमि है सहयोग की भावना। इस भावना से मनुष्य ने छोटे-छोटे संघों के रूप में समाज की, सामूहिक जीवन की रचना की, जिसकी पृष्ठभूमि है पशुओं के भय से सुरक्षा का आश्वासन।

तो अब मनुष्य के लिए अपना ही सुख-दुःख अपना सुख-दुःख न रहा, अपनों का सुख-दुःख भी अपना सुख-दुःख हो गया, भले ही ये अपने दस-बीस हों या चालीस-पचास।

ये अपने मिलकर बैठते, बात में बात निकलती। इन बातों में जिन अजेय जिज्ञासाओं ने जन्म लिया उनमें मुख्य थीं प्रकृति की चमत्कार-भरी व्यवस्था और मृत्यु।

सूर्य कैसे समय पर निकलता है ? तारे क्या हैं ? बादलों में पानी कहाँ से आता है ? फूल कैसे खिलते हैं ? चाँद कैसे घटता-बढ़ता है और पूर्ण होता है ? ऋतुएँ कैसे बदलती हैं ?

ये प्रश्न आये तो यह प्रश्न आएगा ही कि वह कौन है, जो यह सब करता है और दिखाई नहीं देता।

साथ ही यह भी कि यह मृत्यु क्या है ? पहले मनुष्य अपने में जीता था और कहीं भी मर जाता था पर अब वह अपनों में जीने लगा तो अपनों में मरने लगा। अपने के मरने का दुःख होता ही है, उसका अभाव खटकेगा ही तो प्रश्न पैना हो आया कि वह क्या था, जिसके न रहने से आदमी मर गया ? और मरकर वह कहाँ गया ?

इन जिज्ञासाओं ने मनुष्य में एक अप्रत्यक्ष के प्रति आस्था उत्पन्न की और इस आस्था ने मनुष्य में जिन दो नयी भावनाओं को जन्म दिया, उनमें

एक का नाम पड़ा धर्म और दूसरी का दर्शन।

धर्म बाहर खोजता रहा, दर्शन भीतर। धर्म की खोज मनुष्य को अपन जो सर्वोत्तम दे पायी, उसका नाम है ईश्वर और दर्शन की खोज मनुष्य क जो सर्वोत्तम दे पायी, उसका नाम है आत्मा। इतिहास-पुरुष शंकराचार्य न दोनों की एकता प्रतिपादित की और आत्मा को ही परमात्मा बताया।

बस संस्कृति का यही वंश-वृक्ष है : संस्कृति माता की पुत्री सभ्यता सभ्यता का पुत्र समाज, समाज के जोड़ले पुत्र धर्म और दर्शन, धर्म का पु ईश्वर और दर्शन की पुत्री आत्मा।

मूलमन्त्र :

मूलमन्त्र (मोटो) सत्य का, तत्त्व का रहस्य समझने में सहायक होते हैं तो सोचा संस्कृति और उसके वंशधरों का मूलमन्त्र यदि खोजा जा सके त यह सुविधाजनक होगा।

खोजते, पन्ने उलटते, चिन्तन करते जहाँ सन्तोष पाया, वह यह उपस्थित है। मैं आग्रही नहीं हूँ कि अपने सन्तोष को परिपूर्णता कहूँ, मा या मानने को बाध्य करूँ।

क्या संस्कृति की भाव-दिशा अतीत में गायी गयी इस ऋचा में समाय नहीं है ?

'असतो मा सद्गमय, तमसो मा ज्योतिर्गमय, मृत्योर्मा अमृतं गमय।

मेरे अन्तर्यामी, मुझे असत् से सत् की ओर, अन्धकार से प्रकाश क ओर और मृत्यु से अमरता की ओर ले चल।

असतो मा सद्गमय में संस्कृति की, तमसो मा ज्योतिर्गमय में सभ्यत समाज की और मृत्योर्मा अमृतं गमय में धर्म-दर्शन की दिशा का पूर्ण संकेत है

असत् है पशुता–जंगलीपन, सत् है मनुष्यता–मनुष्य की संस्कारिता

तसम्–अन्धकार–है पशु की असहायता, हिंस्रता और ज्योति है मनुष की अहिंसकता, सामाजिकता, सहकारिता।

मृत्यु है मरण के साथ जीवन की समाधि और अमरता है, जीवन क शाश्वत प्रवाह, आत्मा की अमरता, चेतनता और व्यापक चैतन्य सत्ता क साथ एकीकरण।

कसौटी :

संस्कृति की कसौटी क्या है ? हम कैसे निर्णय करें कि हमारा अमुक काम संस्कृति के अनुकूल है या नहीं ? संस्कृति शब्द की लोकप्रियता ने उसे आकर्षक बना दिया है और हर प्रवक्ता एवं लेखक, हर सभा और संगठन अपने को संस्कृति का रक्षक कहना आवश्यक मानने लगा। इसी उलझन के अन्धकार में प्रकाश की माँग है—संस्कृति की कसौटी क्या है ?

संस्कृति की कसौटी है पशुता। उचकिए नहीं, संस्कृति की कसौटी है पशुता, पर ज़रा बुद्धि के साथ। जिस परिस्थिति में पशु जो कुछ करता है, क्या हम भी वही करते हैं या उससे भिन्न ? बस पशु से भिन्नता ही संस्कृति की कसौटी है।

पशु का स्वभाव है कि जहाँ जब जो जी में आया, कर लिया, पर मनुष्य का स्वभाव है जहाँ जब जो जी में आए, उसे सोचे कि यहाँ अब, यह करना उचित है या नहीं और उचित हो तो करें, नहीं तो रुक जाएँ; संक्षेप में बुद्धिपूर्तक संयम ही संस्कृति की कसौटी है।

उलझन :

इस कसौटी पर अपने आचरण को कसकर उसके अनुसार चलना कठिन नहीं है पर वह दलदल कहाँ है, जहाँ यह चलती गाड़ी अटककर फँस जाती है, फँस क्या बस धँस जाती है कि निकले न निकले ?

दो में बातें होती हैं, व्यवहार चलता है। जबतक दोनों एकमत हैं, एक दूसरे के अनुकूल हैं, कोई बात नहीं, पर जब दोनों में मतभेद होता है, तो गरमी आती है, असहिष्णुता उमड़ती है, क्रोध भड़कता है। जी चाहता है कि सामने वाला हमारी बात मानने को विवश हो और न हो तो हम उसे ताक़त से पीस दें, मिटा दें, अपनी बात उससे मनवा लें।

यहाँ पशु और मनुष्य समान हैं। पशु में भी यह इच्छा सहज है और मनुष्य में भी, पर मनुष्य बुद्धिमान् है, इसलिए पशुओं में जहाँ इस इच्छा के फलस्वरूप झड़प और हत्या ही होती है; मनुष्य ने इसे समाज की एक सामूहिक प्रवृत्ति बना युद्ध का रूप दे दिया है।

तो युद्ध मनुष्य की पशुता का, संस्कृति-हीनता का सर्वोत्तम प्रदर्शन है

और उलझन यह है कि संस्कृति की पताका थामे खड़ा मनुष्य इस युद्ध से कैसे बचे ? सच तो यह है कि हमारी संस्कृति के इतिहास का सबसे बड़ा प्रश्न है ही यह, इतना गहन इतना जटिल प्रश्न कि हमारे राष्ट्र-पुरुषों को इसका उत्तर देने में कई हज़ार वर्ष लग गये !

राम ने कहा :

राम और रावण प्रतिकूल परिस्थितियों में आ खड़े हुए। वही युद्ध की परिस्थितियाँ, परिणाम में युद्ध और युद्ध में एक पक्ष का सर्वनाश और दूसरे पक्ष की विजय।

राम के जीवन ने क्या कहा ? यही कि युद्ध पशुता है, संस्कृति के विरुद्ध है, यदि हम न्याय-अन्याय और सत्य एवं असत्य का विचार किये बिना लड़ें, पर यदि हमारी न्यायपूर्ण एवं सत्यपूर्ण बात को भी दूसरा न माने तो हम शक्ति और साधनों की चिन्ता किये बिना लड़ें, यह पशुता नहीं है, संस्कृति के विरुद्ध नहीं है। इस दशा में यह निश्चित है कि जीत हमारी ही होगी; क्योंकि सत्यमेव जयते—जीत तो सत्य की ही होती है।

क्या बात हुई यह ? यही कि यदि विरोधी हमारी बात न माने तो हम उससे लड़ें, उसे मिटा दें, यह अब तक का नियम था। राम ने इसमें जोड़ा—पर हमारी बात न्याय से पूर्ण हो, सत्य से पूर्ण हो।

राम का निर्णय अन्धकार में प्रकाश की पहली किरण थी—हम अन्धाधुन्ध न लड़ें, सत्य के, न्याय के पक्ष में होकर ही लड़ें, असत्य के—अन्याय के विरुद्ध अवश्य लड़ें और इस विश्वास के साथ कि सत्य कभी नहीं हारता, हमारी जीत निश्चित है।

कृष्ण ने कहा :

राम का निर्णय महान् था, पर उसमें एक उलझन थी कि यह निर्णय कौन करे कि मतभेद में सत्य क्या है, न्याय क्या है ? यह हो गया तर्क का विषय और तर्क है बुद्धि का मायाजाल कि सुलझाये न सुलझे। फिर हम न्याय के पक्ष से लड़ें या अन्याय के पक्ष से, युद्ध की असांस्कृतिक—पंजे से फैसला करनेवाली—पशु-प्रवृत्ति तो हममें रही ही !

तो कृष्ण के जीवन की सबसे बड़ी और आकुल जिज्ञासा यही थी कि युद्ध कैसे रुके ?

कौरव और पाण्डव परिस्थितियों के मायाचक्र पर चढ़े, दो विरोधी मोर्चों पर आ जमे। पाण्डवों का राज्य एक शर्त के साथ कौरवों के हाथ में आ गया। पाण्डवों ने अपनी शर्त पूरी की, पर कौरव अब राज्य लौटाने से इनकार कर बैठे—सत्य से हट गये, बेईमान हो गये।

राम के निर्णय का तक़ाज़ा है कि पाण्डव लड़ें, पर कृष्ण का अन्तर्मन्थन आकुल है कि इस परिस्थिति में भी युद्ध न हो, युद्ध की पशुता से बचा जाए। वे इस बात पर भी फ़ैसला कराने को तैयार हो गये कि पाँच पाण्डवों को पाँच गाँव दे दिये जाएँ और शेष राज्य कौरवों के ही हाथ में रहे, पर दुर्योधन इस पर भी नहीं मानता तो युद्ध अनिवार्य हो उठता है।

तब भी कृष्ण प्रतिज्ञा करते हैं कि वे युद्ध में स्वयं शस्त्र नहीं उठाएँगे और केवल सारथी रहेंगे, परामर्श देंगे। सचाई यह है कि पाण्डवों के पक्ष में युद्ध का नेतृत्व अब उन्हीं के हाथ में है और युद्ध को रोकने वाला ही युद्ध करा रहा है।

यह कृष्ण की असफलता है, पर यहीं कृष्ण की सफलता है कि वे युद्ध करने की एक नयी मनोवृत्ति संसार को देते हैं—युद्ध सत्य के लिए हो रहा है या असत्य के लिए, उसका करना धर्म है या अधर्म, उससे लाभ होगा या हानि, यह सब मत सोचो, इसका निर्णय तुम कर ही नहीं सकते, तुम तो बस फल की, परिणाम की, चिन्ता और इच्छा दोनों से मुक्त होकर बस लड़ो, निष्काम रहो। यह है एक सामाजिक विवशता को अपने व्यक्तित्व से जीवन-कला का रूप दे देना।

बुद्ध ने कहा :

राम ने युद्ध की पशुता को एक ऊँचा आधार देकर संस्कृति से जोड़ा तो कृष्ण ने युद्ध की पशुता के साथ व्यवहार करने की एक नयी मनोवृत्ति देकर संस्कृति से उसका समन्वय किया, पर युद्ध की पशुता ज्यों की त्यों रही।

तब जन्मा एक क्रान्तिकारी महापुरुष—बुद्ध। उसने कहा, मनुष्य को यह

शोभा नहीं देता कि वह पशुता करे। हिंसा पशुता है और अहिंसा मनुष्यता। मनुष्य की मनुष्यता का तक़ाज़ा है कि वह पूरी तरह अहिंसक रहे।

संसार की युद्धों से थकी मानवता के लिए यह एक नयी वाणी थी, इसका समाज पर गम्भीर प्रभाव पड़ा और इसकी पूर्णता हुई यों कि सम्राट् अशोक ने सेनाओं का विघटन करके धर्म-प्रचार को अपना मुख्य कार्य बना लिया।

दुर्भाग्य भारत का, दुर्भाग्य संसार का और दुर्भाग्य मानव जाति का कि बुद्ध के उत्तराधिकारियों ने अहिंसा का दुरुपयोग किया और राष्ट्र के जीवन पर एक दयनीय निष्क्रियता छा गयी, जीवन की क्षमता क्षीण हो चली, स्वतन्त्रता खतरे में पड़ी और शंकराचार्य के रूप में प्रतिक्रान्ति ने जन्म ले सफलता पायी।

संस्कृति के इतिहास में बुद्ध का यह महादान है कि वे युद्ध को खुलेआम पशुता कह सके, उसका बिना ननु-नच के विरोध कर सके। उनके कार्य का महत्त्व इसी से स्पष्ट है कि जब विक्रमादित्यों के बनाये महलों-क़िलों की ईंट भी खोजे नहीं मिलती, बौद्ध-विहारों के कलश दूर-दूर आज भी दीप्तिमान् हैं !

प्रह्लाद ने कहा :

महान् बुद्ध ने युद्ध के–हिंसा के–अशर्त विरोध की जो मशाल जलायी थी वह निष्क्रियता के जिस बवण्डर से बुझी, वह भाषा में यों था, अरे भाई, ठीक है, हम हिंसा न करें, युद्ध न करें, पर हमारा शत्रु तो अहिंसा में विश्वास नहीं करता, वह तो इसे नहीं मानता ! तब क्या हम सिर झुकाकर बैठ जाएँ और शत्रु से कहें कि आइए, पधारिए, हमारा सिर काट लीजिए ? यदि हाँ, तो इस तरह विदेशी आक्रमणकारी से हम अपने देश की स्वतन्त्रता को कैसे बचाएँ और न बचाएँ तो क्या देशद्रोही हो जाएँ ?

दिग्दिगन्त में गूँजते इस प्रश्न का उत्तर दिया पुराण-पुरुष प्रह्लाद ने। प्रह्लाद का पिता राजा हिरण्यकशिपु इतना नृशंस कि ईश्वर के स्थान में भी अपनी ही सत्ता स्थापित करने को आतुर–आकुल और प्रह्लाद महान् ईश्वर-भक्त। दोनों में संघर्ष स्वाभाविक ही था, पर पिता की आज्ञा में हिंसा

की समस्त शक्तियाँ और साधन, पर प्रह्लाद निहत्था और असहाय—एक पहाड़ तो दूसरा रोड़ा।

प्रह्लाद ने कहा, मैं पिता की शक्ति का जवाब नहीं दे सकता पर उनकी शक्ति का आदेश मानने से इनकार तो कर सकता हूँ। क्रुद्ध होकर उनकी शक्ति मुझे कष्ट देगी। मैं उन कष्टों को नहीं रोक सकता, पर सह तो सकता हूँ। सहते-सहते मैं मर जाऊँगा, पर मरने की सम्भावना तो हिंसा का जवाब हिंसा से देने में भी है। ठीक है, मैं कष्ट सकूँगा, मिट जाऊँगा, पर झुकूँगा नहीं।

पुराण पुराण है। जलते लौह-खम्भ से नृसिंह के रूप में भगवान् निकले, हिरण्यकशिपु का वध हुआ, हिंसा हारी, अहिंसा जीती। लोकमानस विश्वासी है। वह नहीं सोचता कि हर गरम खम्भे से भगवान् नहीं निकलते, वह सोचता है, हिंसा में लाख शक्ति हो, अहिंसा भी कोई मामूली चीज़ नहीं, उसके पीछे दैव की शक्ति है।

लोक-मानस का यह विश्वास ही संस्कृति के इतिहास में प्रह्लाद का दान है। यह दान और भी महान् हो उठता, यदि प्रह्लाद उस पर नये प्रयोग करते, पर मालूम होता है कि वे अपनी पहली सफलता से ही इतने भावाभिभूत हो गये कि फिर कुछ भी न कर पाये।

उनके पौत्र बलि ने इधर विशेष ध्यान दिया और वह पूर्ण अहिंसावादी हो चला तो प्रह्लाद ने उसे उपदेश दिया :

न श्रेयः सततं तेजो, न नित्यं श्रेयसी क्षमा।
तस्मान्नित्यं क्षमा तात, पण्डितैरपवादिता ॥

बेटे, न सदा क्रोध ही कल्याणकर है, न निरन्तर क्षमा ही, इसलिए आचार्यों ने निरन्तर क्षमा के लिए अपवादों की, विशेष अवसरों के लिए विशेष नियमों की, रचना की है।

इसका क्या अर्थ ? यही कि प्रह्लाद व्यक्तिगत रूप से अहिंसा के प्रयोग में सफल होकर भी उसके सामूहिक प्रयोग का साहस नहीं कर सके। फिर भी प्रह्लाद के प्रयोग ने बतलाया कि अहिंसा निष्क्रियता नहीं है और उसके द्वारा हम हिंसा से टक्कर ले सकते हैं, उसे परास्त कर सकते हैं। वह विवशता नहीं है, उसके प्रयोग में दैवी सम्भावनाएँ हैं, उससे चमत्कार

हो सकते हैं, संक्षेप में अहिंसा एक महाशक्ति है।

प्रह्लाद कभी हुए हों, न भी हुए हों, उनका यह दान जन-मानस की अमूल्य धरोहर है।

गाँधी ने कहा :

एक ओर हिंसा की सम्पूर्ण शक्ति और साधनों से सम्पन्न ब्रिटिश राज्य और दूसरी ओर निहत्थी उदास और असंगठित भारतीय जनता। पहला दूसरे की छाती पर यों सवार कि न प्रार्थना सुने, न चीत्कार और दूसरा यों दबा-घुटा कि हिलने में भी असमर्थ।

क्या दोनों में युद्ध सम्भव है ? किसी ने हाँ नहीं भरी और सब दिशाओं में सन्नाटा छा गया। तब सुनाई दी गाँधी की गम्भीर वाणी—हाँ, सम्भव है और सचमुच सत्ताईस वर्षों में गाँधी ने असम्भव को सम्भव करके दिख दिया !

अभी तक युद्ध-शास्त्र का सिद्धान्त था—शत्रु को इतना कष्ट दो कि वह सह न सके, मिट जाए। अब यह सिद्धान्त हो गया—शत्रु को कष्ट न देकर स्वयं उसके द्वारा इतना कष्ट सहो कि शत्रु का हृदय बदल जाए, वह शत्रुता छोड़ दे।

अभी तक युद्ध का लक्ष्य था शत्रु का नाश करना, अब उसका लक्ष्य हो गया उसे मित्र बना लेना।

अभी तक विजय की कसौटी थी, जो अधिक मारेगा वह जीतेगा। अब कसौटी हो गयी, जो अधिक सहेगा वह जीतेगा।

और इस प्रकार गाँधी ने पशु-प्रवृत्ति युद्ध को मानवीय संस्कृति की कसौटी, पशु से भिन्न व्यवहार पर खरा उतार दिया। प्रसंगान्तर न हो, तो कहें—युद्ध और संस्कृति का एकीकरण ही विश्व के इतिहास को गाँधी की सबसे बड़ी देन है।

तत्त्वज्ञान :

हमारी संस्कृति का तत्त्वज्ञान क्या है ? पहले यह कि हमारी क्या ? संस्कृति में भेद नहीं है। संस्कृति हिन्दू की, मुसलमान की, ईसाई की, यहूदी

की नहीं होती, मानव की होती है। वह पूर्व की, पश्चिम की, रूस की, अमेरिका की, फ्रांस की, भारत की भी नहीं होती। मनुष्य की यह आत्मचेतना कि मैं अनेक बातों में समानता होने पर भी पशु नहीं हूँ, उस से भिन्न हूँ, श्रेष्ठ हूँ, सर्वत्र समान है, इसमें भेद क्या ?

हाँ संस्कृति अपने वंश–विकास मण्डल (सभ्यता, समाज, धर्म और दर्शन) के द्वारा जिस तत्त्वज्ञान (जीवन-कला-विचार और कर्म की प्रक्रिया) की रचना करती है, देश-प्रदेश की परिस्थितियों के कारण उसमें भेद सम्भव है, सहज है।

भारत में यह तत्त्वज्ञान किस रूप में प्रस्फुटित हुआ, उसने जन-जीवन में क्या स्वरूप लिया, इसका अनुभव एक दिन मुझे विचित्र रूप में हुआ।

भाई रघुवीरशरण को मरे चौथा दिन था और हम सब उसके फूल चुनने श्मशान गये थे। अस्थियाँ संचय कर एक थैली में भरी गयीं और चिता की राख इकट्ठी कर, उसकी एक ढेरी बना दी गयी। प्रथा के अनुसार बाँसी के वृक्ष की एक टहनी उस ढेरी पर रोप दी गयी।

इसका क्या अर्थ ? यह नये जीवन का प्रतीक था। भारतीय तत्त्वज्ञान के अनुसार मृत्यु अन्त नहीं, नाश नहीं, एक परिवर्तन है। वासांसि जीर्णानि यथा विहाय—हम इधर मरते हैं, उधर जन्मते हैं। इधर की सन्ध्या उधर का प्रभात है। मृत्यु की यह प्रसन्नतापूर्ण कल्पना हमारे जीवन की एक विभूति है। चिता की राख पर वृक्षारोपण कर हम इसी की घोषणा करते हैं।

देरी से हवन-सामग्री आने के कारण वृक्षारोपण के बाद हवन किया गया। अग्नि में सामग्री छोड़ने पर वैद्य जगदीशचन्द्रजी ने देखा सामग्री के साथ एक कीड़ा जल रहा है। बड़ी फुर्ती से, अत्यन्त कोमलता के साथ उन्होंने अपनी उँगली जलाकर भी उसे बचा लिया।

इस क्षुद्र कीट का जीवन क्या, पर उसे बचाने की एक भारतीय को इतनी चिन्ता है कि वह अपनी उँगली जलने की भी चिन्ता नहीं करता। जीवन की यह महत्ता, जीव-मात्र के प्रति यह संवेदन, जीवन के प्रति यह दिलचस्पी हमारे जीवन की दूसरी विभूति है।

सोचा, भारतीय तत्त्वज्ञान जीवन को एक खेल मानकर भी जीवन की उपेक्षा नहीं करता और उसके अनुसार जीवन का स्वरूप यह है कि हम पृथ्वी

को स्वर्ग बनाने के संघर्ष में मृत्यु का भय छोड़कर जूझते रहें और या तो हम अपने श्रम से पृथ्वी को ही स्वर्ग बनाकर जीवन के आनन्द का उपभोग करें अन्यथा ऐसा करने के प्रयत्न में ही अपने जीवन का उत्सर्ग कर यश और आत्म-तुष्टि के स्वर्ग में अपना सिंहासन स्थापित करें।

जीवन का यह कितना परिपूर्ण चित्र है—मधुर, उज्ज्वल, आशा एवं आनन्दमय !

जब हम सिर्फ़ एक इकन्नी बचाते हैं

मेरठ की नौचन्दी में एक शानदार कवि-सम्मेलन था। मैं न कवि हूँ न गायक और कति-सम्मेलन में इन्हीं की ज़रूरत पड़ती है तो मैं एक ग़ैर-ज़रूरी चीज़ था, पर साथियों ने पकड़ मँगाया था तो था वहाँ—शायद प्राचीन युग के पण्डे की तरह, शायद इस युग के गाइड की तरह !

रात में दरबार-कैम्प में कवि-सम्मेलन होना था और उसके पास ही टेण्ट में कवि लोग खाना-पीना कर रहे थे। क़ायदा है कि कवि-सम्मेलन होने से पहले कवियों की खूब आवभगत होती है, पर उसके बाद वे अकसर अपने बिल के लिए संयोजकजी को खोजते फिरा करते हैं या अपना बिस्तर स्वयं ढोये ताँगा स्टैण्ड की ओर बढ़ते दिखाई दिया करते हैं।

इसी बीच आँधी उठ आयी, बादल घिर गये और वह दौंगड़ा पड़ा कि दरबार-कैम्प की हालत उखड़ते मेले-जैसी हो गयी। कवि-सम्मेलन दूसरे दिन के लिए स्थगित हो गया, कोई और रास्ता ही न था; अब प्रश्न था कवियों को शहर तक पहुँचाने का।

श्री बालमुकुन्द 'अनुरागी' ने मित्रभाव से कहा, मेरे पास दो कम्बल हैं, इन्हें उढ़ाकर सब साथियों को हम ताँगा-स्टैण्ड तक चले जाएँगे और वहाँ से ताँगा पकड़ लेंगे, पर संयोजक अपने अतिथियों को पूरा आराम देने के पक्ष में थे इसलिए उन्होंने गर्वोक्ति के स्वर में कहा, "नहीं जी, सबको मोटर में भेजते हैं" पर मोटर वहाँ कहाँ थी ?

वे बोले, "दिल्ली से श्री...जी अपनी मोटर में आये हैं, उसमें चले जाएँगे सब।"

“वह मोटर नहीं मिल सकती !” शान्त दृढ़ता से अनुरागीजी ने कहा, तो संयोजकजी बोले, “वाह साहब, मोटर क्यों नहीं मिल सकती, हमने उनके परिवार के लिए अपने खर्चे से टेण्ट लगवाया है और सौ इन्तज़ाम किये हैं।”

अनुरागीजी चुप रहे और संयोजकजी अपने को कम्बल और आत्मविश्वास में लपेटते से बाहर चले गये। तभी अनुरागीजी ने मुझसे कहा, “लो, संयोजकजी तो माने नहीं, पर अब यह फ़ैसला होगा कि श्री...जी धनपति हैं या धनपशु ?”

तभी आँधी का एक नया रेला आया और हमारा टेण्ट गिर-गिरूँ हुआ कि हम उधर लग गये और बात हवा के झोंकों चढ़ी उड़ गयी। संयोजकजी ने आकर कहा, “वे कहते हैं, यात्रा में ड्राइवर थक गया है। थोड़ा आराम कर ले तो अभी छोड़ आएगा।” हम सब समझ गये कि उन्हें अपनी नयी गाड़ी के ख़राब होने की चिन्ता है, पर अनुरागीजी बोले, “भाइयो, कम्बल ओढ़ो, चलो, फ़ैसला हो गया।”

उनके वाक्य ने औरों को सुलझाया तो मुझे उलझा दिया, जिसके पास धन का संग्रह है, वह धनपति; फिर यह धनपशु क्या है ?

मित्र-साथी परिस्थितियों का रस लेते रहे, मैं सोचता रहा। उलझे रहना मेरे स्वभाव के विरुद्ध है, पर उलझन तो है ही कि धनपति और धनपशु के मध्य की भेद-रेखा कहाँ है ? क्या है ?

श्री....जी धनपशु हैं, यह फ़ैसला हो गया, पर वे धनपशु क्यों हैं ? इसलिए कि उन्होंने मनुष्य की अपेक्षा अपनी सम्पत्ति को अधिक महत्त्व दिया तो उलझन सुलझ गयी कि जो आदमी अपने संगृहीत धन को महत्त्व दे वह धनपति, पर जो उसे मनुष्य की अपेक्षा भी महत्त्व दे, वह धनपशु; जिसके लिए संसार में धन ही सर्वोत्तम !

मैं भी बातचीत में लग गया, पर मुझे लगा कि सत्य अभी अधूरा ही हाथ आया है।

दो

इस घटना के कोई दस वर्ष बाद। मैं उस दिन देहरादून से मसूरी जा रहा

था। बस में जहाँ मैं बैठा, उससे अगली जुड़वाँ सीट पर दो सज्जन बैठे थे। एक प्रौढ़, एक तरुण। आमतौर पर मेरा ध्यान साथी यात्रियों पर नहीं जाता, क्योंकि एकान्त में बाहर कम, भीतर ज़्यादा देखना तो यात्रा में भीतर कम, बाहर अधिक देखना मेरा स्वभाव है। फिर पहाड़ी यात्रा में तो आस-पास होता है सजावट के कोढ़ से घिरा हुआ सौन्दर्य, छछोरपन से छायी हुई जवानियाँ, दरिद्रता से दलित कुछ मानवात्माएँ और बाहर विराट् प्रकृति का वैभव, पर यात्रा के आरम्भ में ही एक ऐसी बात हो गयी कि मेरा ध्यान सामने वाले प्रौढ़ पर जा टिका।

बस चलने को ही थी कि बादल गहरे हो आये तो उन्होंने ज़ोर से कहा, "क्यों ड्राइवर, ऊपर तिरपाल भी डाल दी है। हमारा रेडियो रखा है। पूरे एक हज़ार रुपयों का है।" उन्होंने 'पूरे एक हज़ार' का जिस ढंग से प्रयोग किया, उसने मेरे कानों के परदे पर एक ऐसी टंकोर दो, जो बहुत देर गूँजती रहती है।

ड्राइवर ने उन्हें विश्वास दिलाया कि रेडियो सुरक्षित है। ड्राइवर ज़रा नीचे उतरा तो उन्होंने क्लीनर को बुलाकर कहा, "अरे, हमारा एक हज़ार रुपये का रेडियो ऊपर रखा है।" उसने भी उन्हें आश्वासन दिया। अब वे स्वयं नीचे उतरे और बस के चारों ओर घूमे—आँखें ऊपर किये हुए। लौटे तो आप ही आप यह कहते हुए—"एक हज़ार की रक़म है।" मैंने सोचा, एक हज़ार रुपये रेडियो की क़ीमत है या इस आदमी की बातचीत का नारा?

बस चली तो वह प्रौढ़ उस तरुण को बताने लगा कि हम कितनी सब्ज़ियाँ लाये हैं। देहरादून से दो सेर पालक का शाक एक रुपये में लिया और मसूरी में यह मिलता है एक रुपये सेर तो इस तरह एक रुपया बचा। तोरी, भिण्डी, टेण्डस, अदरक, नीबू, मूली सबका हिसाब जोड़ा। बीच-बीच में वह भूल गया तो फिर जोड़ा। कुल मिलाकर सात रुपये बचे थे, यों हम राजपुर पहुँचे।

राजपुर से बस चली तो चारों ओर प्रकृति का स्वर्ग। तभी अपनी डायरी में कुछ लिखने को तरुण ने अपना पेन निकाला तो उस प्रौढ़ ने कहा, "कितने रुपये का है तुम्हारा पेन ?" वह मामूली पेन था। तब प्रौढ़ ने भीतर

की जेब से निकालकर अपना पेन तरुण को दिखाया, ''यह एक सौ पचास रुपये से ज़्यादा का है।''

फिर गर्व में डूबकर बोला, ''मैंने यह पाँच रुपये में लिया था। एक पहाड़ी लड़का इसे बार-बार खोलकर देख रहा था। मैं भाँप गया कि यह अपने सेठ का उड़ाकर लाया है। बस, मैं उसे अपने साथ घर ले आया। पाँच रुपये नक़द दिये और अपने लड़के का पुराना कुरता। वह सुसरा इसकी क़ीमत क्या जानता ? टूट जाए, तब भी पैंतालीस रुपये कम्पनी देती है इसकी निब के !''

मैंने यह सब सुना तो अधमरा-सा हो गया। सोचा, आज हम जिसे दूसरे के घर चोरी करने की लत डालते हैं, वह कल हमारा नौकर भी हो सकता है और तब वह हमारे ही घर हाथ साफ़ करेगा। सामूहिक जीवन की दृष्टि से हम कितने दिवालिया हो गये हैं ?

पेन जेब में डालते समय एक काग़ज़ उनके हाथ को लगा। निकाला तो कहीं से आया हुआ लिफ़ाफ़ा। मैं देख रहा हूँ कि वे उस लिफ़ाफ़े को बहुत ग़ौर से देख रहे हैं। यों क्या देख रहा है यह जानवर ? मेरे भीतर यह प्रतिक्रिया फूटी कि उसने तरुण की तरफ़ लिफ़ाफ़ा बढ़ाकर पूछा, ''देखना, इसके टिकट पर मोहर का निशान तो नहीं पड़ा, यह तो दूसरे लिफ़ाफ़े पर लग सकता है ?'' और तब बहुत खुश होकर बोला, ''वाह-वाह, लिफ़ाफ़ा भी आया और टिकट भी साथ लाया; यहाँ भी पैसे बचे।''

सोचा, आजकल हर चीज़ महँगी है, सिर्फ़ ईमान सस्ता है और तब याद आयी महाकवि कालिदास के रघुवंश की यह बात कि ऋषि लोगों को खेतों पर 'सिला' चुगने से जो अन्न प्राप्त होता था, उसका छठा भाग राज्यकर के रूप में वे अलग रख देते थे, पर उसे लेने राजा का कोई आदमी आता न था तो वे उसे अपने उपयोग में न लेकर वापी-तड़ाग के तटों पर बो देते थे—'षष्ठांशमुर्व्या इव रक्षितायाः'।

एक दिन हमारी ईमानदारी, देश की सामूहिक व्यवस्था में अपना भाग अर्पित करने की हमारी निष्ठा इस रूप में थी, पर आज एक खाता-पीता आदमी अपने स्वतन्त्र देश की सरकार को कुछ पैसों का भी धोखा देने को तैयार है !

बहुत ही सुन्दर प्रदेश से होकर बस गुज़र रही थी। मैं उस सौन्दर्य में उलझ चला, पर तभी याद आ गयी मुझे मेरठ वाली उस घटना की और मैंने सोचा कि उस दिन धनपशु के स्वरूप का सिर्फ़ ज्ञान हुआ था, यह उसका साक्षात्कार है।

अब यह सूत्र मेरे हाथों में आ गया था : जो जीवित मनुष्य की अपेक्षा अपने जड़ धन को अधिक महत्त्व दे वही नहीं, जो सत्य की अपेक्षा, न्याय की अपेक्षा धन को महत्त्व दे, वह भी धनपशु है।

तीन

उस दिन कलकत्ते से चला तो रेल के डिब्बे में नीचे की एक बर्थ पर मैं था। सामने की बर्थ पर एक तरुणी, ऊपर की बर्थ पर उनके पति और मेरे ऊपर की बर्थ ख़ाली।

सोने का अभी समय नहीं था। वे दोनों नीचे की बर्थ पर बैठे बातें करने लगे और मैं बाहर का दृश्य देखने लगा। रात अँधेरी थी, पर मीलों तक कलकत्ते का वैभव रेल के साथ दौड़ता है, जैसे विज्ञान का दैत्य विज्ञान की प्रदर्शनी के बीच से फुंकारता जा रहा हो।

अचानक किसी ने मुझे छुआ सा, तो मैंने भीतर झाँका। तरुण महाशय मेरी बर्थ के नीचे कुछ देख रहे थे। क्या है भैया ? मैंने पूछा तो बोले, इन्होंने अभी-अभी उँगली से अँगूठी निकाली तो वह छटककर जाने कहाँ जा गिरी ?

मैंने तकिये के नीचे से टार्च निकालकर चमकाया और कोने में छिपकर रूठकर बैठी-सी उनकी अँगूठी मिल गयी। मैं लेट गया, अब वे दोनों मेरे सामने थे।

अँगूठी को तर्जनी में चक्र की तरह घुमाते हुए तरुणी ने कहा, "मौसी की हालत तो थी नहीं कि वह प्रेजेण्ट (उपहार) दे, पर अँगूठी उसने दे ही दी। कितने रुपये की होगी यह ?"

"पुखराज तो इसका अच्छा है, काफ़ी दाम की होगी।" तरुण ने कहा और वे दोनों इतनी नहीं इतनी के ऊहापोह में उलझ गये, पर तरुणी को सन्तोष न हुआ। तब अँगूठी को अनामिका में पहनते हुए उसने फ़ैसला दिया, "इलाहाबाद पहुँचते ही इसे जौहरी को दिखाऊँगी।"

बिजली बुझा दी गयी, डिब्बे में अँधेरा हो गया, पर मेरे भीतर जिज्ञासा का यह जुगनू चमकता रहा—मौसी की ममता और अँगूठी का सौन्दर्य इन लोगों को प्रभावित नहीं कर पाया और बस इनकी दिलचस्पी सिर्फ़ इस बात में है कि इसका मूल्य क्या है, यह कैसी मनोवृत्ति है ?

यह जुगनू भभककर लैम्प हो गया, जब मैंने सोचा, निश्चय ही ये दोनों पक्के धनपशु हैं।

चार

उस दिन देहातों के बीच से होती बस जा रही थी और मैं सोच रहा था कि भारत के विशाल क्षेत्र को, उसके हर ग्राम और क़स्बे को रेल पटरी से जोड़ देना तो शताब्दी के बाद भी असम्भव ही रहेगा, पर हम उसे पक्की सड़क से अवश्य जोड़ सकते हैं और इस तरह हमारे देश में मोटर व्यवसाय और व्यापार, दोनों का ही भविष्य उज्ज्वल है।

तभी एक अड्डे पर मोटर ठहरी। पास का गाँव तो छोटा-सा ही है, पर दो सड़कों का यह ज़ंक्शन है, इसीलिए अड्डा बन गया है। मेरी ही सीट पर एक सरदार जी अपना उर्दू दैनिक पढ़ने के बाद उसे अपनी मोटी रान के नीचे दाबे बैठे थे।

तभी एक देहाती किशोर ने बस में झाँककर देखा और विनय के स्वर में कहा, "सरदारजी, हमारे गाँव में लाइब्रेरी है। उसके लिए अपना अख़बार दे दो।"

"आज हम दे दें तो कल कहाँ से आएगा तुम्हारी लाइब्रेरी में अख़बार ?" सरदारजी ने पूछा तो किशोर ने कहा, "कल किसी और भाई से ले लेंगे। हम रोज़ इसी तरह काम चला लेते हैं सरदारजी !"

उचित प्रश्न का उचित उत्तर था, पर इस औचित्य में औद्धत्य का यह दानव सहसा कूद पड़ा, "अख़बार लेना है तो दो आने दो।" लड़के ने हाथ जोड़े, वह गिड़गिड़ाया, पर सरदारजी अटल रहे। बस चली तो आप ही आप बोले, "हम तो 'बपारी' हैं, यों माल मुफ़्त बाँटने लगें तो हमारा दिवाला खिसक जाए।"

सुनकर सोचा, 'बपारी' है या नहीं, यह सरदार धनपशु अवश्य है।

पाँच

एक दिन बूढ़ा चाट वाला आया तो घर-पड़ोस के बच्चे मुझे लिपट गये, "हम तो चाट लेंगे, हम तो लेंगे।" सबको चाट दिला दी। वे चाट खाते रहे, मैं एक चटपटी गोष्ठी का आनन्द लेता रहा, पर दूसरे दिन अधिकांश बच्चों की तबीयत ख़राब थी।

फिर एक दिन बूढ़ा आया और मैंने उसे धीरे-धीरे चरखी पर चढ़ाया तो पता चला कि बरसात के इस बुसाऊ मौसम में पहले दिन जो चाट बिकने से बच गयी थी, उसे भी उसने दूसरे दिन की चाट में मिला दिया था।

मैंने सोचा, यह ग़रीब चाटवाला भी, जो दूसरों के स्वास्थ्य से अपने कुछ पैसों को अधिक महत्त्व देता है, पूरा धनपशु है।

छह

चाटवाला चला गया तो मैं पिछले पन्द्रह वर्षों में बिखरे धनपशुता के इन सूत्रों को मिलाकर एक सीधा-सच्चा, पर समर्थ सूत्र बनाने लगा। धागे मिलते रहे, टूटते रहे, जुड़ते रहे और तब यह सूत्र हाथ लगा :

"जीवन में हम क्या करें, क्या न करें ? इस प्रश्न के समाधान और निर्णय का मापक तत्त्व है सत्य, न्याय, औचित्य और सौन्दर्य। हमारा हर निर्णय सत्य से, न्याय से, औचित्य से और सौन्दर्य से समर्थित हो, पर इनकी उपेक्षा करके जब हम अपने निर्णय को धन के लाभ या बचत की दृष्टि से करते हैं तो धनपशु हो जाते हैं; भले ही यह लाभ या बचत एक आना हो या एक करोड़ रुपये; क्योंकि धनपशुता धनपतित्व का अनिवार्य अंग नहीं, यह एक वृत्ति है। कुछ पैसे के लिए एक शब्द कम करके जो मनुष्य तार की स्पष्टता, उसका सौन्दर्य नष्ट करता है, वह भी निश्चय ही धनपशु है।

सात

और तब मुझे याद आ गयी वह ऐंग्लो इण्डियन महिला, जिससे अचानक उस साल शिमले में परिचय हो गया था। मिस नार्मन साड़ियों की एक बहुत

बड़ी दूकान में सेल्समैन थी और उसका मुख्य काम था ग्राहक स्त्रियों को एकान्त कमरे में साड़ी पहनाकर ख़रीदारी के लिए तैयार करना, दूसरे शब्दों में साड़ियों के चुनाव में सहायता देना।

मैं यों ही एक पत्रकार की झक में दूकान देख रहा था कि एक दम्पती आये। दोनों साहब थे, पर यह तय करना कठिन था कि दोनों में अधिक काला कौन है। श्रीमतीजी ने चार-पाँच साड़ियाँ चुनीं और मिस नार्मन के साथ कमरे में चली गयीं। वहाँ से वह क़रीने के साथ जो साड़ी पहने हुए आयीं, उसका रंग गाढ़ा था और किनारे बॉर्डर से इतने भारी कि देवीजी मुझे साँझी-सी लगीं।

उनके पति ने मिस नार्मन से रंग और भारीपन की शिकायत की तो वे एक दूसरी साड़ी दिखाकर बोलीं, "भद्र पुरुष, मेरा समर्थन तो इस साड़ी को प्राप्त है, पर श्रीमतीजी की पसन्द उसके पक्ष में है।" सचमुच वह साड़ी बहुत फबने वाली थी।

पति ने रुपया दिया और चले गये। तभी मैंने आगे बढ़कर कहा, "मेरी बहन, क्या मैं इस साड़ी को देख सकता हूँ ?" सम्बोधन से वह प्रसन्न हुई और साड़ी उसने मुझे दिखायी। इस साड़ी की क़ीमत दो सौ पैंतीस रुपये थी और जो वे ले गयीं उसके दाम थे तीन सौ बासठ रुपये।

"माफ़ करना बहन, एक प्रश्न है कि आप उसे कम क़ीमत की साड़ी का सुझाव क्यों दे रही थीं ?" मैंने गहरे होकर पूछा तो बहुत ही सधे स्वर में मिस नार्मन ने कहा, "मेरे भाई, मेरा काम ग्राहकों के बटुए ख़ाली कराना नहीं, उन्हें चुनाव में सहायता देना है।"

मैं उसे धन्यवाद दे लौट आया, पर इतने वर्षों के बाद भी मिस नार्मन मेरे सामने खड़ी हैं और उनके साथ ही वह काली मेम भी—वही बेतुकी साड़ी पहने और पहने क्या, बस लादे !

मैं सोच रहा हूँ इन दोनों महिलाओं के ठीक बीचोंबीच धनपति औ धनपशु की वह विभाजक रेखा खिंची है, जिसे मैं इतने वर्षों से खोज रह था। यह काली महिला है धनपशु का प्रतीक; क्योंकि इसके चुनाव क आधार है धन और यह गोरी महिला है धनपति; क्योंकि इसके सुझाव क आधार है सौन्दर्य, औचित्य और न्याय !

चिड़िया, भैंसा और बछिया

पेट तो भर गया, पर आधी रोटी थाली में शेष है। भीतर से एक ने ताना फैलाया, "अरे, खा भी लो, दो टुकड़े ही तो हैं; और दूसरे ने बाना भर दिया, तुम तो कभी जूठा छोड़ते ही नहीं, बस चार बार मुँह और चलाओ कि थाली साफ़।"

देख रहा हूँ ताना भी ठीक है और वाना भी ठीक, पर आहार-विहार में इतना भोला होता और ऐसी सिफ़ारिशें सुना करता तो अबतक तीन बार प्लूरिसी में मर चुका होता !

फिर छोड़िए मरने-जीने की बात, दो टुकड़ों के मोल रात-भर की खट्टी डकारें खरीदना, मुझे तो कुछ बुद्धि का व्यापार दिखाई नहीं देता।

मैं उठ खड़ा हुआ, पर इस आधी रोटी के सदुपयोग की बात मेरे मन में थी तो आधी रोटी हाथ में लिये, मैं बाहर आया कि ये चिड़ियों को चुगा दूँ, पर देखता हूँ कि ठेले वाले का भैंसा सामने बँधा है।

चिड़ियों का हमारे जीवन से भला क्या सम्बन्ध ? सुबह ही सुबह नींद उचटाने वाली चूँ-चूँ और घर में तिनके-बीटों का कूड़ा। हूँ : चली बड़ी चिड़िया की बच्ची कहीं की ! भैंसा हमारे लिए उपयोगी है, समाज का बोझ ढोता है, सौ काम करता है।

भीतर से किसी ने यह ताना-बाना पूरा कि मैं अपनी आधी रोटी लिये भैंसे की ओर बढ़ा, पर देखता हूँ, सामने ही खड़ी है पड़ोस के बाबूजी की बछिया। गाय के प्रति हिन्दू की सहज निष्ठा है। मैं उस ओर खिंच गया और बड़े लाड़ से वह रोटी बछिया को खिला दी।

दो

रोटी खिला दी, काम निमटा, पर काम कहाँ निमटा, मेरी रज़ाई की मुलायम बुक्कल में कहीं से यह एक प्रश्न जो उभर आया है : क्योंजी, ममता जो मानव की सहज वृत्ति है, उसमें यह उपयोगिता का भेद कहाँ से आ घुसा ? यह ममता की शुद्धता का संहारक है या उसकी दिशा का सूचक ?

प्रश्न अपने में साफ़ है, पर मैं उसे ज़रा और भीतर तक समझना चाहता हूँ। मेरे पास धन है, मैं उसे कुकर्मों में उड़ा रहा हूँ। मेरे पास धन है और मैं उसे सुकर्मों में लगा रहा हूँ। मेरे पास धन है, पर न मैं उसे खाता हूँ न ख़र्चता हूँ, बस दबाये बैठा हूँ।

हमारे भीतर एक बोध-वृत्ति है जो कहती है कि पहली और तीसरी बात बुरी है और दूसरी अच्छी है। मन की बात है, बिना किसी बहस-दलील के मन में समा जाती है, हाँ जी, दूसरी ही बात अच्छी है, फिर भी यह पूछने की गुंजाइश तो है ही कि क्यों अच्छी है ?

उत्तर साफ़ है कि उपयोग के आधार पर और यह उत्तर साफ़ है तो यह निष्कर्ष भी साफ़ है कि उपयोगिता ही जीवन का एक मानदण्ड है, जो हमारी प्रवृत्तियों का मूल्य आँकती है।

मैंने सोचा, तब मैंने ठीक किया कि रोटी न चिड़ियों को दी, न भैंस को खिलायी, बछिया को भेंट कर दी। अपने निर्णय की प्रशंसा से मेरा आप आप ही आप भर गया और मैं सुख से लेट गया।

तीन

लेटते ही मुझे याद आ गयी, अपने पुराने पड़ोसी रामदयाल की। उनके तीन पुत्र थे। बड़ा था भंगड़–शाम को ऐसी चकाचक छानता था कि गुच; हाथ कटड़ा दिखाई दे तो भैंस भौंरा, पर लुत्फ़ यह कि नशे की झोंक में भी उ यह ध्यान रहता था कि कैसे वह अपने पिता के पैसे चुराये और नशे क ख़ुमारी पर रबड़ी की तह दे सके !

दूसरा लड़का गूँगा–कभी के अभिशापों को भोगने ही जैसे जगत् आया हो–न पढ़ा, न लिखा, कोरा लट्ठ !

तीसरा लड़का कचहरी में नौकर, तनख्वाह अच्छी और उससे भी अच्छी ऊपर की आमदनी।

रामदयाल रात-दिन अपने छोटे लड़के के गीत गाता और उसकी ख़ूब ख़ातिरें करता। बड़ा लड़का अपनी बदमाशियों से मतलब भर को उचक लेता, पर वह गूँगा लड़का कमाने के लायक़ नहीं, उचकने में असमर्थ—सब तरह दूसरों की दया पर निर्भर। दूसरे भाइयों के फटे कपड़ों और टूटे जूतों पर उसे जीना पड़ता।

एक दिन वह कमाऊ पूत भोजन पर बैठा तो उसमें मक्खी निकल आयी। वह बहुत नाराज़ हुआ और जूठा खाना छोड़कर उठ गया। बाप ने सबको गालियाँ दीं, उसे मनाकर लाया और नयी थाली परोसकर भोजन कराया।

गूँगे से कहा गया कि भाई की जूठी थाली में वही मक्खी वाला खाना वह खा ले, पर वह तैयार न हुआ। बाप को गुस्सा आ गया और गूँगे पर तगड़ी मार पड़ी। पेट में भूख की कचोट, तन पर मार की चसक और कलेजे में अपमान का नासूर, बेचारा दिन-भर बहुत दुःखी रहा।

मेरे पिता ने शाम को उसे बुलाकर चाय पिलायी, खाना खिलाया और पुचकारा, दुलारा। बाहर से मैं लौटा तो सारा क़िस्सा उन्होंने मुझे सुनाया, और बोले, "कैसा राक्षस बाप है रामदयाल।"

रामदयाल की याद आयी तो उस याद में से झाँक पड़ा यह प्रश्न, उपयोगिता के आधार पर ममता का बँटवारा करने वाला रामदयाल राक्षस है तो फिर तू ही कहाँ का देवता है ?

चार

प्रश्न मेरे ही विरुद्ध है, मुझे ही झकझोरता है पर देख रहा हूँ इससे मेरे ही भीतर एक मीठी रोशनी फैल रही है और मैं सोच रहा हूँ, सम्पूर्ण ममता, अपने-बेगाने, मनुष्य-पशु, देश-विदेश सबके प्रति समान ममता, अखण्ड प्रेम ही देवत्व का पथ है। 'ना जाने किस रूप में नारायण मिल जाएँ' सन्त तुलसीदास की यह सूक्ति जीवन की अखण्डता का ही तो निर्देश करती है। धर्म और राजनीति दोनों ही आज इस अखण्डता के विरुद्ध बाग़ी होकर जी

रहे हैं और तभी यह विश्व नरक का अखाड़ा बना हुआ है।

भोजन के बाद खाने के लिए रखा हुआ सेब मैं उठकर उठा लाया और मैंने उसके चार टुकड़े कर डाले। एक भैंसे को दिया, एक बछिया को, एक अपने मुँह में और एक की किरचें कर चिड़ियों को बिखेर दीं।

मैं ऐसी जगह खड़ा था, जहाँ से भैंसा, बछिया और चिड़ियाँ दिखाई दे रही थीं। हम सब एक ही सेब का रस ले रहे थे और मैं हलके-हलके यह अनुभव कर रहा था कि हम सबको जीवन का एक ही प्रवाह घेरे चल रहा है।

पाँच सौ छह सौ क्या ?

डॉक्टर भी. ला. आत्रेय अपनी व्याख्यान-यात्रा समाप्त कर अमेरिका से लौटे तो मैंने उनसे कई प्रश्न पूछे। उन्हीं में एक यह था, "आप स्वयं एक विद्वान् हैं और इस नाते निरन्तर अपने देश में विद्वानों के सम्पर्क में रहे हैं। अमेरिका में भी आप अनेक विद्वानों से मिले होंगे। क्या वहाँ के विद्वानों में और भारत के विद्वानों में आपको कुछ अन्तर दिखाई दिया ?"

डॉक्टर आत्रेय ने इसका उत्तर दिया था, "वहाँ के विद्वान् बहुत 'ऐक्ज़ेक्ट' हैं और कभी अपने अनुभव से बाहर नहीं जाते।"

ऐक्ज़ेक्ट ? और मैं रल-सा गया था तो उन्होंने कहा था, "हमारे विद्वान् निर्णय पहले कर लेते हैं और बाद में अध्ययन करके निष्कर्ष निकालते हैं। हम लोग ऊपर से नीचे जाते हैं, वे नीचे से ऊपर आते हैं। बातचीत में वे उतना ही कहते हैं, जितना उनके अनुभव में या अध्ययन में निश्चित रूप से आ चुका होता है। इसीलिए उनसे मिलकर एक गहराई और स्थिरता का स्पर्श अनुभव होता है और एक निश्चित परिणाम पर हम पहुँचे होते हैं !"

कामचलाऊ रूप में उनकी बात मेरी समझ में आ गयी थी, पर 'ऐक्ज़ेक्ट' का पूर्ण भाव-स्पर्श मुझे नहीं हुआ था और कभी-कभी यों ही यह ऐक्ज़ेक्ट शब्द मेरे भाव-मानस में कुछ खोजता-सा टकराया करता था। तभी मैंने पढ़ा चीनी दार्शनिक लिन यू तांग का एक उद्धरण।

उसमें कहा गया था कि अमेरिकन और एशियाई मनोवृत्ति में जो अन्तर है वह इस उद्धरण से स्पष्ट हो सकता है कि यदि किसी अमेरिकन इंजीनियर को एक सुरंग खोदने का काम दिया जाए तो वह इतनी बारीक़ी से उसका

नक़्शा बनाएगा कि दोनों ओर से खुदती हुई सुरंगें जब कहीं बीच में मिलकर एक होंगी तो उसकी सीध में ज़रा भी फ़रक़ नहीं होगा, पर एशियाई इंजीनियर का नक़्शा ऐसा भी बन सकता है कि दोनों तरफ़ से खुदती हुई सुरंगें कहीं बीच में मिलें ही नहीं और दोनों आर-पार हो जाएँ। मज़ेदार बात यह है कि यदि अमेरिकन इंजीनियर की सुरंग में दो-चार इंचों का फ़रक़ रह गया तो वह इसे अपनी बहुत बड़ी हार मानेगा, पर एशियाई इंजीनियर सुरंग के बीच में कहीं न मिलने पर भी कहेगा, चलो कोई बात नहीं एक नहीं तो दो रास्ते हो गये !

पढ़कर ख़ूब हँसी आयी, पर ऐक्ज़ेक्ट का ऐक्ज़ेक्ट अर्थ पूरी तरह समझ में आ गया। ऐक्ज़ेक्ट, एकदम निश्चित, जिसमें बाल बराबर फ़रक़ न हो !

हम उन दिनों अपने ज़िले के शारीरिक प्रदर्शन-समारोह की तैयारियाँ कर रहे थे। रुड़की का फ़ौजी मैदान इसके लिए चुना गया था। एक दिन प्रदर्शन के मुख्य विधाता भाई गंगाधर सिंह प्रबन्ध-व्यवस्था के सम्बन्ध में छावनी के फ़ौजी अधिकारी से मिले। बातों-बातों में अधिकारी ने पूछा, 'प्रमुख दर्शकों के लिए आपको कितनी कुरसियाँ चाहिए ?'

सादगी से गंगाधर सिंह बोले, "यही पाँच-छह सौ कुरसियाँ काफ़ी होंगी।"

झपाटा मारते से अधिकारी ने कहा, "यह पाँच सौ छह सौ क्या; 509, 513, 525, 572, 585, 595 या 600 कहिए।"

सचाई यह है कि विचारों में, बातों में और व्यवहार में ऐक्ज़ेक्ट होना, सुनिश्चित होना जीवन की ऊँचाई का मानदण्ड है। उस दिन मैं और श्री ओमप्रकाश मित्तल कहीं जा रहे थे कि एक मित्र मिले। बोले, "कल किसी समय आपसे मिलने आऊँगा।"

मित्तलजी ने कहा, "किसी समय नहीं, इसी समय बताइए कि किस समय आइएगा ?"

बात हँसकर कही गयी थी पर ठीक थी, क्योंकि 'कल किसी समय' में दिन के दस-बारह घण्टे तो थे ही, रात के चार-पाँच घण्टे भी शामिल थे। इस दशा में कोई किसी से मिलने को कबतक बैठे; और ख़ासकर उस दशा में जबकि उनका आना न आना दोनों सम्भव है !

वे बोले, "दोपहर बाद आऊँगा।"

वही बात कि वे अपने कार्यक्रम में ऐक्ज़ेक्ट नहीं थे। न एक बजे, न ढाई बजे, न सवा चार बजे, न पौन पाँच बजे, बस दोपहर बाद !

यहीं सामने आ गया है गाँधीजी और सरदार का एक मज़ेदार संस्मरण। दोनों किसी मसले पर बातें कर रहे थे कि रोककर सरदार ने कहा, "अजी, छोड़िए इन बातों को और यह बात बताइए कि कितनी खजूर भिगोऊँ ?"

"पन्द्रह खजूर भिगो दो।" गाँधीजी ने कहा।

"पन्द्रह नहीं, बीस भिगोता हूँ, अन्तर ही क्या है पन्द्रह और बीस में !" सरदार बोले।

"अच्छा, तो दस भिगो दो।" गाँधीजी ने कहा।

"एं ! दस ही ?" सरदार चौंके तो गाँधीजी ने कहा, "ऐं क्या; जब पन्द्रह और बीस में अन्तर नहीं। तो दस और पन्द्रह में ही क्या अन्तर है ?"

दस और पन्द्रह में जो अन्तर है, सो तो है ही, पर सात और आठ में उससे भी बड़ा अन्तर है, यह उस दिन जाना।

"कहो भाई किस गाड़ी से जा रहे हो ?" श्री ओमप्रकाश मित्तल ने एक मित्र से पूछा तो बोले, "सात-आठ बजे वाली गाड़ी से जा रहा हूँ।"

मुसकराकर मित्तलजी ने कहा, "आपको गाड़ी अवश्य मिल जाएगी।"

"क्यों, क्या बात है ?" उन्होंने पूछा तो उत्तर मिला, "नहीं, कोई ख़ास बात नहीं, सिर्फ़ यह बात है कि आप सात बजे स्टेशन गये तो आपको दिल्ली जाने वाली गाड़ी मिलेगी और आठ बजे गये तो अम्बाला जाने वाली, पर गाड़ी ज़रूर मिलेगी।"

ओह, एक घण्टे का इतना मूल्य कि पूर्व को जाने वाला यात्री पश्चिम को चल पड़े। फिर घण्टा ही तो समय की सबसे छोटी इकाई नहीं है ! उसका साठवाँ भाग मिनट है और उसका भी साठवाँ भाग है सेकेण्ड ! देखी तो होगी आपने सेकेण्ड की सुई, जो पलक झपकते अपना चक्कर पूरा कर लेती है ?

और यह मिनट और सेकेण्ड इतने शक्तिशाली तत्त्व हैं कि मनुष्य का भाग्य बदल सकते हैं, क्योंकि यदि आपके जन्म का समय नोट करने में माता-पिता ज़रा भी चूक गये हों तो फलित ज्योतिष के अनुसार आपका

जन्म-लग्न बदल सकता है और उसके कारण आपके भाग्य का पूरा फलादेश भी। इस दशा में आप एक अच्छी दुलहिन पाने से वंचित रह सकते हैं; क्योंकि अब आपकी कुण्डली उसकी कुण्डली से नहीं मिलती !

फिर मिनट-सेकेण्ड का मामला पुराण-पन्थियों का ही तो प्रश्न नहीं कि हम उन्हें दक़ियानूस कहकर टाल दें, यह तो एक वैज्ञानिक प्रश्न है। अन्तर्राष्ट्रीय ज्योतिष सम्मेलन ने अपने डबलिन अधिवेशन में आज के सेकेण्ड को बहुत बड़ा मानकर एक नये छोटे सेकेण्ड की रचना की है। इसके अनुसार साढ़े चौंसठ दिन में मनुष्य को एक सेकेण्ड का, प्रतिवर्ष साढ़े पाँच सेकेण्डों का और प्रति ग्यारह वर्षों में एक मिनट का लाभ होगा। और भी ज़रा आगे बढ़ें तो छह सौ पचपन वर्षों में एक घण्टा !

क्या हम उसे उन वैज्ञानिकों की झक मानें ? तेनसिंह और हिलैरी एक साथ एवरेस्ट पर चढ़े, पर संसार का यह अत्यन्त महत्त्वपूर्ण प्रश्न रहा कि दोनों में पहले किसने अपना क़दम ऊपर रखा ? ठीक है कि दोनों में बहुत अन्तर नहीं हो सकता, पर इस नगण्य अन्तर के गर्भ में ही एक बड़ा प्रश्न छिपा है, 'संसार के सबसे ऊँचे शिखर का विजेता पूर्व को माना जाए या पश्चिम को ?' इस बड़े प्रश्न का एक काल्पनिक प्रश्न है, जो इस पर तेज़ रोशनी डालता है, यदि मंगल लोक के लिए अमेरिका और भारत से एक साथ दो जहाज़ उड़ें और दोनों ही तीन बजकर पैंतीस मिनट पर मंगल में प्रवेश करें तो प्रथम प्रवेश का श्रेय किसे मिलेगा ? निश्चय ही उसे, जिसे इस नयी छोटी सेकेण्ड का समर्थन प्राप्त होगा।

फिर जीवन में ऐक्ज़ेक्ट होने के लिए सेकेण्डों, मिनटों, घण्टों या दिनों का ही तो प्रश्न नहीं है, उसके लिए एक शब्द और एक स्पर्श का भी महत्त्व है। दोनों का उदाहरण महादेव भाई की डायरी में सुरक्षित है।

गाँधीजी ने उस समय के भारत-मन्त्री सर सैम्युअल होर को जेल से एक पत्र लिखाया। उसमें एक वाक्य था, "मैं आपका बहुत आभारी हूँ" पर बाद में उन्होंने 'बहुत' शब्द निकलवा दिया।

उसी जेल में एक दिन सरदार पटेल गाँधीजी के लिए सोडा और नीबू पानी में घोल रहे थे कि उन पर गाँधीजी की तगड़ी झाड़ पड़ी, "क्या आपको नर्सिंग का एक कोर्स देने की ज़रूरत नहीं है ? देखिए तो आपने चम्मच

ऊपर पकड़ने के बजाय ठेठ मुँह के पास पकड़ा है। यह सारा चम्मच गिलास में जाएगा, इसलिए उस जगह उसको हाथ से छूना ही नहीं चाहिए। और जिस रूमाल से आपका मुँह पोंछा जाता है, उसी से आपने इस चम्मच को साफ़ किया। आपको मालूम है कि कोई नर्स ऑपरेशन के कमरे में ऐसा करे तो उसे बर्खास्त कर दिया जाए !"

तो जीवन का नाश करने वाले दोष प्रमाद से बचिए, हौलूपन और लूलूपन दोनों से दूर रहिए, व्यवस्था और नियमितता के नियमों का पालन कीजिए और संक्षेप में, ठीक तरह काम कीजिए, ठीक समय काम कीजिए, ठीक काम कीजिए; यानी ऐक्ज़ेक्ट रहिए।

बिड़ला-मन्दिर देखने चलोगे ?

उस दिन दिल्ली में एक मित्र से मिलने सुबह ही सुबह उनके घर गया तो मिलते ही बोले, "बिड़ला-मन्दिर देखने चलोगे ?" उनकी सालीजी आयी हुई थीं और वे उनके साथ बिड़ला-मन्दिर जाने को तैयार थे। मेरे पास न समय था, न रुचि, मैं कुछ देर मित्र से बातें कर चला आया।

बाज़ार से कुछ चीज़ें खरीदीं और तब एक-दूसरे मित्र के घर जा निकला। समय की बात, उनके भी कुछ सगे-सम्बन्धी आये हुए थे और वे कहीं जाने की तैयारी में थे। छूटते ही पूछ बैठे, "भाई साहब, बिड़ला-मन्दिर देखने चलोगे ?" मुझे जाना नहीं था, लौट आया।

दो-चार गलियाँ पार कर चाँदनी चौक में आया ही था कि एक मोटर मेरे पास आकर ठहर गयी। देखा, पूरे परिवार और कुछ दूसरों के साथ मोटर में भरे वे कहीं जा रहे हैं। वे, मेरे एक मित्र और बस वही प्रश्न—"चलिए, चलते हैं बिड़ला-मन्दिर देखने ?"

मैंने हाथ जोड़े और आगे बढ़ा, पर देखता हूँ एक प्रश्न सामने खड़ा है—ये सब बिड़ला-मन्दिर देखने जा रहे हैं तो क्या यह विशाल मन्दिर सिर्फ़ देखने के ही लिए है ?

जानता हूँ देखना जीवन का कोई साधारण सुख नहीं है, आँख है तो जहान है, पर मैं एक आस्तिक प्राणी हूँ और अशान्ति के अनेक अवसरों पर मन्दिरों के वातावरण में शान्ति पा चुका हूँ। हरद्वार में मीलों की चढ़ाई चढ़कर अनेक बार मैं चण्डी के मन्दिर में पहुँचा हूँ और फिर वहाँ से नीचे उतर कर गौरीशंकर के मन्दिर में गया हूँ, शाकम्भरी के वन में विहरा हूँ

और हृषीकेश के वन को पार कर आकाश तक की चढ़ाई चढ़ मैंने नीलकण्ठ के मन्दिर में भी अपने को पाया है।

ये सब तीर्थ हैं और जीवन के निर्माण में, उसे बहिर्मुखता से मोड़कर अन्तर्मुख करने में सहायक-साधन हैं। मैं जब पहली बार बिड़ला-मन्दिर गया, मुझे यह बात खटकी थी कि वहाँ कोई पूजन नहीं कर सकता, केवल दर्शन कर सकता है, पर दर्शन भी देखना ही रह गया है, यह आज जाना।

दिल्ली का लाल क़िला भी देखना है और बिड़ला-मन्दिर भी वैसे ही, जैसे संसद-भवन भी और क्या वैसे ही कि जैसे सिनेमा का कोई शो भी ?

दर्शन और देखना, देखना और दर्शन, दोनों मेरे भीतर आगे-पीछे घूम रहे हैं। वे क्या घूम रहे हैं, मैं ही घूम रहा हूँ। घूम इतनी तेज़ है कि अपनी प्रौढ़ वय में ही मैं कोई पाँच-छह वर्ष का बालक हो गया हूँ और हरद्वार में गंगा नहाने पहुँचा हूँ। माँ मेरे साथ है और वह चाहती है कि मैं गंगा में घुस कर गोते लगाऊँ, पर इतनी विशाल गंगा और यह तेज़ धारा, मेरी हिम्मत नहीं होती।

माँ जल से ऊपर की पैड़ी पर बैठ गयी और उसने मेरा एक हाथ मज़बूती से पकड़कर मुझे दो पैड़ी जल में उतार दिया। माँ के हाथ में मेरा हाथ है और मैं छबकछब नहा रहा हूँ—वाह, क्या आनन्द है ?

और बस मैं फिर बालक से प्रौढ़ हो गया हूँ। देखता हूँ चाँदनी चौक में चला जा रहा हूँ, मेरे भीतर घूम रहे हैं दर्शन और देखना, देखना और दर्शन और मैं अब पकड़ पा रहा हूँ जीवन का यह सत्य कि दर्शन है माँ का हाथ पकड़कर गंगा में नहाना !

क्या मतलब ? हाँ, ठीक है, सत्य का सूत्र हाथ आ गया है और उसकी व्याख्या अभी शेष है। हम देवता की मूर्ति के दर्शन करते हैं तो माँ का हाथ पकड़कर नहाते ही तो हैं। मनुष्य के भीतर, उसकी पार्थिव देह के अन्तर में चैतन्य की एक विशाल और तेजस्वी धारा बहती है, पर अपनी बहिर्मुखता में डूबे हम उसमें उतर नहीं पाते, उसके स्पर्श का सुख नहीं ले सकते तो अपनी सारी बहिर्मुखता को बाहर स्थित देवता की प्रतिमा में थमा-अटका, भीतर बहती चैतन्य की उस धारा का एक नन्हा-सा स्पर्श ले लेते हैं। यही दर्शन है।

और देखना फिर क्या है ? प्रश्न ठीक है। देखना एक तो देखना ही है कि जो आँखों के सामने आया दिख गया—देख लिया और एक देखना है विशेष वस्तु का देखना, लाल क़िले का देखना, किसी दूसरी सुन्दर वस्तु का देखना, उसका देखना जिसे हम प्यार करते हैं। यह देखना ही असल में देखना है और इसका अर्थ है अपनी सारी बहिर्मुखता को, जो यहाँ-वहाँ बिखरी है, किसी बाहरी, पर विशेष वस्तु में एकत्रित करना।

और लो, खरीज का रुपया बनाये दे रहा हूँ—दर्शन है आन्तरिक एकाग्रता और देखना है बाहरी एकाग्रता। पहली विकास का पथचिह्न है और दूसरी विलास का।

दर्शन और देखना की धूम पूरी हो गयी है, पर एक नया प्रश्न फूट आया है : तो क्या बिड़ला-मन्दिर भी हमारी 'लक्ज़ूरियस लाइफ़' का ही एक चोचला है, वह जीवन की विलासिता का ही एक अंग है ? उसका कार्य हमारा मनोरंजन करना ही है, मानस-विकास नहीं ? वह दर्शन की भी नहीं; बस देखने की ही एक चीज़ है ?

मेरे पैर सड़क पर इच्छित दिशा में बढ़े चले जा रहे हैं, पर मस्तिष्क में वही प्रश्न घूम रहा है—तो बिड़ला-मन्दिर भी देखना है और लाल क़िला भी, वैसे ही जैसे संसद-भवन और वैसे ही जैसे सिनेमा का कोई शो भी ?

पैरों का काम पूरा हो गया और यह लो मैं अपने मित्र के द्वार पर हूँ। भीतर गया तो देखा, मित्र तो नहीं हैं, उनकी पत्नी हैं। उन्हें देखते ही मेरा प्रश्न जैसे फूट पड़ा, "आपने कभी बिड़ला-मन्दिर देखा है भाभी ?"

उत्साह से बोलीं, "हाँ भैया, देखने लायक़ जगह है वह तो ! हमारे यहाँ कोई मेहमान आता है, तुम्हारे भाई साहब उसे ज़रूर दिखाने ले जाते हैं। क्यों, तुमने नहीं देखा क्या ?"

उनके उत्साह से मैं और गहरे में उतर गया। हर खोज देखने लायक़ पर पहुँचती है। मन की उधेड़-बुन यह है कि वह कुछ और हो, पर नहीं, देखने लायक़ ही है बिड़ला-मन्दिर ! मेरी आस्तिकता विह्वल होकर पूछती है—अरे देखने लायक़ तो हर तमाशा होता है, इसे तो तीर्थ होना चाहिए, जहाँ निर्माण की प्रेरणा मिले, निर्माण का उद्‌बोधन !

मुझे लगा कि मेरे भीतर एक आँधी चल पड़ी है—विचारों की, मन्थन

की, चिन्तन की आँधी और उसी में कहीं से सुन पड़ी यह बाँसुरी, "मूर्ख, धन तमाशे का ही निर्माण कर सकता है, तीर्थ का नहीं, तीर्थ का निर्माण करने की शक्ति तो केवल तप में है !"

आँधी शान्त हो चली है और तीर्थ के वातावरण से मेरा मन भर उठा है। मैं यह भूल गया हूँ कि कहाँ, किसके निकट हूँ और मेरी आँखें बन्द हो गयी हैं, हाथ भी परस्पर आ जुड़े हैं।

भाभी ने मुझे इस मुद्रा में देखा है और चुटकी ली है, अरे भाई, यह क्या पूजा-सी कर रहे हो ?

प्रश्न ने मुझे समेट लिया है, मैं अपने में सिमट आया हूँ, पर अनुभव कर रहा हूँ कि मैं अभी हाल किसी तीर्थ में भक्ति-भाव से आत्मचिन्तन कर लौटा हूँ।

छोटा-सा पानदान, नन्हा-सा ताला

उस दिन दिल्ली जा रहा था। खेतों में प्रकृति का महोत्सव हो रहा था। उगे-उभरे गेहूँ के खेत हरी मखमल के क़ालीन से और बीच-बीच में पका-पनपा ईख, सरसों की पीली छिटक तो मटर के तितलियों से होड़ बाँधते रंग-बिरंगे फूलों की बहार। देखो तो आँखें ठण्डी हों, सोचो तो दिमाग़ में कारीगरी के पौधे खिल जाएँ और समझो तो बस समझने को कुछ बाक़ी न रहे, जंगल का हर पत्ता एक उपन्यास हो रहा था।

इसी उपन्यास को पढ़ते-पढ़ते रेल के डिब्बे में झाँका तो देखा मेरे सामनेवाले सज्जन अपने छोटे-से पानदान से निकालकर पान का टुकड़ा खा रहे हैं। अरे साहब, उन्होंने पान खाया और पानदान पर एक नन्हा-सा ताला लगाकर रख दिया।

मैं फिर अपने खेतों में उलझ गया और यों ही फिर डिब्बे में झाँका तो वही दृश्य कि उन्होंने पानदान निकाला, ताला खोलकर पान लगाया-खाया और सावधानी से ताला बन्द कर रख दिया।

क्या इस आदमी के इतने दुश्मन हैं कि इसे पान में भी विष का भय है ? या यह आदमी इतना संकीर्ण है कि अपना पानदान अपनों से भी अछूता रखना चाहता है ? ये दो प्रश्न मन में उठे तो सही, पर इनका समाधान कैसे हो ? यह लिपटी हुई जन्मपत्री खुले कैसे ?

मैंने उस आदमी की आकृति का अध्ययन आरम्भ किया। उम्र कोई साठ साल, स्वास्थ्य साधारण, चेहरे पर कठोरता और रोब। मुझे लगा कि पानदान के ताले का मार्ग कहीं इधर ही है और तब मैंने उन्हें बातचीत की खराद पर चढ़ाया। पता चला कि हज़रत के घर में बेटे हैं, पोते हैं, पोतियाँ

, बहुएँ हैं, पेंशन आती है, घरवाली मर गयी है, बेटे मामूली हालत में —पढ़ाने की बहुत कोशिश की, पर पढ़े ही नहीं कम्बख्त। आप भी मामूली र्दू जानते हैं। पिछली लड़ाई में लड़े थे। कई इनाम मिले। अब रुपया सूद र चलाते हैं।

इस जानकारी को मथकर मैंने यह सार निकाला। बूढ़ा, अपत्नीक, ोजी और सूदखोर। विष का इसे ख़तरा नहीं, लोभ और चिड़चिड़ेपन की सवीर है यह ताला।

अब मुझे अपनी परीक्षा करनी थी। मैंने प्रश्न का बाण निशाने पर खा—''मालूम होता है क़िब्ला, पोती-पोते बहुत तंग करते हैं। इस ताले से ापने उनका ख़ूब इलाज किया है।''

बूढ़े की आवाज़ गले आते-आते रुकी तो मैंने सिसकारी दी, ''सचाई ह है बड़े मियाँ कि बच्चों का हाथ पड़ने से पान का मज़ा किरकिरा हो ाता है।'' बूढ़ेजी खुल पड़े, ''बच्चे तो हैं ही साहब, पर बहुएँ उनसे भी ढ़कर शैतान की परकाला हैं। एक मिनिट चैन नहीं लेने देतीं, ज़रा आँख ची कि पान साफ़।''

मैं अपनी परीक्षा में पास हो गया था और अब बूढ़े में मुझे कोई लचस्पी न थी तो मैं फिर अपने खेतों में था और सोच रहा था, यह ताला ढ़े के पानदान पर नहीं, जीवन के आनन्द-स्रोत पर ही लगा हुआ है।

मेरे गले में एक गुनगुनाहट आ समायी और उसमें से प्रस्फुटित हुईं ीन्द्रनाथ की वे पंक्तियाँ जिनका भाव है, ''मैं पाप और कल्मष से अपने बचाने के लिए, चारों ओर के द्वार बन्द कर बैठ गया। बाहर से त्य-पुण्य ने पुकारा, द्वार बन्द है, कैसे हम तुझ तक आएँ ?''

ठीक ही है, जो ताले में बन्द है, उस तक कोई कैसे पहुँचे ? फिर यह ाई सत्य हो या पुण्य, आनन्द हो या रस।

दो

र ताला, क्या लोहे पीतल का ही ताला, जैसा बड़े मियाँ ने अपने पानदान लगा रखा है ?

प्रश्न अजीब है, अजीब कुछ अद्भुत नहीं, निरर्थक-अर्थहीन, क्योंकि ताला होता ही लोहे पीतल का है पर ना, प्रश्न सार्थक है—सार्थक ही क्यों बहु-अर्थक है, अनेक अर्थवाला।

निरर्थक और सार्थक की समीक्षा में ध्यान आठ हज़ार फ़ीट ऊँचे एक पर्वतीय नगर में चला गया है। लताओं का एक निकुंज और उससे सटकर बिछी सीमेण्ट की बेंच। पर्वत, वन, एकान्त और शीतल वातावरण। मैं बैठा हूँ, कहीं आस-पास कोई नहीं है, आँखों में पर्वत के शिखर हैं तो मन में भारत के भविष्य की झाँकी। जीवन के कितने स्रोत प्रवाहित हो रहे हैं उस भविष्य में कि सारा वातावरण रस से ओत-प्रोत है। वाह, कैसे सजीव गाँव, कैसे लहलहाते खेत, हँसते-खेलते बालक, उभरते तरुण, उत्फुल्ल रमणियाँ और शान्त-प्रसन्न बूढ़े। गाँव की यह ताज़गी मुझ पर छायी जा रही है।

तभी तीन सज्जन कहीं से उस बेंच पर आ गिरे ! अशिष्ट होकर नहीं, सत्यदर्शी होकर कह रहा हूँ—आ गिरे ! कोई एकान्त में आकर जाने किस ध्यान में बैठा है, इसका उनके लिए कुछ अर्थ ही न था। मैं उन्हें देख रहा हूँ और सोच रहा हूँ ये तीनों भौंदू पढ़े-लिखे हैं, पर इन्हें यह ध्यान ही नहीं है कि कहाँ बैठें, कैसे बैठें और कैसे बातचीत करें। मैंने झुककर उन तीनों के पैरों की ओर झाँका। उनमें कोई भी लँगड़ा न था। इस बेंच से कुछ दूर आगे दूसरी अनेक बेंचें बिछी हुई थीं और यह दस क़दम चल वहाँ बैठ सकते थे, पर नहीं इन्हें यहीं बैठना था।

बातों से जाना कि तीनों तीन कॉलिजों के प्रिंसिपल हैं। एक बोले, "बड़े धूर्त होते हैं हमारे स्टूडेण्ट। ऐसी सफ़ाई से धोखा देते हैं कि बड़े-बड़े जालसाज़ों को मात माननी पड़ती है।" दूसरा उभरा और उसने विद्यार्थियों की धूर्तता के कई क़िस्से सुनाये। तीसरा शिक्षा-विभाग के अधिकारियों की बेवक़ूफ़ियों का वर्णन करने लगा और बस उनकी बातें उनके कॉलेजों के क्लासों के घेरे में घूमती रहीं।

मैं थोड़ी ही देर में ऊब गया और उठ चला। चलते-चलते मैंने सोचा—विचारों की संकीर्णता में कुएँ के मेढक को सबसे अधिक अभागा कहा गया है, पर ये प्रिंसिपल क्या उनसे भी अधिक अभागे नहीं हैं कि पर्वतों की इस प्राकृतिक गोद में बैठकर भी अपनी चारदीवारी के अतिरिक्त और

कुछ सोच ही नहीं सकते !

एक दूसरी बेंच पर बैठते-बैठते मेरे मन में आया, सरकार उपयोगिता के आधार पर अपने नियम बनाये तो इन तीनों और इसी तरह के दूसरे अध्यापकों को गरमी की छुट्टियों में स्कूल-कॉलेजों के पाखानों की धुलाई, छतों की घास-खुदाई, दीवारों की लिपाई, कमरों की पुताई और आँगनों की सफ़ाई के काम में लगाये। एक दिन के लिए भी कहीं जाने न दे !

इस घटना को हुए, बरसों बीत गये, यह तब की बात है, जब भारत पराधीन था, पर आज सोचा—क्या बड़े मियाँ के पानदान की तरह इन लोगों के दिमाग़ों पर ताला नहीं लगा था ? और लगा था—हाँ, लगा ही था—तो क्या यह ताला लोहे-पीतल का था ? ना, यह वातावरण का ताला था, उस लोहे-पीतल के ताले से भी अधिक कठोर और मज़बूत !

तीन

दिल्ली की यात्रा में एक दृश्य सदा ज्यों-का-त्यों मुझे देखना पड़ता है। मुज़फ़्फ़रनगर से कुछ लोग रेल के डिब्बे में आ जाते हैं और मेरठ तक चलते हैं। डिब्बे में ये दस-पाँच आदमी क्या आते हैं, नयी मण्डी ही घुस आती है—उड़द का भाव, गेहूँ का भाव, गुड़ का भाव, मींझे का भाव और सरसों का भाव तो तुलता ही है, बीजकों के सौदे भी छनते हैं और आढ़तियों की चालाकियाँ भी खराद पर आ जाती हैं। ये लोग इतने ज़ोर-ज़ोर से बोलते हैं, कई-कई एक साथ बोलते हैं कि और कुछ सोचना असम्भव हो जाता है। असम्भव क्या, बस इतनी देर दिमाग़ को मण्डी की खत्तियों में बन्द रखना पड़ता है।

उन बेचारों को देखकर, मन दया से द्रवित हो जाता है और मैं सोचने लगता हूँ, इनके लिए दुनिया में खत्तियाँ हैं, बीजक हैं, भाव हैं, और बस और कुछ नहीं है, कुछ भी तो नहीं है—उनमें से कोई मेरा दैनिक माँगकर देखता भी है तो बस मण्डियों के भावों का पन्ना ही पढ़ता है।

और मुझे याद आ जाते हैं अपने नगर के वे दूकानदार, जो मंगल की छुट्टी के दिन भी अपनी तालाबन्द दूकान के बाहरी तख्ते पर ही पसरे जँभाइयाँ तोड़ते रहते हैं और उन्हीं के शब्दों में जिनको शिकायत

है—"बाबूजी, यह अच्छी मनहूस छुट्टी है कि दिन काटे नहीं कटता !"

चार

विद्वान्, तपस्वी और संन्यासी, तीनों गुण एक साथ और रूँगा में कर्मठ भी—रात-दिन धर्म-रक्षा की चिन्ता में लीन। यों ही एक बार मुझे भी सम्पर्क प्राप्त हो गया। घण्टों साथ रहा, पर उनकी किसी बात का सम्बन्ध न विद्वत्ता से, न तपस्या से, न वैराग्य से, न कर्म से। हर बात 16वीं सदी की, हर बात जड़ता की और हर बात का बस यही अर्थ कि ज्ञान का सूर्य अतीत में निकल चुका, बुद्धि की रोशनी सदियों पहले फैल चुकी। आज के मनुष्य को कोई नयी बात नहीं सोचनी, किताब देखकर तिलिस्म के दरवाज़े खोलते जाना है।

देख-सुनकर बड़ी दया आयी कि बेचारा घर कुटुम्ब की ममता का घेरा तोड़कर सफ़ेद से रंगीन हो गया, पर विचारों के ताले को न तोड़ सका। मेरे नगर के ही एक सज्जन हैं। इक्कीस वर्ष की उम्र में पुलिस दारोग़ा हुए थे, पचपन की उम्र में पेंशन पायी और अब बयासी वर्ष के हैं। यों समझिए कि चौथाई सदी पहले दारोग़ा थे, पर आज भी सारा शहर दारोग़ाजी कहता है। कोई भूला-भटका बाबूजी कह दे तो उन्हें ऐसा लगता है कि यह मेरी चपरास छीन रहा है। ताले में बन्द हैं बेचारे और क्या ?

एक और परिचित हैं। मर-मारकर डिप्टी हो गये हैं और अब उनकी बीवी और बेटा, तो उन्हें डिप्टी कहते ही हैं, पर दुःखी हैं कि माँ अब भी उनका नाम ही लेती हैं, उन्हें डिप्टी नहीं कहतीं।

अजी छोड़िए इस डिप्टी और दारोग़ा को, वर्माजी और केशोजी को लीजिए। वर्माजी बड़े लेखक हैं, लेखक क्या हैं लेखकों के महन्त हैं। पहली बार मैं दर्शन करने गया तो बहुत प्रभावित हुआ उनकी बातों से। अपने संग्रह की कथा उन्होंने सुनायी और कई नेताओं के संस्मरण। मैंने सोचा, ज्ञान, संग्रह और सम्पर्क, तीनों दृष्टियों से ये महान् हैं और उठते-उठते जब उन्होंने कोई बीस वर्ष पहले प्रकाशित मेरे एक लेख की प्रशंसा की तो उनकी स्मरणशक्ति और सहृदयता का मुझ पर बहुत ही गहरा प्रभाव पड़ा।

और केशोजी ? वे एक बड़े नगर के पत्रकार हैं। कोई तीस वर्ष हुए

एक साधनसम्पन्न साथी उन्हें मिल गया था और वे भभक उठे थे। तब उस नगर में वे-ही-वे थे। कोठी थी, फ़ोन था, कार थी, रोब था, धूम थी—अजी, क्या न था, यह था, वह था सभी कुछ था। कुतुबमीनार से लुढ़के कि बस लुढ़के और फिर उठने का नाम नहीं लिया।

जब पहली बार मिले तो उसी सूर्योदय की कथा कही और जिन अनेक लेखकों को मैं सिर झुकाता हूँ, उन्हें अपना निर्माण बताया। उनकी विशिष्टता का मुझ पर गहरा प्रभाव पड़ा।

यह प्रभाव काफ़ी गहरा था पर दूसरी बार के मिलन में वह कच्चे रंग की तरह उड़ गया, क्योंकि वर्माजी ने और केशोजी ने मुझसे वे ही बातें कीं—दूसरी बार ही नहीं, तीसरी, तीसवीं और सौवीं बार भी बातों का घेरा वही रहा और अब तो मेरे मन की स्थिति स्पष्ट है कि उनसे मिलता हूँ तो पहले ही एक पुराना और घिसा रेकॉर्ड सुनने के लिए अपने कानों को तैयार कर लेता हूँ।

स्पष्ट है कि वर्माजी और केशोजी और ऐसे ही दूसरे सैकड़ों-हज़ारों जी समय के ताले में बन्द हैं—उससे बाहर झाँकने की न उनमें इच्छा है, न शक्ति—ओह बेचारे अपने ही समय के क़ैदी, एक ऐसे ताले में बन्द, जिसके निर्माता भी वे स्वयं ही हैं।

चार

अब्राहम लिंकन अमेरिका के प्रेज़ीडेंट और अपने समय की दुनिया के बड़े आदमी, जिनके चारों ओर काम-ही-काम।

कार्यालय से लौटकर अपने मकान में थे कि उनका रक्षा-सचिव उनसे मिलने को आया। प्रेज़ीडेण्ट ने कहलाया, "इस समय राज्य की, राजनीति की बात मुझे पसन्द नहीं, मैं अपनी घरेलू ज़िन्दगी के वातावरण में हूँ।"

रक्षा-सचिव को देश के एक नाज़ुक मामले में उनका आदेश लेना है, इस आदेश के मिलने में विलम्ब हो तो देश की हानि हो सकती है, यह अनुरोध उन तक पहुँचा तो उन्होंने रक्षा-सचिव को भीतर ही बुलवा लिया।

प्रेज़ीडेण्ट अपने भीतर के बरामदे में एक निकर और स्वेटर-सा पहने घुटनों और पंजों के बल घोड़ा बने हुए घूम रहे थे और एक सवार के रूप

में उनका बच्चा उनकी पीठ पर बैठा उन्हें हाँक रहा था।

सचिव से उन्होंने कहा, "देखते हैं आप कि यह राज्य का नहीं, मेरे बच्चों का समय है और इस समय मैं किसी देश का शासक नहीं, इनकी एक सवारी-भर हूँ। इसलिए आपकी बात सुनने के लिए रुकना तो मेरे बस का नहीं, हाँ, मेरे साथ घूमते-घूमते आप अपनी बात कह सकते हैं और मेरा आदेश सुन सकते हैं।"

विख्यात दार्शनिक काण्ट जिस दिन अपने घर रहते, भोजन पर भिन्न-भिन्न विषयों के दो-तीन विद्वानों को निमन्त्रित करते थे। उनका नियम था कि वे अपने विषय की बात न चलाकर दूसरों की बात सुनते रहते थे।

पोप को जब समाज के लोगों ने अभिवादन किया तो हाथ उठाकर पोप ने उसका जवाब दिया। उन्हें बताया गया कि पोप के लिए अभिवादन का उत्तर देना आवश्यक नहीं है।

उन्होंने कहा, मुझे पोप बने अभी इतना अधिक समय नहीं हुआ कि मैं प्रथाओं का बन्दी हो जाऊँ और मनुष्यता के साधारण नियमों को भुला दूँ।

श्री पुरुषोत्तमदास टण्डन ने उत्तर प्रदेश की विधान सभा का स्पीकर (अध्यक्ष) चुने जाने पर भी पार्टी की सदस्यता छोड़ने से इनकार किया तो विरोधी दल ने कहा, संसार में यही प्रथा है कि स्पीकर किसी पार्टी का सदस्य नहीं रहता।

टण्डनजी ने कहा, मेरा काम पुरानी प्रथाओं को तोड़ना भी है और नयी प्रथाओं को बनाना भी।

जीवन की स्वतन्त्रता का तक़ाज़ा है कि हम अपने को ताले में बन्द होने से बचाएँ। यह ताला लोहे-पीतल का ताला हो या वातावरण का या फिर अन्धविश्वास का, झूठी प्रतिष्ठा का या पुरानी प्रथा का।

जीवन का सुख बन्दी होने में नहीं, उन्मुक्त होने में है। तालों से बचिए और लगे तालों को तोड़िए !

शरद् पूर्णिमा की खिलखिलाती रात में !

ऱ्सी भी पूर्णिगा की रात मुझे उल्लास और मस्ती से भर देती है, फिर उस देन तो थी शरद् पूर्णिमा की रात। उन्मद, खिलखिलाती और पूरे जग को ापने आँचल में समेटे उमड़ी पड़ती-सी !

फिर मैं मध्यभारत की आनन्दपूर्ण यात्रा से लौटता हुआ और निर्बन्ध ो नहीं पर निर्बाध दौड़ी चली जा रही देहरा एक्सप्रेस पर सवार !

यह छोटा-सा मोडक स्टेशन, जहाँ मध्यभारत की उर्वरा श्यामा धरित्री जस्थान की रक्त-सिंचित पथरीली पृथ्वी से गले मिलती है।

राजस्थानी इतिहास के रोमांचकारी पृष्ठों और चाँदनी की अठखेलियों आँखमिचौनी-सी खेलता मैं अपनी खिड़की पर बैठा हूँ।

दूर पर पहाड़ियाँ हैं, बीच में जंगल हैं, मैदान हैं, कहीं-कहीं छोटे झरनों ा धीमा प्रवाह है और पुराने क़िलों की टूटी चारदीवारियाँ, चौकियों की र्जियाँ बिखरी पड़ी हैं।

कोई क़हने-बताने की बात है कि ये जड़ खँडहर हैं—निर्जीव निरे पत्थर, र क्या यह भी कोई कहने-बताने की बात है कि इन खँडहरों में हरेक का क जीवित व्यक्तित्व है—बोलता जागता, प्राणों की धड़कनों से स्पन्दित ता, पुकारता और ललकारता व्यक्तित्व !

हमारे कहानीकारों को प्लाट नहीं मिलते, लेखकों को विषय नहीं सूझते ार भावों की तितलियाँ कवियों की पकड़ से ऊपर उड़ा करती हैं। काश, सब इन जड़-जीवित खँडहरों की बातें सुनें और यहाँ बिखरी कहानियों,

लेखों और कविताओं को बटोरें—बटोरें कि बटोरते ही रहें !

गाड़ी चल रही है कि पहाड़ियाँ ? पुराण कहते हैं पहले वे उड़ा करती थीं, उड़ा करती होंगी पर आज तो वे स्थिर हैं। फिर यह क्या कि कभी वे पास आ जाती हैं और कभी फिर दूर सरक जाती हैं ? क्या वे अपने मन की कोई बात मनुष्य से कहने को उत्सुक हैं, पर झिझकती हैं कि उनकी बात यह आदमी समझेगा क्या ?

और अचानक मैं अपने डिब्बे में झाँक रहा हूँ, तो उसमें सात-आठ सहयात्री हैं। क्या कर रहे हैं ये लोग ? एक तो पढ़ रहे हैं गन्दी कहानियों की कोई पत्रिका, दूसरे एक सी. आई. डी. सिरीज़ की जासूसी पुस्तक, दो फूँक रहे हैं सिगरेट और कलेजा, दो-एक कर रहे हैं बकवाद, यानी कोस रहे हैं सरकार को और उन प्रश्नों पर दे रहे हैं धड़ाधड़ सम्मतियाँ, विशेषज्ञों की तरह, जिनका अभी अ आ इ ई भी वे नहीं जानते और बस एक है कि लिखे जा रहा है सोच-सोचकर अपना हिसाब !

और बाहर चाँदनी बरस रही है, जिसमें जीवन है, आनन्द है, रस है एकाग्रता है।

पहाड़ियाँ दूर चली गयी हैं और जंगलों का स्थान खेतों ने ले लिया है। खेतों में हरियाली है, जीवन का सौन्दर्य है। मैं देख रहा हूँ कि मैं दोनों ओर के हरे-भरे खेतों के बीच से दौड़ा जा रहा हूँ कोई चालीस-पचास मील प्रति घण्टा के वेग से !

कुछ कैसा-कैसा लग रहा है यह ? वैसा नहीं, वैसा, वैसा नहीं ! वैसा कैसा जी ? खेत सदा से मेरे मित्र हैं, मैं अकसर उनके बीच से गुज़रता हूँ, कभी दौड़कर तो कभी धीमे-धीमे और सदा ही मुझे ऐसा अनुभव होता है कि मैं अपने सहृदय मित्रों की गोष्ठी में आ गया हूँ, पर आज मुझे वैसा अनुभव नहीं हो रहा है।

आज भी मैं उनके बीच में हूँ, पर उनका वैसा जीवनस्पर्श नहीं पा रहा हूँ। क्या आज वे ख़ामोश हैं ? ना, बात यह है कि मैं आज उनके बीच से, उनके पास से गुज़र ही कहाँ रहा हूँ—उनके बीच से गुज़र रही है एक्सप्रेस और उसमें मैं बैठा हूँ तो जब मैं उनमें हूँ ही नहीं तो उनका सुखस्पर्श कैसे पाऊँ ?

तो क्या विज्ञान की हाट पर हम सुख के मोल सुविधा ही ख़रीद रहे हैं ?

मुझे याद आ गयी वह नन्ही-सी चिड़िया, जो उस दिन मेरी बराबरी में उड़-उड़कर कलाबाजियाँ कर रही थी। मैं रेल के पुल पर खड़ा था, धरती से कई सौ फ़ीट ऊँचे और वहीं वह उड़ रही थी।

अचानक मेरे मन में प्रश्न आया था कि ऊँचाई में तो मैं और यह समान ही हैं, फिर आकाश-भ्रमण का जो सुख इसे मिल रहा है मुझे क्यों नहीं मिल रहा ?

चिड़िया को इस प्रश्न से खीझ हुई थी और अपनी चीं-चीं में उसने कहा था—हम दोनों की ऊँचाई समान है, पर मैं हूँ यहाँ अपने पंखों के सहारे और तुम खड़े हो मुरदे लट्ठों पर, तुम्हें भला यह सुख कैसे मिले ?

चाँदनी बरस रही है, खेतों पर, पर्वतों पर, वृक्षों पर और मैं सोच रहा हूँ उस चिड़िया की बात ! मन भी कम्बख्त अजीब फुदकैया है कि कहाँ खेत, कहाँ चिड़िया और कहाँ वे एक राज्य के राज्यपाल ! पूरे ज़िले के दौरे में मैं उन्हें देखता रहा। पार्टियों में उनका दिन बीता तो समारोहों में रात, बराबर वे जनता के बीच रहे, पर क्या जन-सम्पर्क था यह ? ना, ना, क्यों ? क्योंकि उनके पद की प्रतिष्ठा और राजकीय वातावरण का घेरा जो उनके एवं जनता के बीच बना रहा।

चाँदनी के अथाह सागर में तैरते हुए मेरे मन ने सोचा—हमारे देश के महापुरुष लोकोत्तरता के इसी घेरे में घिरकर अवतार हो गये—परमात्मा, परम पुरुष, परमेश्वर, उनका जीवन-चरित्र भक्ति की कथा बन गया, पर हमारे देश की जनता से नित्य पूजित होकर भी वे उसकी संकट में मानी मनौतियों का ही केन्द्र रहे, उसे चरित्र न दे पाए !

चाँदनी बरस रही है और एक्सप्रेस छोटे स्टेशनों को छोड़ती, उन पर उपेक्षा की एक दृष्टि डालती बढ़ी चली जा रही है, जैसे ज्ञानी जगत् के प्रलोभनों को देखता भर है, उनमें उलझता नहीं।

यह आयी छोटे-से स्टेशन की फाटकचौकी, जिसकी छोटी-सी कोठरी में रहता है फाटकदार का परिवार, जिसे मिलते हैं थोड़े-से सिक्के, जिनसे वह जी पाता है, पर अपनी दृष्टि में वह है एक अफ़सर कि जब चाहे

दरवाज़ा बन्द कर दे और टुकुर-टुकुर खड़ी ताका करे गाँव के ठाकुर की बैलगाड़ी ? "कहीं दूर पर भी रेल का धुआँ दिखाई नहीं दे रहा !" तो न दिखाई दे, इससे मतलब ? आख़िर उसी का निर्णय तो यहाँ माना जाएगा कि कब वह फाटक खोले और कब वह बन्द करे !

मैं देख रहा हूँ, उसका छोटा-सा कुत्ता अपने पूरे वेग से गाड़ी के साथ दौड़ा जा रहा है। बेवक़ूफ़, क्या ख़ाक दौड़ेगा भला रेल के साथ ! क्या पिद्दी और क्या पिद्दी का शोरबा ?

पर नहीं, वह जी तोड़कर दौड़ रहा है—घोड़ों और खोजों के एक साथ नेता हिज़हाइनेस आगाख़ाँ का घोड़ा भी डर्बी की दौड़ में इससे तेज़ और क्या दौड़ता होगा ?

तीन पल में वह पिछड़ गया और अब वह धीरे-धीरे लौटकर जा बैठेगा फिर फाटकदार की खाट के पास। रोज़ हारता है पर शर्म से डूब नहीं मरता, निर्लज्ज कहीं का ?

बिना मेरी यह धिक्कार सुने वह लौटा जा रहा होगा, पर मेरी यह धिक्कार सुन मेरा मन लौट पड़ा है। रोज़-रोज़ की पराजय से जिसकी आँखों में समाया विजय का स्वप्न और पैरों में उमड़ा अभियान का संकल्प परास्त नहीं होता, वह फाटकदार का कुत्ता हो या किसी राष्ट्र का सिपाही, क्या एक प्रेरक चरित्र का संरक्षक नहीं है ?

प्रश्न गूँज रहा है, चाँदनी स्वर्ग का प्रसाद बाँट रही है, एक्सप्रेस दौड़ी जा रही है, पहाड़ियाँ दोनों ओर से पास आती जा रही हैं, दूसरा स्टेशन तो लगता है कि वे दोनों हाथों से जैसे एक्सप्रेस को अपनी ही गोद में ले लेंगी—माँ जैसे दूर से दौड़कर आते शिशु को लाड़ से थाम लेती है—और डिब्बे के साथी यथापूर्व अपनी कहानी, किताब, सिगरेट, बकवाद और हिसाब में तल्लीन हैं !

दो

यह आ गया गंगापुर स्टेशन, पर यह होहल्ला कैसा है—चढ़ते-उतरते यात्रियों का होहल्ला तो यह है नहीं, क्योंकि उसकी धुन जिस तार पर चलती है वह है उतावलापन और यह होहल्ला जिस धुरी पर घूम रहा है, वह है पीड़ा

से ओत-प्रोत बदहवासी !

क्या बात है ? बात क्या है ? बात है यह कि एक डिब्बे में आग लग गयी है, वह काट दिया गया और अब आधी रात के समय उस डिब्बे के यात्री प्लेटफ़ार्म पर भाग-दौड़ कर रहे हैं कि सामान सेफ़ रहे, साथी सब एक साथ रहें और दूसरे डिब्बे में जगह मिल जाए !

हमारे डिब्बे के सामने भी दस-बारह आदमी आ खड़े हुए—दीन शरणार्थी की तरह, जैसे भीतर वाले तो हैं मालिक और बाहर वाले हैं भिखारी—"बाबूजी, हमें अगले स्टेशन महावीरजी पर ही उतर जाना है। ज़रा-सी जगह दीजिए, आपको बड़ा पुण्य होगा।"

"ऐ ! यह इण्टर क्लास है, ड्योढ़ा, ड्योढ़ा, आगे जाओ !" यह सरकार के आलोचक रोब से गरजे !

"पीछे, पीछे, सब ख़ाली पड़ा है पीछे !" यह जासूसी उपन्यास के पाठक ने दरवाज़ा रोककर कहा।

मैंने दूसरा दरवाज़ा खोलकर कहा, "इधर आ जाइए आप लोग !" वे सब लोग चढ़ गये और मेरे साथियों ने मुझे घूरा, जैसे किसी भंगी ने करपात्री स्वामी का दण्ड छू दिया हो, पर मेरे कपड़ों की सफ़ेदी उनके कण्ठ में भर-सी गयी। बाक़ी यात्री तटस्थ रहे, पर आनेवाले आपस में इतने ज़ोर-ज़ोर से बातें करने लगे कि किसी के लिए भी सोना असम्भव हो जाए।

मैं फिर अपनी चाँदनी में नहाने लगा, पर तभी मेरे मन में आया यह प्रश्न कि आज के मनुष्य का आकर्षण न प्रकृति में है, न मनुष्य में तो फिर किसमें है ?

मेरे सामने थे उसी डिब्बे के पहले यात्री, जिनमें कुछ पढ़ते रहे गन्दी क़हानियाँ, कुछ जासूसी उपन्यास, कुछ फूँकते रहे सिगरेट, कुछ करते रहे बकवाद और एक लिखता रहा अपना हिसाब ही हिसाब !

और मेरे सामने थे इसी डिब्बे के नये यात्री, जो इस चिन्ता से मुक्त थे कि दूसरों की नींद ख़राब न हो।

तीन

तो आज के आदमी की दिलचस्पी आदमी में नहीं है, यह निष्कर्ष मेरे मन

में आया कि वहीं उभर खड़ा हुआ यह प्रश्न—तो क्या आज के आदमी की दिलचस्पी आदमी में नहीं है ?

चाँदनी और चिन्तन एक साथ मुझे अभिभूत कर रहे हैं। चाँदनी में सौन्दर्य है जो आँखों को पलक झपकने से रोकता है तो चिन्तन में स्मृतियाँ हैं, जो विचारों के वाहन पर चढ़ी चली आ रही हैं।

एक्सप्रेस के लिए अभी दिल्ली दूर है, पर मैं दिल्ली पहुँच गया हूँ। एक मित्र ने वहाँ अपने व्यापार का कार्यालय बनाया और काम करने लगे। बनती के सभी रिश्तेदार, जाने कितनी गलियों में घुमाकर उनके जीवन के चौराहे से अपने वंश की रिश्तेदारी जोड़ता एक तरुण आया और उनके कार्यालय में काम पा गया।

एक दिन शाम को एक स्त्री कहीं बाहर से आयी और मेरे मित्र के कमरे में ठहरी। उस तरुण ने जानना चाहा कि यह कौन है, पर जान न पाया।

रात में उस मित्र के कमरे के पिछले हिस्से में सीढ़ी लगाकर चम्पालाल झाँकने लगा कि अपने प्रश्न का समाधान पा ले, पर सीढ़ी धोखा दे, रपट पड़ी तो तरुणजी छत से पत्थरों पर धड़ाम से गिरे और छिते सो छिते ही, दो हड्डियाँ भी ककड़ी-सी मड़क गयीं। यह स्त्री मेरे मित्र की पत्नी थी, जो जोड़े हुए रिश्ते से उस तरुण की बुआजी हुई।

चार

पात में पात और बात में बात, मुझे याद आ गया विद्यालय का सहपाठी शम्भू। किसी का पत्र आए, वह उसे पढ़ लेता। इधर से ताकता, उधर से झाँकता, आग पर सेंकता, पानी में भिगोता, ताला खोल लेता और चील-झपट्टा करता, पर पढ़ता ज़रूर। पेट का पतला, जो पढ़ता, सबसे गाता फिरता।

अकसर इसी धुन में डाकखाने पहुँच जाता, सबके पत्र ले आता, रास्ते में कहीं बैठकर सबको पढ़ता और फिर पत्र के साथ हर एक को नया रिमार्क देता। ये रिमार्क उसके चनाज़ोर गरम होते। किसी के पत्र में यदि होता कि उसकी माँ उसे याद करती है तो रिमार्क होता, "अबे तेरी मतारी स्यापा

ले रही है, जाकर आँसू पोंछ आ।" यदि किसी विवाहित विद्यार्थी की पत्नी अपने पिता के घर चली गयी है तो रिमार्क होता, "अबे बछिया के ताऊ, तेरी जोरू मेरे साले के साथ भाग गयी।"

तंग आकर एक योजना बनी और कई पत्र ऐसे आये, जिनमें शम्भू की माँ-बहनों का स्तुतिगान ऐसे शब्दों में किया गया था कि शब्दालंकारों की बस प्रदर्शनी ही समझिए। शम्भू ने आदत के अनुसार ये पत्र भी खोले, पढ़े तो तबीयत तर हो गयी और उसने सबके सामने क़सम खा ली।

मैं सोच रहा हूँ कि चम्पालाल और शम्भू अपने अनन्त रूपों में सर्वत्र सुलभ नहीं हैं ? और हैं, जैसा कि है ही तो फिर आदमी की दिलचस्पी आदमी में कहाँ नहीं है ?

हममें कितने हैं, जो किसी के खुले दरवाज़े के सामने से निकल जाएँ और पलक मारते भीतर की एक-एक चीज़ का सर्वेक्षण न कर लें ?

गंगापुर में चढ़े यात्री महावीरजी पर उतर रहे थे और मैं सोच रहा था, मनुष्य का आकर्षण मनुष्य और जीवन की भिन्न-भिन्न दिशाओं में आज भी है, पर वह अस्वस्थ हो गया है और युग के प्रवाह में स्नान कर उसे स्वस्थ और स्वच्छ होना है।

चाँदनी खिल रही थी, खेल रही थी, बिखर रही थी, बरस रही थी और एक्सप्रेस दौड़ी जा रही थी राजधानी की ओर। मैंने एक बार पूरी तरह चाँदनी को आँखों में भरकर पलकों से पलकें मिला दीं।

गरम ख़त : ठण्डा जवाब !

"गरमी खावै अपने को, नरमी खावै ग़ैर को !"

यह मेरे पिताजी का फ़ार्मूला था।

"सौ गाली का एक गाला, मारी फूँक उड़ा।"

यह भी उन्हीं का वचन है।

एक दिन उनके पास जात-बिरादरी के एक चौधरी आये और आते न आते गरम होने लगे। मुझे अब याद नहीं कि क्या बात थी। पिताजी ने उनके पाँच-सात वाक्य सुने और तब सहज भाव से बोलो, "चलो भाई, बाँय के कुएँ पर चलें।"

अब जिस छोटी-सी बग़ीची का नाम बाँय का कुआँ पड़ गया है, वहाँ पहले एक वापी थी। अब वहाँ मृत्यु के बाद कर्मकाण्ड होता है और एक कोने में अखाड़ा है, जहाँ नगर के कुछ लोग कसरत-कुश्ती किया करते हैं। वहाँ चलने का निमन्त्रण उन्हें सहसा पिताजी ने दिया तो वे ऐसे चौंके, सोच में पड़े कि अपनी बात भूल गये।

अचकचाकर बोले, "क्या है बाँय के कुएँ पर ?"

"अखाड़ा है।" पिताजी ने बहुत सादगी से कहा।

"तो फिर ?"

"फिर क्या था ! तुम्हारा जी इस समय लड़ने को कर रहा है और मैं हो गया हूँ बूढ़ा, तो वहाँ इब्राहीम मिल जाएगा या तोता पहलवान; उनसे तुम्हारा जोड़ बँधवा दूँगा। बस तुम्हारी तसल्ली हो जाएगी और मेरा पीछा छूट जाएगा।"

सुनते ही उन्हें हँसी आ गयी और हँसते ही पिताजी ने चाय का गिलास उनके आगे किया। चाय की गरमी में मिल, उनकी गरमी उनके ही पेट में चली गयी तो वे लड़ते क्या ?

माँ का स्वभाव गरम था। कभी वे बहुत तेज़ हो उठतीं तो पिताजी हँसकर कहते, "अच्छा सूर्पनखा की झाँकी फिर सजा लेना, इस समय तो काम की बात कर।" उनके कहने का ढंग ऐसा होता कि लपटें मुसकान में बदल जातीं।

एक दिन बोले, "जब दूसरा आदमी तुम्हारी तरफ़ जलता अंगारा फेंके तो क्या करोगे ? गेंद की तरह उसे उचक लोगे तो तुम्हारा हाथ जलेगा या नहीं ? अक़्लमन्दी इस बात में है कि तुम उसकी सीध से हट जाओ। यही बात गुस्से की है।"

बात बस वहीं पूरी हो गयी, पर आगे चलकर जब मैं संस्कृत पाठशाला में पढ़ने गया तो इसने जीवन में मुझे एक उपयोगी नियम बनाने में बड़ी मदद की।

उस पाठशाला में एक विद्यार्थी था। बड़ी अजीब, 'हॉबी' थी उसकी। वह सबको गालियाँ-भरी पर्चियाँ लिखा करता और उनके बदले में जब दूसरे भी लिखकर या ज़बानी उसे गालियाँ देते तो वह ख़ूब हँसता, दूसरों की गालियों में रस लेता और उन्हें अपनी सफलता मानता।

कई बार गुरुजी की बेंत ने भी उसे दीक्षा दी, पर इससे उसने एक नया नुस्खा निकाला कि बदले में लिखे हुए गाली-पत्र वह सुरक्षित रखने लगा और कभी उसकी शिकायत होती तो वह उन्हें दिखाकर कहता, "ये लोग ही मुझे गालियाँ लिखते हैं गुरुजी !"

बस, इसके बाद गुरुजी तक बात पहुँचनी बन्द हो गयी और पाठशाला में गालीयुद्ध पूरे ज़ोरों से चलने लगा। इस युद्ध में वह एक तरफ़ अकेला और दूसरी तरफ़ बीसों विद्यार्थी। वे उसे छाँट-छाँटकर गालियाँ लिखते, पर वह रोज़ एक-न-एक ऐसी नयी गढ़ता कि सुनार की सौ चोटें, लुहार की एक ही चोट में पूरी हो जातीं।

जान-पहचान के बाद एक दिन उसने मुझ पर अपना निशाना साधा और एक छोटे छात्र के हाथ मुझे पर्चा भेजा। लिखा था, "मेरी कानी ज़ोरू

के भाई साहब—दूसरे शब्दों में—मेरे प्यारे सालग्रामजी, क्या आपके पास एक नया निब है ?''

पर्चा पढ़कर जी भुन गया, पर तभी मुझे अपने पिता के बोल याद आये। तुरन्त मैंने एक पर्चे के साथ नया निब उसे भेज दिया। पर्चे में मैंने लिखा था, ''प्रिय भाई, आपका पत्र पढ़कर ख़ूब हँसी आयी। तुम तो बीरबल के अवतार मालूम होते हो। निब भेज रहा हूँ।''

यह पत्र और निब उसके लिए नया अनुभव था। शाम को मुझसे मिला और लिपट गया। माफ़ी भी माँगी। बाद में उसने मुझे कभी वैसा पर्चा नहीं लिखा और धीरे-धीरे उसने यह आदत ही छोड़ दी। एक दिन वह मुझसे बोला, ''तुम्हारे पर्चे ने गालियों का मज़ा ही किरकिरा कर दिया यार !''

इस अनुभव के बाद मैंने नियम बना लिया कि गरम बोल हो, गरम व्यवहार, या हो गरम ख़त, उत्तर में अपनी ओर से गरमी ग़लत !

जीवन में मैं अपने इस निर्णय पर कभी नहीं पछताया और सच तो यह है कि मुझे जिन निर्णयों से जीवन में सबसे अधिक सफलताएँ मिलीं, उनमें एक यह भी है।

मुझे जीवन में अकसर गरम ख़त मिले हैं और मैंने उनका ठण्डा जवाब दिया है। जवाब की ठण्डक गरम पत्र भेजने वाले की गरमी को पी जाती है और वह सोचता है कि सचमुच बड़ी बेवक़ूफ़ी हो गयी।

गाँधीजी ठण्डे ख़त लिखने की कला के आचार्य थे। 1931 में वे लन्दन की गोलमेज़ कान्फ्रेंस में शरीक हुए। उस दिन अल्पसंख्यक समिति की बैठक में प्रधानमन्त्री रैम्ज़े मैकडॉनल्ड ने जो भाषण दिया, वह धमकियों से भरा हुआ था। गाँधीजी उसे सुनकर भिन्ना उठे, पर चुप रहे और स्थान पर लौटने के बाद, जब वे पूरी तरह शान्त हो लिये तो उन्होंने एक पत्र लिखकर अपना विरोध प्रकट किया। बात यह है कि जवाब वाणी का हो या क़लम का, वह जितना ठण्डा होगा, उतना ही प्रभावशाली भी।

उन्हीं दिनों सम्राट् पंचम जार्ज ने गोलमेज़ कान्फ्रेंस के प्रतिनिधियों को अपने महल में एक दावत दी और गाँधीजी को भी उसमें आने का पत्र लिखा।

गाँधीजी ने कई दिन तक इस पत्र का उत्तर नहीं दिया। बात यह है

कि गाँधीजी इस तरह की शानदार दावतों में कभी शरीक नहीं होते थे, इसलिए सत्य और न्याय का पक्ष था कि वे साफ़-साफ़ इनकार कर दें, पर सोचते-सोचते एक नैतिक पक्ष उनके मन में आया कि मैं इंग्लैण्ड का मेहमान हूँ और मेहमान को कोई भी ऐसा काम न करना चाहिए कि उसके व्यवहार से मेज़बान के प्रति अवज्ञा प्रकट हो और बस उन्होंने अपने नियम को ढीला करके निमन्त्रण-पत्र के उत्तर में स्वीकृति-पत्र लिख दिया।

यदि गाँधीजी पत्र के आते ही जल्दी से उसका जवाब दे देते तो ?

मार्च 1944 की बात है। गाँधीजी आगा ख़ाँ महल में नज़रबन्द थे और 'बा' की मृत्यु हो चुकी थी। 'बा' की मृत्यु पर भारत सरकार के गृहमन्त्री ने जो वक्तव्य केन्द्रीय असेम्बली में दिया, उससे गाँधीजी सहमत नहीं थे, वे उसका प्रतिवाद करना आवश्यक समझते थे।

उन्होंने प्यारेलाल भाई से पत्र लिखने को कहा, पर उनका लिखा पत्र गाँधीजी को पसन्द नहीं आया। गाँधीजी ने स्वयं पत्र लिखा। फिर उसमें सुधार किया। तब साथियों ने उसे देखा। बहुत-से और बहुत बार सुधार के बाद गाँधीजी ने उसे फिर लिखाया।

इस तरह पाँच बार सुधार के बाद डॉ. गिल्डर ने उसे देखा और उसमें छठी बार सुधार किया और उसके अनुसार सुशीला नायर ने फिर से एक पत्र तैयार किया। तब तक गाँधीजी भी अपने पत्र में काफ़ी काट-छाँट कर चुके थे। इस तरह दो पत्र हो गये। इन दोनों को मिलाकर एक तीसरा पत्र तैयार हुआ। गाँधीजी को यह अच्छा लगा, पर स्नान-गृह में नहाते-नहाते उसे उन्होंने फिर सुना और कुछ सुधार किये। भोजन करते समय गाँधीजी ने उस पत्र में कुछ और सुधार कराये और तब वह टाइप होकर डाक में गया।

अप्रैल 1944 में वायसराय वेवल का एक पत्र उसी नज़रबन्दी में गाँधीजी को मिला। पत्र पढ़कर गाँधीजी का रोम-रोम गरम हो गया और उसी गरमी में उन्होंने पत्र का उत्तर लिखा।

साथियों को यह पत्र 'तीखा' लगा, पर गाँधीजी पूरी गरमी में थे। बोले, "वह तीखा है ही नहीं !"

कहा गया कि, "इस तरह का पत्र न लिखें तो क्या हर्ज है ?"

गाँधीजी गरमी से भरे थे। बोले, "लिखना तो चाहिए। न लिखूँ तो

मैं नीचे उतरता हूँ और लिखूँ तो ऐसा ही लिख सकता हूँ।''

रात में डॉ. गिल्डर ने कहा, ''यह पत्र लिखने का हेतु क्या है ? क्या आगे के लिए पत्र-व्यवहार बन्द करने का ?''

प्रश्न में बरसात थी, पर गाँधीजी की गरमी उससे न बुझी। बोले, ''जैसा उसका पत्र है, वैसा ही जवाब होना चाहिए, ताकि वह समझ ले कि मैं उसका अर्थ समझ गया हूँ।''

प्यारेलाल भाई ने एक नया पत्र लिखा। गाँधीजी ने उसे पढ़ा और तब नया पत्र लिखाया।

इसमें साथियों ने अपने सुधार सुझाये और तब गाँधीजी ने एक और पत्र लिखाया, लिखाते-लिखाते भी इसमें सुधार वे कराते रहे।

रात में डॉ. गिल्डर को यह पत्र दिया गया। दूसरे दिन उन्होंने अपने सुझाव दिये। गाँधीजी ने लिखा था कि हाकिम और रैयत एक होकर काम नहीं कर सकते और गिल्डर इससे भी सहमत नहीं थे। गाँधीजी अपनी बात पर जमे रहे।

शाम को घूमते समय उनका मत बदला कि साँप मालिक और नौकर पर एक साथ हमला करे तो दोनों उसे मारने में सहयोगी हो जाएँगे ! तब वे बोले, ''अगर मेरा यह पत्र ज्यों-का-त्यों चला जाता तो मेरी हँसी होती।''

और तब दूसरे दिन उन्होंने एक नया पत्र लिखवाया और वही वेवल को भेजा गया। जब गाँधीजी को एक ख़त के लिए इतनी सावधानी और श्रम की आवश्यकता थी तो मुझे-आपको कितनी ज़रूरत है ?

आदमी गरम ख़त कब लिखता है ? जब वह किसी बात से गुस्से में आ जाए। गुस्सा दिमाग़ पर सवार है तो क़लम में ठण्डक कहाँ से आएगी ?

क्या आप चाहते हैं कि किसी को गरम ख़त न लिखें ? हाँ, तो उस समय कोई ख़त न लिखिए जब आपको गुस्सा चढ़ा है और लिखने का आवेग इतना प्रबल हो कि बिना लिखे रहा ही न जाए तो अवश्य लिखिए, पर उसे लिखकर रख लीजिए, तुरत डाक में न डालिए। दूसरे-तीसरे दिन जब आप उसे शान्ति में पढ़ेंगे तो आपको वह मक्खियों-भरा दूध दिखाई देगा और आपे उसे फाड़कर दूसरा ख़त लिखेंगे, जिसमें ताना-तनाज़ा एक नहीं, सिर्फ़ काम की बात होगी।

क्या आपके पास किसी का गरम ख़त आया है और आप गुस्से से भर उठे हैं ? हाँ, तो आप भी ठहरिए और अभी ख़त न लिखिए। ठहरना सम्भव न हो तो फिर लिख लीजिए ख़त और फोड़ लीजिए उसमें दिल के छाले, पर उसे डाक में न डालिए।

सौ बातों की एक बात यह है कि गुस्सा आदमी को सोचने लायक़ नहीं छोड़ता। अब आप अगर गुस्से से ख़त लिखते हैं तो वह इस लायक़ कहाँ है कि उस पर कोई विचार करे ? इसी तरह जब आप किसी का गरम ख़त पढ़कर गरमा गये और तभी लिख बैठे उसका जवाब तो वह इस लायक़ कहाँ होगा कि उस पर कोई विचार करे।

हमेशा ठण्डा ख़त लिखिए, गरम ख़त का ठण्डा जवाब लिखिए और साफ़ बात यह है कि ठण्डे होकर ख़त लिखिए।

जब उन्होंने तालियाँ बजा दीं !

वसन्तोत्सव के मन्त्रीजी आये थे, कह गये हैं कि इस बार के प्रमुख वक्ताओं में उन्होंने मेरा भी नाम सर्वसम्मति से रखा है। शहर भर में लगाने के लिए उन्होंने जो दो हज़ार पोस्टर छपाये हैं, उनमें भी मेरा नाम छापा गया है। अपनी फ़ाइल में लगा वह पोस्टर उन्होंने मुझे दिखाया भी था। इच्छा तो हुई थी कि यह पोस्टर उनसे माँग लूँ, पर यह मुझे ज़रा हलकापन लगा फिर यह भी सोचा कि काहे के लिए अपने को उनकी निगाहों में गिराऊँ, आखिर ये दो हज़ार पोस्टर लगेंगे तो शहर की दीवारों पर ही, कहीं से भी चुपचाप एक उतार लूँगा। फिर यही क्या ज़रूरी है कि मैं ख़ुद उतारता फिरूँ गलियों में पोस्टर। किसी लड़के को कुछ पैसे दिये और पोस्टर घर आ गया।

तो ख़ैर, मैंने यह अच्छा ही किया कि पोस्टर उनसे नहीं माँगा और मन की बात मन में रख ली। फिर भी मन्त्रीजी की आँख बचाकर मैंने वह पोस्टर पढ़ ज़रूर लिया था। वक्ताओं में सात नाम थे और उनमें मेरा नाम तीसरे नम्बर पर था। प्रिंसिपल त्रिवेदी और बाबू राजकुमार एम. एल. ए. का नाम ही मेरे नाम से ऊपर था। इसका मतलब साफ़ है कि मन्त्रीजी और नगर के दूसरे लोग मेरी योग्यता से पूरी तरह परिचित हैं।

फिर प्रिंसिपल त्रिवेदी और राजकुमार एम. एल. ए. का नाम भी उन्होंने मेरे नाम से ऊपर सम्भवतः उनके पदों के कारण ही छापा होगा, वरना यह भी सम्भव है कि मेरा ही नाम सबसे ऊपर रहता। वैसे तीसरा नम्बर भी क्या बुरा है। राह चलते आदमी की निगाह जब पोस्टर पर पड़ती है तो ऊपर के तीन नाम ही आँखों में आते हैं।

ख़ैर, यह तो निश्चित है कि इस पोस्टर को सारा शहर पढ़ेगा और इस तरह इस पोस्टर से मेरा नाम सारे शहर में एक बार तो गूँज ही उठेगा।

यह भी एक बात ही है कि मेरा नाम बाबू राजकुमार एल. एल. ए. के बाद छपा है। कहते हैं कभी-कभी क़िस्मत इतनी दूर से इशारा करती है कि उसे समझना हरेक के बस का नहीं होता। कौन जाने यह भी मेरी क़िस्मत का एक इशारा ही हो !

राजकुमार एम. एल. ए. के बाद मेरा नाम छपा है तो क्या यह सम्भव नहीं कि उनके बाद मुझे ही एम. एल. ए. होना हो ? वे दो बार एम. एल. ए. रह चुके हैं, अब काफ़ी बूढ़े हो गये हैं और बिना चाहे वसन्तोत्सव में भाषण देने के लिए मेरा रखा जाना इस बात का सबूत है कि लोग मुझे चाहते हैं, पसन्द करते हैं।

फिर असेम्बली की मेम्बरी कोई राजकुमार के बाप का बैंक बैलेंस नहीं कि वे लायक़ हों या निखट्टू, वह मिलेगा उन्हें ही। अजीब बात है कि आदमी मौत के रथ तक भी पदों की अर्थी पर बैठा-बैठा ही जाना चाहे। हाँ, चाह करे आदमी स्वर्ग को मुट्ठी में ले लेना, पर चाहने से होता क्या है। यह जनतन्त्र का युग है। अब पद-प्रतिष्ठा खानदानों की बपौती नहीं हो सकती। जी, वे दिन हवा हुए जब खलील ख़ाँ फाख़्ता उड़ाया करते थे। अब कुरसियों पर आदमी आसमान से नहीं उतरते, अब तो जनता जिसे चाहेगी धरती से उठाकर उन पर बैठा देगी।

और फिर वही भाग्य के इशारे की बात, बाबू राजकुमार के बाद ही मेरा नम्बर है। उनके भाषण में होता ही क्या है ? वही ढाक के तीन पात; न जोश का उफान, न भावों की कोई कड़ी, न सरसता ही। उनके बोदे व्याख्यान के बाद मैं ऐसा भव्य भाषण दूँगा कि वे और सभा, दोनों ही गजकर्ण होकर सुनते रह जाएँगे !

सचाई यह है कि यह निमन्त्रण वसन्तोत्सव का नहीं, मेरे भाग्योत्सव का ही है।

फिर सभा में कोई आदमी सिर्फ़ भाषण से ही नहीं जमता, जमने की भी एक कला है और कला क्या है, तरकीब है और तरकीब भी क्या है एक चाल है—बस चली कि फिट और फिर देखिए तालियों की वो

गड़गड़ाहटें, वो गड़गड़ाहटें कि बेचारे आसामन के कान काँप उठें।

और चाल भी क्या कोई शतरंज की चाल है कि घुटने पर गाल रखे नवाब मफ़्तूँ सोचा करें सौ और हाथ न आए एक। चट रोटी पट दाल, जी हाँ चट रोटी पट दाल—इधर तीर छूटा उधर शेर घायल !

लो सच बता दूँ, यह चाल कुछ मेरी अक़्ल का कारण नहीं है, यह सतीश की सूझ का तोहफ़ा है। वह कविता-वविता तो यों ही कुछ लिखता था, पर हाँ, कवि-सम्मेलन में जमती उसी की थी। अरे भाई, पब्लिक यानी जनता का दिमाग़ भेड़ियाधसान है, जिधर चले कि चले और न चले तो बस ठप्प। तो सतीश अपने साथ आठ-दस चेले-चाँटे ले जाता और ज्यों ही वह कविता आरम्भ करता कि वे पुनः-पुनः, साधु-साधु और वाह-अति सुन्दर के साथ तालियों से वातावरण को गुँजा देते और ऐसा समा बँधता, ऐसा समा बँधता कि क्या बताऊँ आपको कि दूसरों के मोती रले फिरते और उसके गिट्टे चमक उठते।

तभी तो कह रहा हूँ मैं कि सभा में कोई आदमी सिर्फ़ भाषण से ही नहीं जमता, जमने की भी एक कला है और कला क्या है एक तरकीब है और तरकीब भी क्या है एक चाल है बस चली कि फिट और फिर देखिए तालियों की वो गड़गड़ाहटें, वो गड़गड़ाहटें कि बेचारे आसमान के कान भी काँप उठें और चाल भी क्या कोई शतरंज की चाल है कि घुटने पर गाल रखे नवाब मफ़्तूँ सोचा करें सौ और हाथ न आए एक। चट रोटी पट दाल, जी हाँ चट रोटी पट दाल—इधर तीर छूटा उधर शेर घायल।

तो भाषण की सफलता निश्चित है और यह भी कि राजकुमार बाबू को साँप सूँघ जाएगा, यानी मेरा वसन्त उनका बस अन्त ही है।

वसन्तोत्सव समीप आ रहा है और मैं पूरे ज़ोरों से अपने भाषण की तैयारी कर रहा हूँ। भाषण दे देना आसान है, पर मैं ऐसा भाषण देना चाहता हूँ कि प्रतिष्ठित पत्रों में उसके मुख्य अंश तो छपें ही, साथ ही उस पर ज़्यादा नहीं तो दो-चार में सम्पादकीय टिप्पणी भी जड़ी जाए।

यह कोई कठिन काम नहीं है। मैंने अत्यन्त प्रतिष्ठित पुरुषों द्वारा पढ़े गये कोई बीस-पचीस भाषण इकट्ठे कर लिये हैं और उनके चुने हुए अंश उनमें से काट लिये हैं। यह काफ़ी क़ीमती मसाला है और हमारे सम्पादक

लोग इसकी उपेक्षा नहीं कर सकते।

और यदि इन भाषणों को वे सम्पादक पहले पढ़ चुके हों और मेरे भाषण को चोरी का गुलदस्ता लिख दें तो बस डूब गयी नाव, यह बहुत बड़ा ख़तरा है, पर ख़तरे को दूर से ताड़ लेना और बचाव बाँध रखना ही खिलाड़ीपन है।

मैं भी अनाड़ी नहीं हूँ। वैसे तो मैं कह सकता हूँ कि ये भाषण जिन लोगों ने पढ़े हैं, कुछ उनके भी लिखे नहीं हैं, भाषणों में तो विचारों का आदान-प्रदान देन-लेन चलता ही है; पर मैं कच्ची गोलियाँ भला खेलूँ ही क्यों ?

मैंने सब विचारों की भाषा बदल दी है—भाव अनूठे चाहिए, भाषा कोई होय। अब भाषा मेरी है और विचार भगवान् के। फिर भाषा और विचार दोनों से बढ़कर है व्याख्यान की भाव-शृंखला। उसमें मैंने रात-दिन मेहनत की है।

इस तरह व्याख्यान का मसाला तो तैयार है, पर प्रश्न यह है कि मैं उसे आरम्भ कहाँ से करूँ ? मैंने देखा कि हमारे प्रदेश के प्रमुख वक्ता भाई यशपाल सिंह अपना भाषण किसी शेर से शुरू करते हैं और शेर के पढ़ते ही हज़ारों लोगों के दिल उनकी मुट्ठी में आ जाते हैं।

मैं चाहता हूँ कि कोई ऐसा शेर हो, जो लोगों को तड़पा दे, बेचैन कर दे, मुग्ध कर दे, लोट-पोट कर दे। इस काम के लिए मैंने कोई पचास-साठ शेर इकट्ठे किये हैं, पर तै नहीं कर पा रहा हूँ कि किसे जमा दूँ।

बहुत सोच-विचार के बाद यह शेर मेरे दिल में समाया है कि यह ऐसा जमेगा, ऐसा जमेगा कि न पूछिए—शेर क्या है, दिलों का सीमेण्ट है :

असर कहते हैं जिसको,
वह ख़ुदा की देन है लेकिन—
इजाज़त हो तो हम भी,
अर्ज़ कर लें दास्ताँ दिल की।

अदब और दबाव, दोनों का वाह क्या मिलान है।

इजाज़त हो तो हम भी,
अर्ज़ कर लें दास्ताँ दिल की।

शेर तो वाक़ई ज़ोरदार है, पर एक बात है कि कुछ लोग शेर से भाषण को शुरू करना ज़रा हलकापन मानते हैं। तो फिर क्या करूँ ? हाँ, ठीक है, स्वामी रामानन्दजी के तरीक़े से काम लूँ कि व्याख्यान को किसी कहानी से शुरू करूँ।

दृष्टान्त-सागर में अच्छी कहानियाँ हैं और दृष्टान्त-समुच्चय में भी, पर वे ज़रा पुराने-से ढंग की हैं और कुछ गम्भीर भी हैं। मैं कोई ऐसी कहानी चाहता हूँ कि वह ऐसी चटपटी हो कि सुनते ही जनता उसमें उलझ जाए। तो फिर ह्यू एनत्सांग की कहानी सबसे अच्छी रहेगी।

दक्षिण भारत से एक आदमी उत्तर भारत में आया। वह अपने पेट पर ताँबे के पत्तर बाँधे रहता था और सिर पर जलती हुई मशाल। उससे लोगों ने पूछा कि तुम ऐसा क्यों करते हो ? उसने उत्तर दिया कि मेरे पेट में इतनी ज़्यादा अक़्ल है कि मैं पेट पर ताँबे के पत्तर न बाँधूँ तो मेरा पेट ही फट जाए और सिर पर मशाल इसलिए बाँधता हूँ कि मेरे चारों तरफ़ जो लोग हैं, वे अज्ञान के अँधेरे में भटक रहे हैं; मुझे उन पर दया आती है और मैं उन्हें यह रोशनी दिखाता हूँ।

ठीक है बस इससे ही आरम्भ करूँगा अपना व्याख्यान। बात यह है कि इससे दो लाभ एक साथ होंगे। बाबू राजकुमार पर तो यह चोट हो जाएगी कि कुछ तुममें ही अक़्ल नहीं है, मुझमें भी है और जनता के लिए इसी बात को मोड़ दूँगा यों कि मुझे उस आदमी की तरह अक़्ल का बदहाज़मा नहीं है, मैं तो आपका नम्र सेवक हूँ।

ख़ैर, भाषण मैंने ऐसा बाँध दिया है कि सुनते-सुनते लोग मुग्ध हो जाएँ और अधिक नहीं तो दो-चार सप्ताह तो नगर में उसी की चर्चा रहे, पर यह क्या बात है कि कल वसन्तोत्सव है और आज मेरा हृदय धक्-धक् कर रहा है। कल के उत्सव की बात याद आते ही शरीर में दौड़ता ख़ून जम-सा जाता है।

किसी सभा में भाषण देने का यह मेरे लिए पहला दिन है, पर जैसे बातचीत वैसा भाषण। बातचीत रुक-रुककर की जाती है और भाषण बिना

रुके। फिर जब भाषण तैयार है और उसे मैंने क़रीब-क़रीब रट डाला है तो इसमें चिन्ता की क्या बात है, धड़ाधड़ बोलता चला जाऊँगा।

हाँ, बात तो ठीक है, बोलता चला जाऊँगा। अजी मैंने यहाँ तक निशान लगा लिये हैं कि कहाँ जोश के साथ बोलना है और कहाँ धीमे से, कहाँ अपने को गम्भीर रखना है और कहाँ हँसना। असल बात यह है कि भाषण में उतार-चढ़ाव बहुत ज़रूरी है।

हाँ, भाषण में उतार-चढ़ाव ज़रूरी है, पर मेरे दिल में यह उतार-चढ़ाव क्यों हो रहा है। ऐसी घबराहट तो मुझे पहले कभी नहीं हुई। सभी मानते हैं कि मैं डरपोक नहीं हूँ।

फिर यह भी ख़तरा नहीं है कि भाषण बिगड़ जाए, क्योंकि पहले तो रट मारा है, फिर कई बार बाग़ में जाकर उसे दोहरा लिया है और आज तो मैंने उसके नोट्स भी ले लिये हैं। ऐसी तरकीब से उस परचे को मेज़ पर रख लूँगा कि मुझे एक के बाद एक पैड़ी दिखाई देती रहे और किसी को इस सर्चलाइट का पता भी न रहे।

मैं समझता हूँ कि अब घबराहट की कोई बात नहीं है।

हाँ, घबराहट की क्या बात होती इसमें, पर थोड़ी-थोड़ी देर में कलेजा जाने क्यों बाहर को आने लगता है। सोचता हूँ मन्त्रीजी को एक पत्र भेज दूँ कि तार आ गया है, एक सम्बन्धी बीमार हैं, बाहर जा रहा हूँ, बस झगड़ा-टण्टा ख़त्म। भाषण का क्या, ये तो आये दिन जलसे-उत्सव खड़े ही रहते हैं।

हाँ, यही ठीक है। कौन मुसीबत में जान फाँसे। कहीं ऐसा न हो कि आये थे चौबेजी छब्बे बनने, पर रह गये दुबे ही, यानी आये थे बेचारे नमाज़ बख्शवाने, रोज़े गले पड़े।

बाहर जाने का फ़ैसला कर लिया था, पर रात माधो की माँ मिल गयी। बुढ़िया टनटूमन में मास्टर है। बोली, अरे जब तक मैं हूँ तुझे क्या फ़िकर, जेठ पूत की अँगछी-टोपी दे दूँगी। जाते समय उसे जेब में डाल लियो, बस फ़तह ही फ़तह है। चारों तरफ़ दुश्मन ही दुश्मन हों, तब भी सिक्का तेरा ही बैठेगा। मेरी बात झूठ निकले तो चोर का हाल सो मेरा हाल !

मन्तर-तन्तर, झाड़ा-फूँकी और टनटूमन में अब लोगों का विश्वास नहीं

है, पर हमारे बड़े बुज़ुर्ग क्या मूर्ख ही थे, जो इनमें विश्वास करते थे !

आख़िर कोई तो बात है ही इनमें। कहते हैं पण्डित जयन्तीलाल शिवाबली दिया करते थे तो गीदड़ी आकर स्वयं बलि को खा जाती थी। गीदड़ी न आए तो वे लाख का लोभ देने पर भी अनुष्ठान हाथ में न लेते थे और साफ़ कह देते थे कि तेरा काम सिद्ध नहीं होगा।

आज ही वसन्तोत्सव है। तीसरे दिन मैं हजामत बनाता हूँ और आज उसका दिन नहीं था, फिर भी मैंने हजामत बनायी। बात यह है कि हजामत भी आदमी के व्यक्तित्व को चमकाती है और व्यक्तित्व की चमक भाषण के जमने में मदद देती है।

मैं कभी शेरवानी और पाजामा पहनता हूँ, कभी बुश्शर्ट-पतलून और कभी कुरता-धोती। मैंने सबको अलग-अलग पहनकर शीशा देखा और अन्त में शेरवानी-अचकन को ही पास किया। इस वेश में एक बड़प्पन है, संजीदगी है, शालीनता है।

हनुमानूजी के दर्शन करने गया और उनके चरण का सिन्दूर छाती पर लगाया। इससे काफ़ी बल मिला और घर आकर सवा रुपया ताक़ में रख दिया कि आज मेरा भाषण जम गया तो रात को ही हनुमानूजी का प्रसाद बाँटूँगा।

अपने कमरे में लेटकर मैंने भाषण दोहराया, ठीक था, घबराहट भी आजकल जैसी नहीं थी और सफलता अब मेरे सामने थी। समय पर कपड़े पहन उत्सव में चला तो घर से बाहर पैर रखते ही कहीं दूर शंख बजा।

मेरा मन विश्वास से भर गया। यह शुभ शकुन था। मुझे लगा कि यह राजकुमार बाबू पर मेरी विजय का शंखनाद है। ताँगे में बैठते-बैठते मैंने मन में कहा, हे सत्यनारायण स्वामी, आपकी कृपा से आज मुझे सफलता मिल जाए तो मैं धूमधाम से आपकी कथा कहलवाऊँगा।

मैं ठीक समय जलसे में पहुँच गया। मन्त्रीजी ने मेरा स्वागत किया। सच तो यह है कि सब मेरी ही ओर देख रहे थे और ठीक भी है कि उत्सव का प्राण तो वक्ता ही होते हैं। फिर वक्ताओं में दो तो पुराने घिसे हुए थे और चार सीखतड़, आज का मुख्य वक्ता मैं ही था।

मैं कुरसी पर बैठ गया। मुझे फिर घबराहट उठी और मन में आया

कि उठ चलूँ, पर मैंने तभी जेब में हाथ डालकर माधो की माँ के उस अक्षय कवच को छू लिया। इससे मुझे कुछ ताक़त मिली और तभी मैंने मन-ही-मन कहा, हे हनुमान्‌जी महाराज, मुझे सफलता दो। मैं आज ही आपको सवा की जगह अढ़ाई रुपये का प्रसाद चढ़ाऊँगा।

प्रिंसिपल त्रिवेदी सभापति चुने गये, इसलिए बाबू राजकुमार एम. एल. ए. ही पहले वक्ता रहे। वे बोल रहे थे पर मैं उनका भाषण सुन न रहा था। हाँ जी, भाषण मेरे कानों में पड़ रहा था, पर कलेजे में उतर न रहा था। मैं शायद अपना भाषण सोच रहा था और शायद कुछ भी न सोच रहा था।

उनका भाषण ढीला रहा, यह मैं ज़रूर समझ पाया। उसमें एक भी बात नयी न थी। सच यह है कि वे उन लोगों में हैं, जो मर जाते हैं और फिर भी साँस लेना बन्द नहीं करते।

अब मन्त्रीजी मेरा परिचय दे रहे थे। मैं अपनी कुरसी से उठा तो मुझे लगा कि मेरे पैर सो गये हैं। मैंने अपने को सँभाला और भाषण के नोट्स की परची बायें हाथ में ले ली। मेज़ के पास पहुँचते ही सभापतिजी ने कहा, "आइए, कितनी देर बोलिएगा ?" मैंने कहा, "आधे घण्टे से कुछ ज़्यादा ही समझिए !" पर मुझे लगा कि मेरी आवाज़ कुछ बैठी हुई है। पिण्डलियाँ तो काँप ही रही थीं।

मैंने सभा की ओर देखा, कोई दो हज़ार आँखें मुझे देख रही थीं। सहसा मेरी आँखें बाबू राजकुमार की आँखों से टकरायीं—बस एक बड़ा घण्टा-सा मेरे कलेजे में घन्न-सा लगा और यह भी कि तख़्त नीचे को जा रहा है।

श्रीमान् सभापतिजी और भाइयो, मैंने कहा और तब मशालवाले की कहानी आरम्भ की, पर जाने कैसे मेरे मुँह से निकल पड़ा, मेरे सिर पर जलती मशाल बँधी है।

बस जलसे के लोग हँस पड़े और लड़कों ने तालियाँ बजा दीं। मेरा रोम-रोम इस तरह खिल गया कि जैसे मुझ पर ये कई सौ हण्टर एक साथ पड़े हों ! मेरी आँखें बन्द हो गयीं या उनमें अँधेरा छा गया और जब वे खुलीं मैं पिछले कमरे में लेटा था।

सब कुछ मुझे याद हो आया। जलसा चल रहा था, मैं चुपके से अपने

घर आ गया क्योंकि अब वहाँ बैठना तारकूल लगाकर शीशे में मुँह देखना था। जीना अब मुझे बोझ था। बोझ उठाया जा सकता है, पर जिया तो अब नहीं जा सकता था। हाँ, मुझे मर जाना है; और क्या मरना ही बाक़ी है।

यह सारी घटनावली सुनाने के बाद श्यामनन्दन बाबू ने बताया कि मेरा सिर उस समय फटा जा रहा था। मुझे याद आयी सारीडन की गोली और, और उसके साथ ही शेरीडन–इंग्लैण्ड का राजनीतिज्ञ। वह जब पहली बार पार्लामेण्ट में बोला तो घबरा गया। पत्रकारों ने उससे कहा, "कोई और काम कीजिए आप", पर जब वही वारेन हेस्टिंग्स के विरुद्ध पार्लामेण्ट में बोला तो प्रसिद्ध वक्ता फ़ाक्स ने कहा, "ऐसा भाषण कॉमन्स सभा में आज तक कभी नहीं हुआ।"

मैंने सोचा, मैं मर जाऊँ ? मेरे साहस ने उत्तर दिया कि ना, मैं मरूँगा नहीं और अपने नये-नये प्रयत्नों से नयी सफलता पाऊँगा और एक दिन शेरीडन की तरह यशस्वी हूँगा।

असफलताएँ जीवन में आती ही रहती हैं, उनसे घबराकर बैठ न जाइए। उन्हें नये और पहले से ज़ोरदार एवं व्यवस्थित प्रयत्नों का निमन्त्रण मानिए। फिर से जूझिए, फिर-फिर जूझिए और सफलता तक पहुँचिए, जो आपसे रूठी नहीं है, आपकी प्रतीक्षा कर रही है।

उस बेवक़ूफ़ ने जब मुझे दाद दी !

मेरी जन्मभूमि के एक सज्जन ने उस दिन मुझसे अपनी बेटी के विवाह का निमन्त्रण-पत्र लिखवाया। वर्ष भर में दस-पाँच निमन्त्रण लिखता ही हूँ, उनका भी लिख दिया।

इस बेटी के श्वसुर, समय की बात, साहित्यिक रुचि के थे और पत्रों में मेरे लेख पढ़ चुके थे। वे जब बेटे की बारात लेकर आये तो स्नेहपूर्वक मेरे घर पधारे।

मैं उनके अनुरोध पर उनके पुत्र को आशीर्वाद देने गया और यों उनके साथ उनके घर जा पहुँचा, जिन्होंने मुझसे निमन्त्रण-पत्र लिखाया था।

जब उन्होंने जाना कि उनके सम्बन्धी मेरे घर गये थे तो मन में माना कि उन्हें मेरी प्रशंसा करनी चाहिए और अपने सम्बन्धी की ओर देखकर बोले, "लालाजी, हमारे पण्डितजी बड़े विद्वान् हैं, मुन्नी के विवाह की चिट्ठी हमने इनसे ही लिखवायी थी। ये बहुत अच्छी चिट्ठी लिखते हैं।"

मैंने अनुभव किया कि सम्बन्धीजी को उनकी बात भली नहीं लगी और उनके जाते ही वे बोले, "बेवक़ूफ़ है !"

मैंने कहा, "आपके वे सम्बन्धी हैं चाहे जो कहिए, पर मेरी लिखाई की तो दाद वे दे ही रहे थे।"

बोले, "बेवक़ूफ़ की दाद से भगवान् बचाए !"

बचपन में पिताजी ने एक संस्मरण सुनाया था। वह अनायास स्मृति में चमक उठा : एक डिप्टी थे कालेराय। अफ़सरी के सब दोषों से दूर और गुणों से भरपूर। उनकी अदालत में दो भाइयों का मुक़दमा आया, जिसमें चतुर छोटे भाई ने, सरल बड़े भाई का सब कुछ दबा लिया था और अपमान

भी किया था।

कालेराय ने दूध का दूध और पानी का पानी कर दिया तो फ़ैसला सुनकर बड़ा भाई भरी अदालत में बोला, "अरे डिप्टी साहब, तेरा बाप भी ससुरा गधा ही था, जो तेरा नाम कालेराय रख दिया, तू तो पूरा धोलेराय है।"

पाँच-सात दिन बाद भाई ब्रह्मानन्दजी आ गये–शास्त्रीय संगीत के वर्चस्वी साधक। आचार्य जगदीशचन्द्र ने कुछ मित्रों से चर्चा कर दी और दूसरे दिन एक प्रतिष्ठित बन्धु के यहाँ रात में संगीत-गोष्ठी का आयोजन हो गया।

समय पर हम लोग वहाँ पहुँचे तो देखा कि नगर के कुछ शिक्षित बन्धुओं के साथ दुलारा सुनार भी बैठा है। दुलारे का गला अच्छा है और अपने यार-दोस्तों में गायक माना जाता है।

संगीत का उसे ज्ञान नहीं, ताल-स्वर का अता-पता वह नहीं जानता, कुछ रसीली ग़ज़लें और गले का लोच ही उसका आरकेस्ट्रा है, जिससे वह मित्रों का मनोरंजन कर देता है।

सितार पर कलाकार ब्रह्मानन्द की उँगलियाँ इठलायीं कि बागेश्वरी की धुन झंकार पर थिरक उठी। बरसों बीत गये, पर लगता है आज भी वह धुन कानों में समायी है। ब्रह्मानन्दजी की मुद्रा दर्शनीय थी, लगता था कि उनकी आत्मा सितार के तारों में समाधिस्थ हो गयी है।

तभी कानों में एक सुई चुभ गयी, "लो टुन-टुन तो सुन ली पण्डितजी, अब इनसे कुछ गाना-वाना सुनवाओ।" यह उस मनहूस की आवाज़ थी, जिसके घर पर हम बैठे थे। मैंने कड़वी आँखों से उन्हें देखा तो वे दबे। तभी फूटे कलाकार के बोल और बस जड़ तारों की धुन से चैतन्य कण्ठ का स्वर मिल यों इठला उठा कि प्रकृति और पुरुष का युगल विहार कर रहा हो !

राग उठा, उभरा, इठलाया और अन्तरिक्ष में बिखरकर कलाकार के मानस में समा गया। ब्रह्मानन्द के माथे पर सरदी की उस ऋतु में भी श्रम-मोती झलक आये, सितार उन्होंने रख दिया।

एक-दो बीमार गलों से मरी-सी वाह-वाह निकली और शेष सब शान्त

रहे, शान्त क्या, वे भी थक गये थे—अपने अज्ञान से, अज्ञान की प्रतिक्रिया से !

तभी एक आवाज़ आयी, "अच्छा साहब, अब दुलारे की भी एक चीज़ हो जाए !"

"ज़रूर-ज़रूर" यह मिला भरा-पूरा समर्थन !

दुलारा संकोच से दोहरा हो गया, "अजी, भला हंस के सामने काली चिड़िया की क्या बिसात, पण्डितजी से ही एक और चीज़ सुनिए !"

वह लाख संगीतज्ञ नहीं था पर कनरसिया तो था ही, चीज़ को समझता था, पहचानता था !

तक़ाजे ने ज़ोर पकड़ा, दुलारे के सामने जगह हो गयी और वह खँखार ही रहा था कि किसी स्वयम्भू निर्देशक की वाणी सुन पड़ी, "हाँ दुलारे, ऐसी हो कि कलेजा चीरती चली जाए !"

दुलारे के बोल खिले—

उसने कहा तू कौन है मैंने कहा शैदा तेरा !
उसने कहा चाहता है क्या मैंने कहा सौदा तेरा !!

वाह-वाह से कमरा गूँज गया और इस तरह के रिमार्क भी—क्या कहने ! शैदा से सौदा क्या मिलाया है !

ब्रह्मानन्दजी ने एक राग और गाया, दुलारे की एक गज़ल और हुई और गोष्ठी ख़त्म।

चलते-चलते एक सज्जन मेरे कान में बोले, "तुम्हारे सितारजी को हमारे दुलारे ने पहले ही दाँव में उखाड़ दिया पण्डितजी !"

मैंने आँख फाड़कर उधर देखा, यह बैल बी. ए., एल-एल. बी. था !

हम इस तरह चुपचाप घर पहुँचे और सो गये कि तीनों ही कहीं पिट कर आये हों, पर प्रातः उठे ही थे कि दुलारे आ पहुँचा। अँगोछे में लपेटे फल उसने सामने रखे और ब्रह्मानन्दजी के पैर छूकर बोला, "इन लोगों के भाग से हमारे कानों में भी कल आपके बोल पड़ गये। पण्डितजी, मैं रात-भर नहीं सोया, आपकी आवाज़ मेरे भीतर गूँजती रही !"

मैंने उसे ज़रा गहराई में उतारा, "लेकिन वहाँ रात गाना तो तुम्हारा ही जमा दुलारे भाई !"

दुलारे ने आँखें बन्द कर दोनों हाथों से अपने कान पकड़े, जीभ बाहर निकाल दाँतों में दबायी और तब कहा, "राम राम, कहाँ गली की नाली, कहाँ मन्दिर का कलश, आप भी क्या बात कहते हैं !"

विद्वान् मूर्खों के बाद, यह एक मूर्ख विद्वान् का सम्पर्क था।

दुलारे चला गया तो मुझे लगा कि गन्दे कमरे में झाड़ू देने के बाद अभी-अभी मैं मुँह-हाथ धोकर उठा हूँ !

तब की बात है, जब दिल्ली में लाल क़िले के सामने लाजपतराय मार्केट नहीं था और वहाँ आम जलसे हुआ करते थे।

उस दिन रात में उधर से निकला तो खुले आकाश के नीचे मुशायरा हो रहा था। ज़रीक़ा चोग़ा पहने कोई नवाब साहब सदर थे। हज़ारों आदमी बैठे थे और हज़ारों खड़े; जैसे जलसे की जी-जागती चारदीवारी हो यह !

मैं भी खड़ा हो गया और खड़ा होते ही मुझ तक जो कुछ आया, वह किसी शायर की तरन्नुम के लहरे से तर आवाज़ न थी, केवड़े के इत्र की मदमस्त खुशबू से भरा हवा का हलका झोंका था।

मेरे ठीक सामने एक नौजवान, चिनी हुई दुपल्ली टोपी और चिकन के कुरते में सजे हुए उनके कपड़े इत्र में बसे थे या वे स्वयं, मैं नहीं कह सकता, पर उनसे वहाँ का वातावरण महक रहा था, इसमें सन्देह नहीं।

तभी उन्होंने एक शेर पर बढ़कर दाद दी, "वाह, क्या शेर है; वल्लाह, ग़ालिब मरकर दोबारा ज़िन्दा हो गया है !"

चौंककर मैंने उनकी तरफ़ देखा और तब, "इस शेर की बारीक़ी क्या है भाई जान ?"

बोले, "अरबी-फ़ारसी अलफ़ाज (शब्दों) से शेर इस क़दर सक़ील (गरिष्ठ) हो गया है कि मानी गुम हैं !"

"तो फिर आपने दाद किस बात की दी ?" मैंने पूछा तो तुनककर बोले, "अजब दहकानी (गँवारू) सवाल है आपका; अरे मियाँ, दाद देने से मुशायरे का समा बँधता है !"

तब तक शायर साहब अपना दूसरा शेर पूरा कर रहे थे। कुछ सुना, कुछ बे-सुना और पूरा-का-पूरा बे-समझा, पर मैंने उभरकर लम्बे हाथों दाद

दी।

वे मेरी तरफ़ विजय-भरी आँखों से देखकर बोले, ''फ़रमाइए जनाब, दाद से समा बँधता है या नहीं ?''

मैंने कहा, ''बेशक !'' और उन्होंने फ़ौरन मेरी तरफ़ पूरी तरह मुड़कर बड़े तपाक से हाथ मिलाया और मुझे अपनी बराबरी में ले लिया।

मैंने सोचा, मुशायरे का समा बँधे न बँधे, बातचीत का समा तो बँध ही गया !

लोकजीवन में एक कथा प्रचलित है कि वन की यात्रा में एक ऋषि को एक अमृतफल मिला। इसे कोई वन्ध्या भी खा ले तो पुत्रवती हो। ऋषि ने कृपालु हो, पास-पड़ोस की एक वन्ध्या जुलाही को वह फल दे दिया।

हाथ में फल लेकर जुलाही बोली, ''मेरे घर में इस फल से बेटा हो गया तो तुम्हें गाढ़े की एक चादर दूँगी ऋषिजी !''

उस दिन हम लोग एक कॉलेज के कवि-सम्मेलन में गये। कवि-सम्मेलन के बाद चाय-पानी हुआ। श्री रतनलाल 'चातक' ने सभापतित्व किया था। कॉलेज के प्रिंसिपल उनसे बोले, ''चातकजी, आप कविता को पढ़ते ख़ूब हैं।''

चातकजी चूकनेवाले कहाँ ? तड़ाक से बोले, ''जी हाँ, कविता में तो कुछ होता नहीं, इसलिए गा-बजाकर ही आपको रिझा लेता हूँ !''

अट्टहासों से कमरा ऐसा गूँजा कि प्रिंसिपल साहब झक हो गये !

व्यक्ति के असाधारण गुणों को छोड़कर उसके साधारण गुण की कभी दाद मत दीजिए।

साधारण बात पर असाधारण दाद मत दीजिए,
असाधारण बात पर साधारण दाद मत दीजिए,
अपने को स्वयं कभी दाद मत दीजिए,
यहीं यह भी कि हमेशा नपी-तुली दाद दीजिए,
सही स्थान पर और सही रूप में दाद दीजिए,

और याद रखिए कि आपकी दाद एक तराजू है, जिस पर वही नहीं तुलता, जिसे आप दाद देते हैं, आप भी तुल जाते हैं !

रहो खाट पर सोय !

"शाम का यह सुहावना समय और तुम अपनी इस कोठरी में पड़े किताब के पन्ने चाट रहे हो। यह अजब बेवक़ूफ़ी है। उठो और ज़्यादा नहीं तो कम-से-कम पास के ही पार्क में घूमते-घामते नज़र आओ। आख़िर ऐसी भी क्या मनहूसियत है ?"

"जी, शाम का यह सुहावना समय और तुम खामखा मेरी कोठरी में घुसे मेरे पुस्तक पढ़ने के आनन्द में मूसलचन्द बन रहे हो। यह अजब बेवक़ूफ़ी है। उठो और ज़्यादा नहीं तो कम-से-कम बाहर की सड़क पर ही घूमते-फिरते नज़र आओ। आख़िर ऐसी भी क्या मनहूसियत है ?"

"अरे भाई, तुम भी कमाल के आदमी हो ! हमने कही एक स्वास्थ्य-विज्ञान की बात और तुम ले उड़े उसे मज़ाक़ में और फिर मज़ाक़ भी हलका कि हमारी ही बात हम पर फ़िट कर रहे हो। यह अजीब मनमानी है तुम्हारी !"

"अरे भाई, तुम भी कमाल के आदमी हो। हमने कही एक जीवन-विज्ञान की बात और तुम ले उड़े उसे मज़ाक़ में। अच्छा रहने दो अब और आगे नहीं कहता। वरना तुम कहोगे कि यह मेरी ही बात मुझ पर फ़िट कर रहा है।"

"तो शाम के समय अपनी कोठरी में घुसकर खटिया पर पड़े पुस्तक पढ़कर स्वास्थ्य ख़राब करना भी एक जीवन-विज्ञान है; क्या अजीब मनमानी है !"

"जी हाँ, शाम के समय कोठरी में घुसकर खटिया पर पड़े पुस्तक पढ़ना

ी जीवन-विज्ञान है, पर मैं यह स्वीकार करने में शरमाऊँगा नहीं कि यह धूरा जीवन-विज्ञान है और लीजिए तुम्हें नये प्रश्नों की मशक़्क़त से बचाने ो यह भी बता दूँ कि यह पूरा तब होता जब मैं यहाँ खटिया पर पड़े पुस्तक ढ़ता नहीं, खुर्राटों के साथ सोता तुम्हें मिलता।''

''वाह मेरे शेर, क्या छलाँग मारी है तुमने कि शाम के समय श्रीमान् ी सोते मिलते तो जीवन-विज्ञान पूरा हो जाता। अरे मियाँ, यह क्यों नहीं हते कि खटिया पर मरे मिलते तो जीवन-विज्ञान में चार चाँद ही लग ाते !''

''इसमें न वाह की ज़रूरत है, न आह की; बात तो सिर्फ़ इतनी है के तुम्हें हो गयी है अक्ल की बदहज़मी और मैं बात कर रहा हूँ अक्ल की, जिसे तुम पचा नहीं सकते, पर ख़ैर, अब मेरी कोठरी में आ गये हो ो तुम्हारी खोपड़ी में भी यह जीवन-विज्ञान उतारना ही पड़ेगा।''

''कैसे ?''

''कैसे क्या था इसमें ? बस हकीम तुलसीदास की हाज़मे की गोली ानी पड़ेगी तुम्हें; और जहाँ वह गोली तुमने ज़रा पपोली, चूसी कि तुम्हारे देमाग़ के किवाड़ इस तरह खुल जाएँगे जैसे भगवान् वेदव्यास की कृपा से भी संजय के खुल गये थे।''

''यह सब क्या छौंक लगा रहे हो तुम ?''

''छौंक-वौंक कुछ नहीं, बस गोली तैयार है और अब तुम भी तैयार ो जाओ। डरो मत, यह थ्री नाट थ्री नहीं है कि जागतों को सुला दे, यह ो गोली है जनाब, कि सोतों को जगा दे और जागतों को चला दे।''

''तो फिर जो होगा देखा जाएगा, चलाइए अपनी गोली, हम भी छाती ोले तैयार हैं।''

''जी, इस गोली में छाती खोलने की ज़रूरत नहीं पड़ती, क्योंकि ुलसीदास की यह गोली सीधे छाती पर नहीं पहुँचती, कानों की राह छाती ं उतरती है।''

''तो यह बात है ?''

''जी हाँ, यह बात है, अच्छा तो कान खोल लो, वह गोली आ रही ै और गोली क्या है सन्त तुलसीदास का ज्ञानामृत है कि 'तुलसी भरोसे

राम के रहो खाट पर सोय।'

"सुन लिया तुमने ? अजी, सुन लिया तुमने ? सन्त कवि तुलसीदास की क़िस्मत बड़ी है कि अक़्ल के मामले में तुमसे इंच दो इंच आगे ही हैं। वे जीवन-विज्ञान का यह सार कह गये हैं कि भाई, झगड़े-झमेले में मत पड़ो और आराम से खाट पर पड़कर सोओ। अब बताओ कि अपनी कोठरी में खाट पर पड़ा मैं उनकी बात का आधा पालन तो कर ही रहा हूँ। फिर तुम इस तरह क्यों चिचिया रहे हो कि जैसे मैंने किसी की जेब काट ली हो और तुम कोई पुलिस इन्सपेक्टर हो !"

"भई, यह तो तुमने गज़ब की गोली खिलायी और इससे वाक़ई दिमाग़ के किवाड़ खुले जा रहे हैं, पर यह तो बताओ कि सचमुच तुलसीदास के दवाख़ाने की है या भले आदमी, घर में घोटकर उनका लेबिल लगा दिया है तुमने ? आजकल यह मर्ज़ बुरी तरह बढ़ रहा है; कहीं छूत की इस झपेट में तुम भी तो नहीं आ गये ?"

"जी नहीं, यह सौ-टका तुलसीदास की गोली है और देखते नहीं आप कि ऐसा विशाल अनुभव और है ही किसे, जो एक लाइन में सारी गीता कह दे ?"

"अच्छा जी ! तो इस लाइन में सारी गीता कह दी गयी है ? भाई, सच बात यह है कि तुम्हारी गोली से हमारे दिमाग़ के किवाड़ तो खुल गये हैं, पर कमरा अभी ख़ाली ही है।"

"घबराओ मत भाई जान, जब कमरा खुल गया है तो उसमें ज्ञान-पुरुष का पदार्पण भी होनेवाला ही है, और लो, होनेवाला क्या है, हो ही रहा है। तुलसीदास के इस हिन्दी वचन पर उर्दू के एक आलिम ने अपना तबसरा लिखा है। उसे तुम सुनो तो शायद सब कुछ ही पा जाओ। वह कहता है :

"एहसान नाख़ुदा का उठाये मेरी बला !
किश्ती ख़ुदा पे छोड़ दूँ लंगर को तोड़ दूँ।"

कुछ आया तुम्हारी समझ में या अब भी नासमझी का ही दौर-दौरा है ? हाँ, तो लो अब तुम्हें अ आ इ ई की तरह ही पढ़ाना पड़ेगा। अरे भाई, लगन-मुहूर्त देखकर, साफ़-सुथरी मज़बूत नाव में बैठकर, अच्छे मौसम में मल्लाह की मदद से पार उतर जाना मामूली बात है और यह कोई भी

कर सकता है। इस मामूली से ऊपर एक ग़ैर मामूली-असाधारण बात यह है कि आदमी मल्लाह का भरोसा न करके अपनी ही ताक़त का भरोसा करे और पार उतर जाए, पर आलिम कहता है कि यह भी एक घटिया बात है, असली बात तो यह है कि मल्लाह से बात न करे, नाव के बारे में सोचना बन्द कर दे और नाव को पानी में उतारकर उसमें सो रहे; बस वही तुलसीदास का वचन "तुलसी भरोसे राम के रहो खाट पर सोय !" यानी खाट न सही, नाव सही, तुम खुर्राटों का मज़ा लो, डोलती-हिचकोलती नाव अपने-आप किनारे लगेगी और लगेगी क्या यों ही, लगाएगा लगाने वाला !"

"और क्यों जी, लगाने वाला न लगाए नाव को पार और मँझधार में कर दे, डुबक-डुबक डुम-डुम, तो क्या हो ? बस करो बेटा पहले पाताल लोक की सैर और फिर पानी पर तैरते नज़र आओ स्लीपर की तरह ! यह वचन भी ख़ूब रहा और उसका प्रवचन भी ख़ूब रहा। मतलब यह कि चढ़ जा बेटा शूली पर राम भली करेगा। अरे भाई, राम क्या भली करेगा, तेरे प्राण-पखेरू फुर्र हो जाएँगे। भूख अपने पेट में और रोटी दूसरे के हाथ, उसने समय पर टुकड़ा दिया, दिया, न दिया, न दिया। भला, यह भी कोई बात हुई !"

दिया किस तरह नहीं ? दिया और इस तरह दिया कि लेनेवाले का सिर ऊँचा रहा। हमारे देश के एक-दो नहीं, अनेक भगत गा गये हैं कि–

"होंगे दयाल तो देंगे बुलाय के !
लेने कौन जाएगा, देंगे घर आय के !!"

घर आकर देना, कोई कल्पना नहीं है, मेरे भाई, खयाली पुलाव भी यह नहीं है। हाँ, यों कह सकते हो कि यह जीवन का एक चमत्कार है। फिर यह चमत्कार कोई सन्तों की ही बपौती नहीं, मेरे-जैसे साधारण मनुष्य ने भी अपने जीवन में यह चमत्कार देखे हैं। युगपुरुष गाँधीजी ने कहा था कि जहाँ सत्य होता है, वहाँ चमत्कार भी होते हैं।

अब कहो, तुलसीदास का वचन जीवन-विज्ञान का अमृत है या नहीं ? यह अमृत मनुष्य को भिखारी होने से रोक देता है और उसे अपनी आँखों में हीन नहीं होने देता। यही नहीं, उसमें एक ऐसी बेफ़िक्री पैदा कर देता है कि फ़िक्र, प्यास, तृष्णा, ईर्ष्या, मानसिक हीनता और इसी तरह के दूसरे

दोष उसके पास नहीं फटक पाते। उसमें स्वाभिमान इस सीमा तक उत्पन्न हो जाता है कि माँगते ही मिल जाने का अखण्ड विश्वास होने पर भी वह किसी से नहीं माँगता और साफ़ कह देता है :

'यह गवारा न किया,
दिल ने कि माँगूँ तो मिले।
वरना साक़ी को,
पिलाने में कुछ इनकार न था।'

हाँ, बिना माँगे ही उसकी ज़रूरत पूरी हो जाती है और जीवन में कभी ऐसा अवसर भी आता है कि वह प्यासा ही रह जाए, उसे कुछ न मिले तब भी उसे दुःख नहीं होता कि मुझे यह मनचाही चीज़ क्यों न मिली तब भी वह तुलसीदास की बात मानकर अपनी खाट पर खुर्राटें खेंचता रहता है; क्योंकि उसका विश्वास उससे कहता है कि तेरी माँग में—तेरी चाह में ही कहीं कुछ भूल है और वह अपने राम से कह उठता है :

"तेरे करम में कभी कुछ नहीं, करीम है तू,
क़ुसूर मेरा है, झूठा उमीदवार हूँ मैं !"

इसका एक नमूना मैं अपनी आँखों देख चुका हूँ और तब से 'रहो खाट पर सोय' की फ़िलासफ़ी में मेरा तो अखण्ड विश्वास हो गया है।

मेरे एक मित्र अपने लिए एक मकान चाहते थे। उन्हें सचमुच मकान की ज़रूरत थी और इसे सभी मानते थे। बहुत दिनों के बाद एक मकान उनके नाम एलॉट हो गया, पर तभी कुछ लोगों ने उसमें अड़ंगा लगा दिया। ये लोग इतने धूर्त थे कि वह सरल मित्र उसमें उलझ गया और मकान न पा सका। मित्र को मकान तो मिला ही नहीं, उनकी बेइज़्ज़ती भी हुई, क्योंकि मकान के मामले को प्रतिष्ठा का प्रश्न बना दिया गया था, पर वे अब भी शान्त थे। उन्हें देखकर आश्चर्य होता था। उन्होंने कहा, मकान मुझे मिलना चाहिए था, यह ठीक है और उसका न मिलना अन्याय है, यह भी ठीक है, पर भगवान् जाने इसी में मेरा हित हो !

हम सबने कहा, "यह सब तो मजबूरी का सन्तोष है भाई साहब !" पर वे मुसकराते रहे। बाद में एक दिन हमने सुना कि बरसात में उस मकान की एक छत गिर गयी और कई आदमी उसमें दबकर मर गये। उन्होंने हम

सबसे कहा, "कहो, मकान न मिलने में ही हित निकला या नहीं ?" सचमुच वह मकान उन्हें मिला होता तो आज हम समाचार सुनने की जगह एक मर्मवेधी दृश्य देखते !

"सचमुच भैया, तुम्हारे तुलसीदास की यह खाट-फ़िलासफ़ी तो एक बड़े काम की बात मालूम होती है।"

"बड़े काम की ? अजी, इससे भी बढ़कर बड़े-बड़े कामों की है यह बात भाई साहब ! लो एक लोक-कथा सुनाता हूँ तुम्हें, जिसे सन्त तुलसी के तत्त्वज्ञान की बस व्याख्या ही समझो।"

"एक राजा था। एक उसका वज़ीर था। वज़ीर हर बात में कहा करता 'अच्छा ही हुआ।' राजा का बेटा एक दिन अपना पहला शिकार खेलने गया। यहाँ शेर ने पंजा मारकर उसका दाहिना अँगूठा उड़ा दिया। जब दरबार में उसका ज़िक्र हुआ तो वज़ीर बोला, 'अच्छा ही हुआ।' राजा को गुस्सा आ गया। राजा ने कहा, 'जा निकल जा, मेरे राज से।' वज़ीर ने कहा, 'अच्छा ही हुआ' और वह दूर चला गया। कुछ दिन बाद भील लोग उस राजकुमार को उठा ले गये और एक खम्भे से बाँधकर उसे काली माई की बलि देने लगे। जब भीलों का गुरु राजकुमार के गले पर छुरा रखने लगा तो उसने वो कटा हुआ अँगूठा देखा। चिल्लाकर गुरु बोला, 'छोड़ दो इसे, यह तो खण्डित है।' राजकुमार छूटकर घर आया तो राजा ने कहा, देखो, उस दिन वज़ीर ने ठीक ही कहा था कि अच्छा ही हुआ। राजा ने आदर-मान के साथ वज़ीर को बुलाकर उसे फिर से ओहदा दिया।"

क्या तत्त्व है इस लोक-कथा का ? बस यही कि आदमी नहीं जानता कि किसमें भला है, किसमें बुरा है। और बात यह है कि आदमी सिर्फ़ आज को देखता है, कल को नहीं; पर अनुभव यह है कि आज की बुराई में कभी-कभी कल की भलाई छिपी रहती है। कटे अँगूठे ने ही राजकुमार की जान बचायी या नहीं ?

तो भाई साहब, आज से तुम भी हमारे गुरु तुलसीदास के चेलों में अपना नाम लिखा लो और यह गुरुमन्त्र कण्ठ कर लो : "तुलसी भरोसे राम के रहो खाट पर सोय !" फिर सुन लो एक बार यह गुरुमन्त्र "तुलसी भरोसे राम के रहो खाट पर सोय !" और लो, अब साफ़-साफ़ कहो कि

अब तो हमारे गुरु-भाई बनने में तुम्हें कोई एतराज नहीं है ?

"क्या बताऊँ मेरे दोस्त, सचाई यह है कि तुम्हारी यह बात तो मेरी भी खोपड़ी में बैठती जा रही है, पर सच बताओ, इसे मानने में कोई ख़तरा तो नहीं है ?"

"ख़तरा ? ख़तरा इसमें बहुत बड़ा है।"

"ख़तरा इसमें बहुत बड़ा है ?"

"हाँ, इतना बड़ा कि आदमी को जीते जी मुरदा बना दे। लो सुनो, तुम्हें इसका अँधेरा कोना भी दिखाता हूँ। आदमी अगर राम भरोसे नहीं, आलस्य के सहारे खाट पर पड़ सोये तो अहदी हो जाता है और अहदीपन आदमी की पराजय है, कोई विजय नहीं !

राम भरोसे खाट पर सोने का मर्म भी लो, चलते-चलाते तुम्हें बता दूँ। यह मर्म है आदमी का यह विश्वास कि बुरा तो कभी हो ही नहीं सकता, सब भला ही भला है। अब वह कर्मों के फल की चिन्ता से ही नहीं, प्रभाव से भी बच जाता है। अब तो वह एक यात्री है, जिसे अपनी राह चले चलना है। बस बिना रुके, बिना झुके, चले ही चलना है; यानी उसकी नज़र इस पर नहीं कि जीवन में मुझे क्या मिला और क्या नहीं। बस, उसके देखने-सोचने की सीमा तो यह है कि मैं जिया किस तरह--मेरे जीने में कोई खोट तो नहीं, कमी तो नहीं, कोई कुरूपता तो नहीं।"

जब मैंने नया पोस्टर पढ़ा !

आज बाहर से आया तो देखा प्रेस के बाहर जो नया पेशाबघर बनाया गया है, उसकी दीवार पर छपे हुए दो-तीन काग़ज़ लगे हैं। छपाई मोटी। दूर से ही पढ़ा, यह पेशाबघर केवल प्रेस के कर्मचारियों के लिए है।

बार-बार मैंने उसे देखा और बार-बार उसे पढ़ा। देखते-देखते ही कुछ क्षण में मुझे लगा कि यह पोस्टर मेरे कलेजे पर चिपका है, दीवार पर नहीं और उससे मेरे फेफड़े ठीक काम नहीं कर पा रहे हैं।

सीधे मैं प्रेस में गया और पूछा कि यह पोस्टर किसने तैयार किया है ?

मेरे पुत्र अखिलेशजी बैठे थे। बोले, तैयार तो मैंने ही किया है।

अपनी बात को उपदेश की कोटि में जाने से रोकने को मैं ज़ोर से हँस पड़ा, और वातावरण जब मुलायम हो गया तो मैंने कहा, "क्यों भाई, बहुत-से लोगों ने दूसरों के आराम के लिए धर्मशालाएँ बनवा दीं, कुछ ने कुएँ खुदवा दिये, पर तुम्हें यह भी स्वीकार नहीं कि तुम्हारे पेशाबघर में आते-जाते लोग अपनी ज़रूरत पूरी कर लें, जबकि इससे तुम्हारा न एक पाई खर्च बढ़ता है, न काम रुकता है, न कोई दूसरा ही नुक़सान होता है ?" अखिलेशजी उठे और उन्होंने तुरत वह पोस्टर दीवार से खुरच दिया और यों यह पोस्टर-काण्ड समाप्त हो गया।

अब मैं अपनी कोठरी में हूँ और देख रहा हूँ कि वह पोस्टर दीवार से उतरकर भी मेरी खोपड़ी के भीतर चिपका है। फिर जब दाँतों में तिनका है तो जीभ कैसे चुप बैठे, और खोपड़ी में खुरचन है तो फिर मेरा कहा मानकर वह मेरे काम में कैसे लगे ?

अच्छा, तो क्या है जी, वह खुरचन ?

खुरचन यह है कि आख़िर किसी के दिमाग़ में यह पोस्टर लगाने की बात उपजी ही क्यों ?

सोचते-सोचते ध्यान आया कि अखिलेशजी के घर के सामने ही स्टेट बैंक है और उसके पेशाबघर की दीवार पर लिखा है, "सिर्फ़ बैंक कर्मचारियों के लिए।"

बस, कुंजी हाथ आ गयी कि बैंक के उस नोटिस को आते-जाते अखिलेशजी देखते रहे और भीतर-ही-भीतर उसकी छाप उनके मन पर पड़ती रही और यों एक दिन यह पोस्टर तैयार हो गया।

सहसा मेरे मन में आया कि यह घटना विज्ञापन के महत्त्व पर कितना पैना प्रकाश डालती है। एक ही बात बार-बार सुनते-देखते मन पर एक संस्कार बन जाता है और वह संस्कार तब हमारे कार्य का संचालन करता है। चाय का प्रचार भी विज्ञापन के सहारे हमारे देखते-देखते हो गया और सिगरेट का पहले हो गया था। सिनेमा के हर खेल के लिए जो विज्ञापन होता है, वह हम देखते ही हैं।

मेरे मन में एक सुई-सी चुभी, बुरी चीज़ को आवश्यक बनाने के लिए, जब इतने विज्ञापन की आवश्यकता है तो अच्छी चीज़ को, बुरों के मन में अभी जिसकी माँग नहीं है, आवश्यक बनाने के लिए कितने विज्ञापन और प्रचार की आवश्यकता है ! पण्डित नेहरू की चीन-यात्रा से लौटने पर उनकी पुत्री श्रीमती इन्दिरा गाँधी ने एक पत्रकार से कहा कि "मुझे चीन की सबसे बड़ी विशेषता यह लगी कि वहाँ के लोगों में अपने देश की शक्ति बढ़ाने के लिए अत्युत्साह है।"

पत्रकार ने ठीक ही पूछा कि इस उत्साह का स्रोत क्या है ? जन-जन में यह उत्साह कैसे पैदा हुआ ?

उत्तर मिला, "इसका एक मुख्य कारण है निरन्तर प्रचार।" इस प्रचार का उन्होंने एक बहुत ही सूक्ष्म उदाहरण दिया कि बिलकुल छोटे बच्चों में सामूहिक जीवन के प्रति अनुराग उत्पन्न करने के लिए जिस प्रकार की कहानियाँ सुनायी जाती हैं, उसका एक नमूना यह है :

कुछ चिड़ियाँ एक साथ उड़ी जा रही थीं। एक चिड़िया पीछे रह गयी

और खो गयी। इसकी मदद के लिए दूसरी चिड़ियें आयीं और उन्होंने उसे परेशानी से बचा लिया।

मेरे भीतर निरन्तर जागते प्रचारक को नयी स्फुरणा मिली, पर मेरे प्रचारक के हाथ-पैर भले ही प्रचारक के हों, उसकी आत्मा विचारक की है। वह भले ही सफलता की चाह करे, खोज तो उसकी सत्य के लिए ही होती है।

प्रचारक के शान्त होते ही विचारक उद्‌बुद्ध हुआ, 'स्टेट बैंकवाले हों या फिर विकास प्रेसवाले, उनके मन में यह कामना क्यों उठती है कि उनकी वस्तु का कोई दूसरा उपयोग न करे ?'

हरके अपने धन-वैभव पर, अपने मकान पर, सामान पर अपना ही क़ब्ज़ा चाहता है और उसे यह गवारा नहीं कि उन पर कोई दूसरा हाथ रखे, पर अपनी कोई हानि नहीं और दूसरों को लाभ, इस सौदे में भी आदमी क्यों कृपण हो ?

प्रश्न का उत्तर तुरत न मिला तो मन उसकी खोज में निकल पड़ा और जा पहुँचा श्रीरामचन्द्र शर्मा 'महारथी' के घर। शर्माजी का घर जाने कितने मित्रों की धर्मशाला रही है, पर उस दिन उनके जीने में चढ़ा तो देखा कि उनके शौचालय पर एक ताला लगा है। सोचा घर का द्वार खुला है और शौचालय पर ताला लगा है, यह एक अजीब नक़शा है।

बातों-बातों में बच्चों को टटोला, तो पता चला कि आस-पास के लोग रात-अँधेरे में घुस आते हैं। सोचा कि यह बात बुरी है, पर सोचा कि इसमें बुराई क्या है ? शौचालय फ़्लश का है, इसलिए आस-पास के लोग सम्भवतः जिन्हें अपने शौचालय सुलभ नहीं हैं, किसी पड़ोसी के शौचालय का उपयोग कर लें तो क्या यह कोई दुरुपयोग हुआ ?

नहीं, यह दुरुपयोग नहीं है और मन में आया कि निश्चय ही यह शर्माजी की अनुदारता है। अनुदारता, संकीर्णता और असद्‌भावना के वातावरण में मेरा साँस घुटता है, सो घुटता रहा और मुझे यह भी सोचना पड़ा कि भविष्य में मैं यहाँ नहीं ठहरूँगा, पर दूसरे दिन प्रातः सोकर उठा तो मैं ही सबसे पहले उठने वाला था और इस प्रकार मैं ही सबसे पहले शौचालय में गया। ताला उस पर नहीं था, मेरे मित्र ने मेरी वृत्ति जान उसे

हटा दिया था, पर किवाड़ खोलते ही मैं सन्न हो गया। शर्माजी सफ़ाई-पसन्द आदमी हैं, स्वयं सफ़ाई करने में विश्वास रखते हैं, इसलिए हमेशा उनका शौचालय भी चन्दन-चौक रहता है, पर आज तो वह पूरा नरक था—उसकी कुण्डी में तो मल भरा ही था, चारों ओर भी गन्दगी के टीबे थे !!

मन में गुस्सा आया, गले में गालियाँ उभरीं और सोचा—इन आदमियों में और कुत्तों में क्या अन्तर है और शर्माजी ताला लगाकर इनसे बचते हैं तो क्या बुरा करते हैं ?

नल चलाया, सफ़ाई की, तब कुण्डी पर बैठा और सोचने लगा कि जो शौचालय का उपयोग करे, वह उसकी स्वच्छता में भी अपना हिस्सा दे, यह सुबोध व्यवस्था है, पर आनेवाला अबोध हो और स्वच्छता में भाग न ले तो उसके बाद आनेवाला सुबोध उसके भाग को पूरा करने में झल्लाए क्यों और भविष्य के लिए ताला लगाकर उसका प्रवेश भी क्यों रोके ? वह सुबोध है तो अपनी सुबोधता क्यों छोड़े ?

एक बार फिर ताले के विरुद्ध मन विद्रोही हो उठा, पर तभी समन्वय की सृष्टि हुई कि कोई सुबोध इस स्थिति में भी उदार रहे तो वह निश्चय ही आदर्श है, प्रशंसनीय है, पर सहज और स्वस्थ वृत्ति यही है कि हमारा जीवन-व्यवहार ऐसा रहे कि उससे दूसरे के जीवन की उदारता पुस-पनपे, संकुचित या नष्ट न हो।

आज जो अनुदार हैं, कृपण हैं, संकीर्ण हैं, कल निश्चय ही उनमें से अधिकांश उदार रहे होंगे और दूसरों के व्यवहारों ने ही उनकी उदारता पर ताला लगाया होगा, पर यह कितनी विचित्र बात है कि वे दूसरे ही अब उस अनुदारता पर भाषण देने में सबसे अग्रणी हैं।

भाई बालकृष्ण अरोड़ा याद आ गये मुझे। उस दिन बातों-बातों में उन्होंने अपने एक मित्र का संस्मरण सुनाया, जिसने उनके साथ बार-बार विश्वासघात किया। अन्त में कहने लगे, पहले कोई मिलता था तो मैं मान लेता था कि यह सज्जन हैं, जब तक कि अपने व्यवहार से अपने को दुर्जन सिद्ध न कर दे, पर कोई अब मिलता है तो मान लेता हूँ कि यह दुर्जन है, जब तक कि अपने को वह अपने व्यवहार से सज्जन सिद्ध न कर दे। मैंने सोचा इस परिवर्तन के लिए उत्तरदायी कौन है ?

एक दूसरे मित्र हैं। पहले सबके काम के लिए तैयार रहे थे। फ़ौजदारी के मुक़दमे में एक मित्र की ज़मानत की, महीनों खिंचे फिरे। तब से ऐसे चौकन्ने हो गये हैं कि पुट्ठे पर हाथ ही नहीं रखने देते और जिन्होंने उन्हें ऐसा बनाया है, वे ही सब ज़ोर से कहते हैं–बहुत दिमाग़ हो गया है अब। मैं अपनी ही बात कहूँ, मैं कभी ताले-कुंजी में विश्वास न रखता था। उस दिन मैं ज़रा शौच गया कि वह बालक आया और चुपचाप जेब में हाथ डाल सब रुपये निकाल ले गया। दूसरे दिन मैं शौच गया तो आप-ही-आप बिना सोचे दरवाज़ा बन्द कर गया–बाहर न सही, अन्तर चेतना में तो घटना का प्रभाव था ही !

विश्वासघात, तभी शायद सबसे बड़ा पाप है; क्योंकि यह समाज के सर्वोत्तम गुण–सहज विश्वास पर डाका डालता है। हम इससे बचें और यों भलों को बुरा बनाने का काम न करें।

अजी, क्या रखा है इन बातों में !

देखिए, आप जानते हैं मैं एक पत्रकार हूँ। वैसे तो गली-गली पत्रकार हैं और ऐसे पत्रकार कि क्या बताऊँ आपको कि न उनका सम्बन्ध है किसी पत्र से और न वास्ता कार से, पर हैं वे इतने बड़े पत्रकार कि उनके लेटर पेपर पर भी यह छपा है और घर के बाहर के छोटे बोर्ड पर भी।

बहुत-से साथी हैं कि उन बेचारों की मज़ाक़ उड़ाते हैं। शायद आप भी उनमें हों और बहुत-से साथी हैं कि उन्हें ताने देते हैं, उन पर नाराज़ होते हैं, उनसे कुढ़ते हैं, पर मुझे न ताने सूझते हैं, न झुँझलाहट आती है।

देख रहा हूँ कि आपके चेहरे पर जो नाक है, वह ज़रा चिकुड़ गयी है और इससे आपका पूरा चेहरा ही एक प्रश्नचिह्न बन गया है। साफ़ है कि आपके गले मेरी बात नहीं उतर रही है, पर आप तो जानते ही हैं कि मैं एक पत्रकार हूँ और मेरा काम ही बातों को गले उतारना है तो मैं आपके प्रश्न का समाधान अवश्य करूँगा।

और फिर समाधान क्या था इसमें ? यह न कोई दर्शन की गुत्थी है, न राजनीति की समस्या, बातों की बात है और बात का और मट्ठे का बढ़ाना क्या, घटाना क्या ? अरे भाई, बात तो सिर्फ़ इतनी है कि वे कहते हैं हम पत्रकार हैं और मैं कहता हूँ कि बधाई आपको कि आप बेकार तो नहीं हैं, कुछ-न-कुछ कार हैं। अब आप ही बताइए कि इस हालत में ताने, नाराज़ी और कुढ़न की गुंजाइश ही कहाँ है ?

जी, देखिए, कुढ़न की इसमें गुंजाइश नहीं है, पर इसमें यह गुंजाइश भी नहीं है कि आप मुझे भी ऐसा ही पत्रकार समझ बैठें। मैं पत्रकार हूँ,

ानी सम्पादक हूँ अपने पत्रों का।

यह लीजिए वह आ रहा है सामने से प्रेस का फ़ोरमैन। लोग समझते हैं, जाने क्या होता है सम्पादक, पर यहाँ आठ पन्ने पूरा करने में हो जाता है भुस। हाँ जी, भुस ही है और क्या कि लगने लगता है, जैसे भीतर न ख़ून रहा हो न रस, बस सूखा-सूखा और रूखा-रूखा।

"क्या बात है भाई खैरातीलाल ?"

"बात यही है कि अग्रलेख अभी तक नहीं मिला और साप्ताहिक लेट हो रहा है। अब शाम के छह बजे हैं। नोट कर लीजिए कि आपने रात में नौ बजे तक अग्रलेख न दिया तो कल पत्र नहीं निकलेगा और यह भी सोच लीजिए सम्पादकजी, कि कल की जगह वह परसों डाक में पड़ा तो सब-का-सब बैरंग हो जाएगा। गंगाधरजी तो और तरह के पोस्ट मास्टर थे। दे देर सवेर भी ले लेते थे, पर यह जो अब नये आये हैं, बस घड़ी की सुई और कैलेण्डर की तारीख़ देखकर काम करते हैं। मैंने सब बातें आपसे कह दी हैं, अब आप जानें और आपका काम। तो नौ बजे भेज दूं सोहन या रेजवान को मैटर लेने ?"

"हाँ, हाँ ज़रूर भेज देना। मुँह-हाथ धोकर चाय का प्याला पिये अब बैठता हूँ मेज़ पर। तुम नौ क्या साढ़े आठ बजे ही मँगा लेना लेख।"

खैरातीलाल चला गया और मैं अब मेज़ पर जा रहा हूँ। डेज़ीबिटिया ने मुझे गरम-गरम चाय पिला दी है और मूड ऐसी ताज़मताज़ा हो रही है कि कोई दिमाग़ में हाथ डालकर चाहे तो पूरा-का-पूरा अग्रलेख निकाल ले। लेख क्या है भारत की चहुँमुखी प्रगति को देखने के लिए एक नया चश्मा ही है।

जी हाँ, एक नया चश्मा। बात यह है कि आँख कमज़ोर हो तो उसे साफ़ नहीं दीखता, पर चश्मा लगा लो तो जोत जाग जाती है। सदियों की गुलामी में भारत की आँखें कमज़ोर हो गयी हैं, इसलिए स्वतन्त्र भारत में जो कुछ हुआ–हो रहा है, उसे हम समझ नहीं पाते। हमारी आँखें तरक्क़ी देखने की आदी हो गयी हैं, पर स्वतन्त्र भारत कर रहा है उन्नति। मेरे अग्रलेख के चश्मे से यह उन्नति साफ़ दिखाई दे जाएगी।

"वाह भाई वाह, यह तरक्क़ी और उन्नति की धुरपट ख़ूब रही। अरे

भाई, जो ख़ुदा वही ईश्वर और जो ईश्वर वही गॉड; भले आदमी, इनमें भी भला क्या भेद ? और जो भेद इनमें नहीं, वह तरक़्क़ी और उन्नति में कहाँ से आ घुसा ?"

है न यही बात आपके मन में, पर कहूँ एक बात; बुरा न मानिएगा, आपकी बात बस बातों की बात है, यानी बेबात की बात। उसमें न जान है न मान—एकदम पोपली। भाई मेरे, तरक़्क़ी और उन्नति में बहुत फ़रक़ है। बहुत अन्तर है। लीजिए पहले मेरा चश्मा आप ही लगाइए। तरक़्क़ी है भौतिक समृद्धि, बाहरी सुख-साधनों की वृद्धि और उन्नति है मानसिक समृद्धि, किसी ऊँचे उद्देश्य के साथ जीवन की आन्तरिक प्रवृत्तियों का जुड़ जाना।

मालूम होता है साफ़-साफ़ ही कहना पड़ेगा आपसे। स्वतन्त्र भारत ने बाँधों, योजनाओं, कारख़ानों, भवनों के निर्माण की दिशा में जो वृद्धि की है, वह तरक़्क़ी है और एक ईमानदार शान्ति-दूत के रूप में जो कार्य किया है, वह है उन्नति—प्राचीन की भाषा में एक है अभ्युदय और दूसरा है निःश्रेयस्। कहिए, है न नया चश्मा ?

तो अग्रलेख मेरा तैयार है मेरे मस्तिष्क में, पर मेरा पत्र तो मस्तिष्क पर नहीं, काग़ज़ पर छपता है और इसलिए अपना लेख भी मुझे काग़ज़ पर उतारना है। तो लीजिए, यह जम गया मैं और यह लिखा शीर्षक। बस अब फर्र-फर्र।

यह कौन चला आ रहा है मेरे कमरे की तरफ़ ? इन लोगों के लिए न समय है न असमय; जब देखा उड़ लिये हवा के झोंके से। ओह, रामचरणजी हैं।

"ओहो ! तो सम्पादकजी अभी अपनी कुरसी पर ही जोग साध रहे हैं। अरे भाई, चमगादड़ और उल्लू दुनिया के सबसे मनहूस जीव हैं, पर इस समय तो उनके परों और पैरों में भी चाल आ गयी, पर तुम्हारा पहिया ऐसा जाम हुआ कि बस जमा सो जमा। अच्छा लो, उठो अब कुरसी से।"

अच्छा लो अब उठो कुरसी से ! यह ख़ूब रही। मुझे अभी अग्रलेख लिखकर पूरा करना है, नहीं तो पत्र लेट हो जाएगा और आप जानते हैं यह बहुत बुरी बात है। मैं उनसे कह रहा हूँ, पर कह वे रहे हैं, "अजी,

क्या रखा है इन बातों में, लो उठो, बदन में डालो कुरता और पैरों में चमकाओ चप्पल और बस फुर्र-फुर्र; सीधे लक्ष्मी टाकीज़ में। अरे भाई, वो शानदार पिक्चर है सम्पादकजी कि उसके एक-एक गीत पर दो-दो लेख और एक-एक डायलॉग पर चार-चार अग्रलेख न्यौछावर हो जाएँ।''

मैं अपनी मजबूरियाँ अपने बोलों में पिरो रहा हूँ, पर उनके पास सबका एक ही उत्तर है अजी क्या रखा है इन बातों में और लीजिए वे मेरा कुरता खूँटी से उतारे ला रहे हैं और मेरे चप्पलों को अपने बूट से मसलते-धकेलते सरकाते। उनके हर व्यवहार का एक ही अर्थ है—अजी, क्या रखा है इन बातों में !

एक तरफ़ पत्र का अग्रलेख और दूसरी तरफ़ सिनेमा का शो। साफ़-साफ़ एक तरफ़ प्रतिष्ठा और ज़िम्मेदारी का प्रश्न और दूसरी तरफ़ एक मामूली मनोरंजन, जो कभी भी किया जा सकता है। क्योंजी, यह क्या बात है कि इतने छोटे-से प्रश्न के मुक़ाबले इतना बडा प्रश्न मेरे मित्र के गले क्यों नहीं उतरता ? मैं अपने काम का महत्त्व जब उन्हें समझाने का प्रयत्न करता हूँ तो वे कहते हैं—अजी, क्या रखा है इन बातों में और समझते हैं कि अब मेरी बात कोई बात नहीं और बस उनकी बात ही एक बात है, पर प्रश्न तो यह है कि वे समझदार आदमी हैं, फिर मेरी बात को क्यों नहीं समझ पा रहे ?

मुझे याद आ रही है उस दिन वाली टेलीफ़ोन की बात। अरे साहब, अब क्या सुनाऊँ आपको, पर सुनानी तो है ही। मुझे अपने मित्र सेठ सेवकराम खेमका से कुछ काम था कि मैंने टेलीफ़ोन उठाया और उनका नम्बर माँगा। उनका टेलीफ़ोन बहुत कम ऐसी भलमनसाहत बरतता है कि माँगते ही मिल जाए, पर उस दिन वह मिल गया और एक रूखी-सी आवाज़ कानों में पड़ी, "किसे पूछते हो ?"

मैंने सेवकरामजी का नाम बता दिया तो पूछा, "कौन हैं आप ?"

मैंने अपना नाम उन्हें बताया—प्रभाकर ! करूँ भी क्या, उपनाम ही मेरा नाम हो गया है और वही मुझे बताना पड़ा।

"सेठजी भीतर हैं, अपना नाम बताइए तो हम उन्हें कह दें।" फ़ोन से फिर प्रश्न हुआ और मैंने फिर अपना उपनाम बताया—प्रभाकर। सुनते

ही वे बोले, "क्या कहा, टमाटर ?"

अपने सम्बोधन में हरेक आदमी जीवन में बहुत कुछ सुनता है, मैं भी सुनता ही रहता हूँ, पर यह सुनना सचमुच कुछ सुनना था और सच बताऊँ आपसे, सुनते ही मैं तो हँसते-हँसते लोटपोट हो गया और टेलीफ़ोन रख देने के सिवाय मुझे कुछ न सूझा, पर कहानी का क्लाइमेक्स अभी बाक़ी है। थोड़ी देर बाद सेवकरामजी से फ़ोन मिला तो पूछा, अरे भाई, ये कौन थे फ़ोन पर, जो मुझे टमाटर बना रहे थे ?

वे भी ज़ोर से हँसे और तब बोले, "भाई साहब, वे हमारे रसोइयाजी थे। बात यह है कि उनकी रसोई में आप तो कभी आते नहीं, पर टमाटर रोज़ आते हैं, अब आप ही बताइए कि प्रभाकर की जगह वे टमाटर को याद करते हैं तो क्या बुरा करते हैं ?"

सुनकर मुझे भी इतने ज़ोर से हँसी आयी कि टेलीफ़ोन रख देने के सिवाय कुछ और नहीं सूझा, पर तभी खुल गयी मेरे सामने रामचरणजी के आग्रह की बात कि वे मेरे अग्रलेख को महत्त्व न देकर सिनेमा चलने को महत्त्व क्यों दे रहे थे ?

क्यों दे रहे थे ? वही तो कह रहा हूँ। बात यह है कि हम जो चाहते हैं, वह चाहने लायक़ है या नहीं, इसे भूल जाते हैं और भूल क्या जाते हैं चाह का चाव हमें दूसरी बात पर ध्यान ही नहीं देने देता, क्योंकि ध्यान का आधार है सम्पर्क, पर जब कोई बात अपनी गहराई से अपनी सचाई और हमारी चाह के बीच में आकर खड़ी होती है, हमें अपने बारे में सोचने को मजबूर करती है, तब सचाई और गहराई के उस तक़ाज़े को टालने के लिए हम एक ढाल का प्रयोग करते हैं और वही ढाल है, अजी, क्या रखा है इन बातों में !

जीवन भी एक अद्‌भुत यन्त्र है, अजीब मखमसा है। इसमें बहुत-सी चीज़ें हैं जिन्हें हमने कभी नहीं देखा और कभी नहीं जाँचा, पर हम उन्हें सौ नहीं सवा सौ फ़ीसदी सच मानते हैं। ऐसी एक बात है कबूतर और बिल्ली की। कहते हैं जब कबूतर अपने मज़े में गुटर गूँ लगा रहा हो और एक डरावनी बिल्ली कहीं से बचती-सिमटती अचानक उसके सामने आ कूदे तो तै है कि बिल्ली नहीं, मौत ही छाती पर आ कूदी।

अक़्ल की माँग है कि कबूतर अब एक भी पल ख़राब न करे, अपने पर तोले और झपाके से यों उड़े कि श्रीमती बिल्ली देवीजी देखा करें टुकर-टुकर और माँजा करें अपनी ही जीभ से अपने होठ, जैसे रसगुल्ला किसी बच्चे के होठों से लगकर नीचे की गन्दी ज़मीन पर आ गिरा हो, पर नहीं, कबूतरजी न तोलेंगे पर और न लेंगे उड़ारी, बस अपनी जगह ज़रा सिमटेंगे और आँखें करेंगे बन्द और समझे आप कि समझेंगे यह कि न अब हम दीख रहे हैं देवीजी को और न कुछ कर सकती हैं हमारा वे।

कहते हैं जब आदमी सोता है, उसकी अक़्ल तब भी जागती रहती है। तो अब उनकी अक़्ल उनकी इस समझदारी पर हँसेगी और कहेगी उनसे कि भले आदमी, ज़रा आँख की दोनों नहीं तो एक ही पुतली को टिमटिमाकर देख, यमराज अपना पंजा साध रहा है बौड़म, पर जानते हैं आप कि कबूतरजी क्या कहेंगे यह बात सुनकर ?

वे कहेंगे बस यह कि अजी, क्या रखा है इन बातों में और बस ज़रा और सिमट जाएँगे वे महाशय, जैसे स्वयं ही अपनी रोटी का एक ग्रास, चपाती का एक लुक्मा बना रहे हों। यह दुनिया दूसरों को रोटी का ग्रास बनाने में वैसे ही बहुत होशियार है, फिर जब कोई स्वयं ग्रास बनने में सहायता-सहयोग देने लगे तो क्या कहने, मुफ़्त में और मीठा। पता नहीं बिल्ली और कबूतर की इस बात में कितनी सचाई है और कितनी नहीं, पर मेरी आप मानें तो इसे सच मान लें और सच भी सचमुच सौ फ़ीसदी।

अपनी बात कहूँ आपसे ? मैंने तो पिछले साल से इसे पूर्ण सत्य मान लिया है और यह काम किसी खँडहर या वीरान में नहीं, भारत की राजधानी के चहल-पहली कनॉट प्लेस में एक बेंच पर बैठे-बैठे किया था।

"क्या किया था आपने कनॉट प्लेस में बैठकर ?" यह आप पूछ रहे हैं और मैं कह रहा हूँ आपसे कि कनॉट प्लेस में बैठकर मैंने इसे सौ टका सच मान लिया था कि एक ऐसी भी दवा है जिसे खाकर आदमी भय को, ख़तरे को सामने देखकर भी आँख मीच सकता है और मान सकता है कि अब कोई भय नहीं रहा; बिलकुल उस कबूतर की तरह !

"ऐं ! क्या कहा कि ऐसी कोई दवा है कि जिसे खाकर आदमी सामने के भय को भूल सकता है ?"

हाँ जी, आपका प्रश्न सही है, सच है, काम का है और मैं कहता हूँ कि हाँ, एक ऐसी दवा है और लीजिए बताऊँ आपको कि वह दवा ऐसी नहीं कि गोविन्द अत्तार पुड़िया में बाँध दे या केमिस्ट किचनर शीशी में घोल दे। वह दवा ऐसी है कि आप ही घोलें और आप ही पिएँ। वह दवा है यह ज्ञान कि अजी क्या रखा है इन बातों में और इस ज्ञान का साक्षात्कार मुझे कनॉट प्लेस में हुआ था।

बात यह हुई कि मैं कनॉट प्लेस में एक बेंच पर बैठा ताज़ी हवा ले रहा था कि मेरे पास ही सड़क पर एक मोटर टैक्सी रुकी और उसका ड्राइवर और यात्री दोनों में गुत्थमगुत्था होने लगी। लड़तों के बीच में आ कूदना और लड़ाई को असम्भव कर देना मेरा स्वभाव है और स्वभाव न समय देखता है न स्थान। मैं भूल गया कि मैं परदेश में हूँ और जा पहुँचा युद्ध-क्षेत्र में।

पहला निशाना बिठाया मैंने ड्राइवर पर, "अपनी सवारियों से ही लड़ते हो भैया ?" बोला, "बाबूजी, जब सवारी नाकू हो जाए तो क्या करें ? सुबह आठ बजे इन्होंने टैक्सी ली और कुतुबमीनार और जाने कहाँ-कहाँ ले गये। अब पाँच बजे गाड़ी छोड़ रहे हैं तो कहते हैं कि किराये के रुपये मेरे पास नहीं हैं।"

यात्री साहब झमककर बोले, "अजी, क्या रखा है इन बातों में। लो हटो, अब हमें जाने दो। दो-चार दिन में फिर मिलेंगे और न मिले तो यार, क़यामत के दिन अपना हिसाब कर लेना, वहाँ ज़रूर मिलेंगे !"

यात्री की यह बेफ़िक्री देखकर मुझे लगा कि ड्राइवर की बात झूठी है और बात यह नहीं कुछ और है, पर तभी तमककर ड्राइवर ने कहा, "क़यामत के दिन नहीं, हिसाब तो मैं तुझसे अभी करूँगा बे !"

यात्री ने गुर्राकर कहा, "तो ले, अभी कर" और घूसा मारकर खिड़की का एक शीशा तोड़ दिया। मैंने उसे थपथपाया, "आखिर बात क्या है ? और ड्राइवर भाई की बात सही है तो आपको इसके किराये के रुपये अभी देने चाहिए।"

नम्रता से वह बोला, "बड़े भाई, रुपये जब जेब में हैं ही नहीं तो दे दूँ क्या इसे ?"

तो जब रुपये आपकी जेब में नहीं थे तो आप दिन भर टैक्सी में क्यों घूमते रहे मेरे भाई ? मैंने पूछा तो वे तड़ाक से बोले, "अजी, क्या रखा है इन बातों में। भाई साहब, सुबह-सुबह ही दो फ्रेण्ड मिल गयीं और कहने लगीं कि चलो घूमने। महीनों की मनहूसियत के बाद खुशी का यह मौक़ा मिला तो मैं कैसे इनकार कर देता, भला आप ही बताइए कि क्या रखा है इन बातों में !"

उसकी बात सुनकर सच कहूँ आपसे कि मैं मान गया कि कबूतर आँख मीचकर ज़रूर बिल्ली को भूल सकता है और यह दवा ऐसी है कि इसे खाकर आने वाला भय और ख़तरा पास नहीं फटक सकता। सौ ख़तरे हों, लाख भय हों, उन्हें सोचो मत—अजी, क्या रखा है इन बातों में !

तो क्या हमारे रामचरणजी, क्या कबूतरजी और क्या हमारे मालीजी; सबकी बातों में एक बात है कि क्या रखा है इन बातों में—यानी क्या रखा है कर्तव्य में और क्या रखा है ज़िम्मेदारी में; छोड़ो उन्हें और जीवन की मौज-बहार लूटो।

सोच रहा हूँ, तो छोड़ दूँ अग्रलेख की चिन्ता और चला जाऊँ सिनेमा भाई रामचरणजी के साथ—आखिर इतनी दूर से आये हैं वे ! अन्तःकरण का उत्तर है—कर्तव्य की निष्ठा और दृढ़ संकल्प ही व्यक्ति को व्यक्तित्व देते हैं और इनमें ढील आयी कि आदमी खोखला हुआ। नहीं, मुझे अपना काम करना है और कहीं नहीं जाना है—लाख बातें हैं, पर क्या रखा है इन बातों में !

बेईमान का ईमान, हिंसक की अहिंसा और चोर का दान !

दोपहर भोजन के बाद मुझे ध्यान आया कि मेरे अतिथि को पान मिलना चाहिए। कोई पास था नहीं तो मैं ही चला गया सिनेमा के पास वाली दूकान पर।

"भाई, मेरे पास दो रुपये का नोट है और मुझे दो पान लेने हैं, दोगे ?" बाद की उलझन से उसे और अपने को बचाने के लिए दूकानदार से मैंने कहा !

वह पान लगाने लगा, मैं खड़ा रहा। तब पान लिये, नोट दिया और उसने जो एक रुपया और बाक़ी खरीज दी, उसे जेब में डाल चल पड़ा। खोटा-खरा देखना मेरे संस्कार के विरुद्ध है; क्योंकि मैं पारखी नहीं, विश्वासी हूँ। अकसर खोटे सिक्के आ जाते हैं और अपने नियम के अनुसार कुएँ या नाले में फेंक देता हूँ। उन्हें किसी को चलाता नहीं और इस तरह प्रतिमास कुछ-न-कुछ आर्थिक हानि सहता हूँ, पर संस्कार और सिद्धान्त हानि-लाभ देखकर तो जीते नहीं, तो खरीज बिना देखे ही जेब में डालकर मैं लौट पड़ा।

"बाबूजी, सुनिएगा ज़रा।" किसी ने पीछे से मुझे पुकारा तो मुड़ देखा कि वह पान वाला ही पुकार रहा है मुझे।

"वे पैसे दिखाइएगा ज़रा।" पास आते ही उसने कहा तो लगा कि यह शायद ज़्यादा पैसे दे गया है। मैंने जेब से ज्यों-के-त्यों निकालकर उसे दे दिये वे पैसे तो उसने उनमें से एक सिक्का उठाकर अपनी सन्दूक़ची में रख

लिया।

मैंने सोचा, ठीक है, ज़्यादा ही दे दिये थे इसने कुछ पैसे, अच्छा ही हुआ इसको ध्यान आ गया। नहीं तो खामखा बेचारे को नुक़सान होता, पर तभी उसने अपनी सन्दूक़ची में से निकालकर एक सिक्का उनमें रखा और पैसे मुझे लौटा दिये।

मैंने उन्हें फिर ज्यों-का-त्यों जेब में रख लिया और पूछा, "क्यों, क्या बात थी भाई ?"

"कुछ नहीं बाबूजी, एक चवन्नी खोटी थी उनमें, वह बदल दी है।"

मैं चल पड़ा और तब आप ही आप उसने कहा, "ऐसे आदमी से भी क्या बेईमानी करना, जो न देखे, न गिने !"

अब यह रहस्य मेरे सामने खुला पड़ा था कि उसने मुझे जान-बूझकर खोटी चवन्नी दी, धोखा देने का प्रयत्न किया, पर मैंने उसका पूरा विश्वास किया कि न ख़रा-खोटा देखा, न गिनती की। मेरे इस विश्बास ने उसके मानस को झकझोरा। यह झकझोर इतनी प्रबल थी कि वह उसे सह न सका और स्वयं बुलाकर उसने वह खोटी चवन्नी वापस ले ली।

विश्वास की यह विजय, मानवता का यह संस्पर्श मेरे तन-मन पर छा गया और लगा कि उसने मुझे केवड़ा पड़ी मीठी शिकंजबी पिलायी है अभी-अभी और उसकी सुगन्ध और स्वाद से मेरा अन्तर भर-भर उठा है।

"क्यों भाई, फिर तुमने पहले ही यह खोटी चवन्नी मुझे क्यों दी थी ?" मैंने उसे तराजू पर चढ़ाया।

"और क्या करें बाबूजी ? गाहक लोग उस्तादी से हमारे सिर मढ़ जाते हैं खोटे सिक्के और सफ़ाई से हम उनकी ही जेब में उतार देते हैं उन्हें।" बिना झिझके वह खुल पड़ा, "इन्हें मैं अपनी दूकान में तो कुछ बनाता ही नहीं।"

"अपनी जगह ठीक है तुम्हारी बात।" मैंने उससे कहा और लौट पड़ा, पर क्या मेरी बात का यह मतलब था कि मैं उसके कार्य का समर्थक हूँ, उसे ठीक मानता हूँ ? मेरा मतलब था यह कि मैंने मान लिया था कि वह पानवाला मूल में बेईमान नहीं है—सिर्फ़ दूसरों के द्वारा अपने साथ किये बेईमाने को बेईमाने से बचाने में विश्वास करता है। कुश्ती की भाषा में—यह

विरोधी के दाँव को उसी के दाँव से काटना है।

"—पर मैंने तो इसके साथ कोई बेईमानी नहीं किया था, फिर इसने मेरे साथ क्यों बेईमानी की ?" यह एक उपप्रश्न आया, पर मन के पास उसका समाधान जैसे पहले ही तैयार था, "इसके लिए तुम, ये, वे, कोई अलग-अलग व्यक्ति नहीं—एक ही व्यक्तित्व है गाहक ! बस गाहक ने इससे बेईमानी की, इसने गाहक की हज़ामत बना दी। गाहक गाहक सब एक, पर आज जब इसकी दूकान पर एक ऐसा गाहक आया, जिसके विश्वासी व्यवहार से सिद्ध हुआ कि यह गाहक तो है, पर बेईमान नहीं तो इसके भीतर की सहज ईमानदारी ने कहा, बेईमान के साथ बेईमानी तो ठीक है, तेरा नियम है, पर यह तो आज तू ईमानदार के साथ बेईमानी कर रहा है; और बस उसने मुझे स्वयं बुलाकर खोटी चवन्नी बदल दी।"

लौटते-लौटते मैंने सोचा, यह तो बेईमान के ईमान का ही दर्शन हुआ आज और बस मैं आनन्द से भर गया, पर अपने पलंग पर लेटते-लेटते मेरे अन्तर की आँखों में घूम गया पेशावर का क़िस्साखानी बाज़ार और 23 अप्रैल 1930 की सुबह !

तब भारत गुलाम था और गुलामी के विरुद्ध एक बार सारा देश उभर उठा था। शराब और विदेशी वस्त्रों की दूकानों पर स्वतन्त्रता के स्वयंसेवक धरना देते, लाठी चार्ज के बीच भारत माता की जय बोलते, जुलूस निकालते, आज़ादी के तराने गाते, जलसों में हुंकारते और इनक़लाब ज़िन्दाबाद के नारों से आकाश को गुँजा देते। सरकार उन्हें गिरफ्तार करती तो मालाएँ पहने और हज़ारों की भीड़ में घिरे-घिरे वे यों जेल जाते, जैसे अपनी ही शादी में जा रहे हों !

अँगरेज़ सरकार देश के इस नये उभार से चिन्तित थी, पर उन्हीं दिनों सरहद के सूबे में जो कुछ हो रहा था, उससे तो वह बहुत ही परेशान थी। वहाँ सरहदी गाँधी ख़ान अब्दुल गफ़्फ़ार खान के तपस्वी नेतृत्व ने ख़ूनी पठानों को अहिंसा का सर्वोत्तम सिपाही बना दिया था और वे लालकुरती दल के रूप में स्वतन्त्रता के युद्ध में कूद पड़े थे।

23 अप्रैल से पेशावर में भी शराब और विदेशी कपड़े की दूकानों पर धरना आरम्भ होनेवाला था और इसमें अँगरेज़ सरकार को अपनी मौत का

वारण्ट दिखाई दे रहा था। देशव्यापी यह धरना, सरहद में उसके लिए उस अजगर की तरह था, जो आदमी को अपनी कुण्डली में फँसा, अपनी ताक़तवर ऐंठन से उसकी हड्डी-पसलियाँ तोड़ डालता है। उसे भय था कि यह आग कबायली इलाक़ों में फैल गयी तो बस फिर होली ही होली है। वह जानती थी कि मौत के खिलाड़ी पठान जेल और लाठी से डरनेवाले नहीं, इसलिए उसने आग से आग को बुझाने का फ़ैसला कर लिया था और गढ़वाली पलटन को आज क़िस्साखानी बाज़ार में ला खड़ा किया था !

अब एक तरफ़ थे गढ़वाली जवान–अपनी राइफलों से लैस-लब्बैक और दूसरी तरफ़ लालकुरती पठान–अपनी बलिदानी भावना से सजे-धजे। काँग्रेस का तिरंगा झण्डा आकाश में फहरा रहा था। चारों ओर बाज़ारों में, छतों पर, खिड़कियों में दर्शक ही दर्शक थे। एक अजीब वातावरण था, जिस में रानसनी थी, उल्लास था, कुतूहल था, दर्प था, हुंकार थी !

कम्पनी का कमाण्डिग-ऑफ़ीसर कैप्टेन रिकैट तना खड़ा था। उसकी परवाह न करके स्वतन्त्रता के स्वयंसेवक गढ़वाली सिपाहियों के पास आ-आकर उन्हें देश की बात समझा रहे थे। यह देखकर रिकैट चिल्लाता, "हटाओ इनको यहाँ से !" और तब लम्बी-लम्बी सीटियाँ बजाता और चिल्लाता, "भाग जाओ, भाग जाओ !" पर उसकी आवाज़ और सीटी, जैसे वहाँ कोई भी नहीं सुन रहा था !

तभी एक गोरे ने आकर रिकैट के हाथ में परचा दिया। उसे पढ़ते ही वह चिल्लाया, "तुम लोग भाग जाओ यहाँ से, नहीं तो गोली से भून दिये जाओगे !"

वह मृत्यु के ताण्डव की पहली थाप थी, पर एक भी आदमी वहाँ से नहीं हटा। कैप्टेन रिकैट तमतमा रहा था। फ़ौजी आदेश की टोन में उसने कहा, "गढ़वाली तीन राउण्ड फ़ायर ! (गढ़वाली, तीन-तीन गोली चलाओ)।"

गढ़वाली बहादुरों की राइफ़लें उठीं और निशाने पर आयीं, पर तभी गूँजी यह आवाज़–"गढ़वाली, सीज़ फ़ायर ! (गढ़वाली, गोली मत चलाओ !)" यह कैप्टेन रिकैट के बायीं ओर खड़े क्वार्टर मास्टर हवलदार चन्द्रसिंह की आवाज़ थी।

उन सिपाहियों के सामने अब दो हुक्म थे—तीन राउण्ड फ़ायर और सीज़ फ़ायर ! हिंसा और अहिंसा का यह एक ऐतिहासिक अन्तर्द्वन्द्व था। हिंसा पराजित हुई, अहिंसा विजयी। 'सीज़ फ़ायर' का हुक्म पास हुआ और सिपाहियों ने अपनी-अपनी राइफ़लें ज़मीन पर खड़ी कर दीं। भावना किस ऊँचे धरातल तक जा लगी थी, यह तब दिखाई दिया, जब एक सिपाही ने अपनी पाँच राउण्ड भरी राइफल पठानों को सौंपते हुए दोनों हाथ उठाकर कहा, "लो, अब चाहो तो तुम हमें मार डालो !"

कैप्टेन रिकैट अवाक्-भौचक और आकाश भारत माता की जय, महात्मा गाँधी की जय, गढ़वाली पलटन की जय से भरा-गूँजा; जैसे आज उसमें पहली बार दिन में फूल खिले हों !

जलती आँखों से रिकैट ने हवलदार से पूछा, "यह क्यों ?"

गम्भीर कण्ठ से हवलदार ने कहा, "ये लोग तो खाली हाथ खड़े हैं, निहत्थों पर हम गोली कैसे चलाएँ ?"

हवलदार चन्द्रसिंह की बात का अर्थ क्या हुआ ? यही कि जो दुश्मन है, वार करना चाहता है, मिटाना चाहता है, उस पर हम वार करें, उसे मिटाएँ, यही सिपाही का प्रशिक्षण है, स्वभाव है, संस्कार है, पर जो दुश्मन नहीं, जो हमारा बुरा नहीं, भला चाहता है और जिसके पास मारने को हथियार तक नहीं, सिपाही का हाथ उस पर क्यों उठे, सिपाही उसे क्यों मारे ?

वही मेरे पानवाले भाई की बात कि जो मुझसे बेईमानी करे, मैं उससे बेईमानी करूँ, पर जो मुझसे बेईमानी नहीं करता, मैं उससे बेईमानी करूँ, तब भी मेरा विश्वास करता है—उससे मैं बेईमानी कैसे करूँ ?

अब मेरे दायीं ओर खड़े थे हवलदार चन्द्रसिंह और बायीं ओर पानवाला भाई। मैंने दोनों की ओर देखकर कहा, मेरे हवलदार, तुम हो हिंसक का विवेक और पानवाले भाई, तुम बेईमान का विवेक। मैं तुम दोनों को एक साथ नमस्कार करता हूँ !

और तुम कौन हो भाई ?

यह मेरे पलँग के पास कौन आ खड़ा हुआ ?

"मैं चोर हूँ—भैरोसिंह। मेरी भी एक कहानी है।"

तो सुनाओ अपनी कहानी, मैंने कहा तो बोला, "दिल्ली-बम्बई लाइन पर पिछले बीस वर्षों से मैं चोरी का रोज़गार करता हूँ। बड़ा शानदार काम है मेरा कि 'इन्वेस्टमेण्ट' कुछ नहीं, पर 'डिविडेण्ड' भरपूर ! कभी-कभी तो एक ही हाथ ऐसा बैठता है कि जन्मभर खाओ तो ख़त्म न हो, पर जोड़ रखना मेरे पेशे में धर्म-विरुद्ध है, इसलिए गंगा बहती रहती है, जैसे आता है, वैसे जाता है।

तो उस दिन मैं लाइन पर अपने काम की तलाश में था कि मैंने देखा कुछ लोगों के पास रुपयों और ख़रीज़ से भरा एक पूरा कनस्तर रखा है। उन्होंने उसमें एक किताब-सी रखी तो मैंने भाँप लिया कि माल चकाचक है।

एक बूढ़ा उसकी देख-रेख कर रहा था। वह उठकर ज़रा टट्टी में गया और मैं उसे उठाकर दूसरे कम्पार्टमेण्ट में जा पहुँचा। मैंने सोचा कि हल्ला मचेगा तो इसे झाड़ियों में फेंक दूँगा और अगले स्टेशन पर उतर जाऊँगा पर कोई हल्ला नहीं मचा तो समझ लिया कि बूढ़ा टट्टी से आकर सो गया है। यों ही ज़रा ढक्कन उठाकर देखा तो लक्ष्मी का धवल रूप आँखें चौधिया रहा था, पर यह किताब क्या है ? देखा तो गोवा-सत्याग्रह की रसीदबही थी। पूछकर जाना कि गोवा में लोग देश के लिए बलिदान होने को जा रहे हैं और जनता हर स्टेशन पर दान देती है।

ओह, इस कनस्तर में सत्याग्रहियों को मिले दान का रुपया है और मैं इसे चुरा लाया ! एक बार मुझे ध्यान आया कि बहुत दिन से ताजमहल होटल में नूरजहाँ के साथ तीन दिन गुच्च रहने की इच्छा थी, सो इस कनस्तर से पूरी हो जाएगी, पर दूसरे ही क्षण मेरी आत्मा ने कहा, कम्बख़्त, जो लोग देश के लिए मिट रहे हैं, उन्हें कुछ देना चाहिए या उनका माल हड़पना !

बस, मैंने अपनी जेब देखी और उसमें जो बाईस रुपये थे, वे उस कनस्तर में रख दिये। एक परचा लिखा कि भाइयो, मैंने आपका कनस्तर चुरा लिया था, पर रसीदबही से आपके बलिदान की बात जानकर जेब के बाईस रुपये इसमें रख, इसे आपके पास भेज रहा हूँ। ईश्वर आपको सफल करे और एक आदमी के हाथों कनस्तर सत्याग्रहियों के डिब्बे में भिजवा दिया।"

कहानी सुनकर मैंने कहा, ठीक है, यह चोर का विवेक है तो सार यह

कि मनुष्य किसी भी स्थिति में हो, विवेक को कभी हाथ से न जाने दे; क्योंकि मनुष्य के जीवन में विवेक ही मार्गदर्शक प्रदीप है। और यह भी कि मनुष्य लाख बुरा बन जाए, पर कभी बुरा नहीं होता; उसकी अच्छाई दब भले ही जाए, पर मरती कभी नहीं !

सीता और मीरा !

भारतीय इतिहास में नारी-चरित्र के दो महान् पात्र हैं—सीता और मीरा। सीता सामाजिक मर्यादा का प्रतीक है और मीरा मर्यादा-भंग का। क्या ये दोनों नारी के स्वतन्त्र रूप हैं ? दो होकर भी लगता है ये दोनों नारी-चरित्र का आदि अन्त हैं—एक ही तसवीर के दो पहलू हैं। सीता भी अपने में अपूर्ण और मीरा भी। ये दोनों मिलकर एक पूर्णता का रूप लेती हैं।

सीता का सन्देश है सामाजिक मर्यादाओं की अभंगता। समाज ने समाज के हित के लिए जो मर्यादाएँ रचीं और जिन्हें नागरिकों ने स्वेच्छा से समाज की समुन्नति के लिए स्वीकार किया, उन्हें पालने में सुख हो या दुःख, मान मिले या अपमान, नारी को उन्हें मानना है, पालना है, नहीं तोड़ना है, नहीं ही तोड़ना है।

सीता ने राम की स्मृति में रावण के स्वर्ग-राज्य पर लात मार दी। अशोक-वाटिका में ऐसी यातनाएँ सहीं, जो उस जैसी सुकुमारी के लिए ही नहीं, स्वयं रावण के लिए भी असह्य हो उठतीं, पर वह अडिग रही। राम के बिना उसके लिए सब कुछ निस्सार था, पर राम ने इस प्रेम-तप के बदले सीता को क्या दिया ? समाज के सामने उसकी अग्नि-परीक्षा ली और इस अग्नि-परीक्षा के बाद भी एक मूर्ख धोबी के कहने पर गर्भिणी सीता को वन में धकिया दिया। सीता फिर भी अभंग रही।

क्या इसका यह अर्थ है कि उसने राम के इन कामों को पसन्द किया ? वह ऐसी भोली न थी, उसने समझा कि वह निर्दोष है, फिर भी उसे दण्ड दिया गया है, पर उसने साथ ही यह भी समझा कि यह दण्ड राम के क्रोध

का, उसकी क्षुद्रता का फल नहीं है। यह राम के समाज-विधान-रक्षक रूप का कर्तव्य-पालन है। उस दण्ड को उसने राम के कार्य में अपना सहयोग मानकर सहा और राम के प्रति अपनी निष्ठा को अखण्ड रखा। समाज ने पतिव्रत के रूप में नारी पर जो मर्यादाएँ लगायीं, सीता ने अन्याय सहकर भी उनकी रक्षा की। सीता का यह कष्ट समाज-विधान की रक्षा के लिए सहा गया तप था; जैसे गाँधी के युग में राष्ट्र की स्वतन्त्रता के लिए श्रीमती सरोजिनी नायडू और विजयलक्ष्मी पण्डित की जेल-यात्रा।

राम ने क्रोधवश, घृणावश, प्रतिहिंसावश, क्षुद्रतावश यह सब नहीं किया, अपने राष्ट्र की रक्षा के लिए ही यह कष्ट सहा। कष्ट सहा ? हाँ ! सीता वन में रही तो वह घर को ही वन बनाकर रहा। उसके मन में सीता कभी लांछित नहीं हुई, अप्रिय नहीं हुई। वह उसकी याद में तड़फा, रोया, पर अभंग रहा। वह स्वयं नयी रानी ले आता तो पतित हो जाता। वह भी अडिग रहा, वह भी अडिग रही। दोनों ने व्यक्तिगत कष्ट सहकर भी समाज-मर्यादा की रक्षा की।

हम कह सकते हैं कि ड्यूक ऑव विण्डसर की तरह राम भरत को राज्य देकर और स्वयं सीता के साथ फिर से वनवासी होकर भी यही कर सकता था। ठीक है, पर उस युग की परिस्थितियाँ क्या थीं ? जाने कब-कब से चला आ रहा दो संस्कृतियों का संघर्ष तभी राम के द्वारा समाप्त हुआ था और राम तब उस विजयी संस्कृति की छाया में एक नयी समाज-व्यवस्था की स्थापना में लगा था।

वह तब लगभग उस स्थिति में था, जिसमें 1921-22 में क्रान्ति-विजेता लेनिन था। एक प्राचीन समाज-व्यवस्था भंग हो चुकी थी और उसके स्थान में एक नवीन समाज-व्यवस्था स्थापित हो रही थी। तब राम ज़रा भी चूकता तो सारी क्रान्ति असफल हो जाती। क्या महान् राम यह सह पाता ! इससे मिलती-जुलती परिस्थितियों में महापुरुष कमालपाशा ने अपनी प्रिय पत्नी को तलाक़ दिया या नहीं ? उसकी परित्यक्ता पत्नी जब महल से बिदा हुई तो कमाल उसे जाते हुए देख भी न सका—रूमाल आँखों पर रखे, अपने झरोखे के नीचे वह बैठा ही रह गया।

फिर राम और सीता ने समाज-व्यवस्था की रक्षा के लिए अलग-अलग

रहकर समाज का अन्याय सहा और विण्डसर ने देश की रक्षा के लिए अपनी पत्नी के साथ अपने घर से अलग रहकर समाज का अन्याय सहा। विण्डसर सम्राट् एडवर्ड के रूप में यदि पार्लामेण्ट को भंग कर उस समय सम्राट् बना रहता और इंग्लैण्ड की शक्तियों को इस झमेले में उलझा, राजनीतिज्ञों में बुद्धि-भेद पैदा कर देता तो दूसरे महायुद्ध में इंग्लैण्ड की वही दशा होती, जो कि फ्रांस की हुई।

एडवर्ड ने विण्डसर बनकर इंग्लैण्ड को बचा लिया; एकदम उसी तरह जैसे राम ने सीता को त्याग करके भारत को बचा लिया था। राम ने इस एक ही झटके में अपने महापुरुष को देवत्व दे दिया और सारे विद्रोहों की भावना पर तेज़ाब छिड़क दिया !

इस प्रकार स्पष्ट है कि सीता ने समाज-व्यवस्था की रक्षा के लिए समाज की मर्यादाओं का पालन किया। यह जानकर भी कि राम का दिया दण्ड अन्यायपूर्ण है, नारी पर पुरुष का राक्षसी अत्याचार है, उसने राम के विरुद्ध विद्रोह नहीं किया। सीता ने राम के दण्ड की ओर नहीं देखा, राम के उद्देश्य की ओर ही आँखें रखीं। मन के प्याले में असन्तोष का जो विष घुला, उसे वह भगवान् का चरणामृत मानकर पी गयी। एक विशिष्ट उद्देश्य के लिए पति के साथ पत्नी की लीनता का विश्व के साहित्य में सीता सर्वोत्तम उदाहरण है।

राम हमारी सभ्यता के पाणिनि थे। पाणिनि ने संस्कृत भाषा को अपने व्याकरण की चारदीवारी में ऐसा घेरा कि वह सदा के लिए बिखरने से बच गयी। साथ ही यह भी सच है कि फूँक-फूँककर पग रखने की नीति ने संस्कृत की ग्रहण शक्ति को रोक दिया। फलस्वरूप उसकी प्रगति रुक गयी। संस्कृत को मृतभाषा कहना तो मूर्खता है, पर इसमें सन्देह नहीं कि वह अतीत का वैभव बनकर तो रह ही गयी। निश्चय ही आज भी वह हमारा शक्ति-स्रोत है, पर जीवन का प्रवाह तो नहीं !

राम ने समाज-व्यवस्था की जो मर्यादा बाँधी, सीता-परित्याग के रूप में उसका स्वयं इतनी कठोरता से पालन किया और शम्बूक-बध के रूप में जनता से उसका पालन इतनी कठोरता से कराया कि आगे चलकर यह मर्यादा आत्म-निर्माण की मधुर साधना न रहकर, बन्दी-जीवन का कठोर

नियन्त्रण रह गयी। सीता ने अपने जीवन के आदर्श से पुरुष के जिन अधिकारों की घोषणा की, पुरुष की प्रधानता का जो प्रदर्शन किया और विशिष्ट उद्देश्य के लिए पुरुष के प्रति नारी के आत्म-समर्पण का जो दृष्टान्त उपस्थित किया, वह क़ानून बन गया। अब समाज में पुरुष के अधिकार निःसीम और नारी का कोई अधिकार नहीं। हमारे सामाजिक विधान की कोमलता नष्ट हो गयी और वह पत्थर के स्तम्भ की तरह नारी की बन्धन-शिला बनकर रह गया।

मीरा इस बन्धन-शिला के विरुद्ध एक शक्तिशाली विद्रोह है।

मीरा ने धार्मिक वातावरण में अपने बचपन के साँस लिये। माँ उसकी बचपन में मर गयी। पितामह दूदाजी परम वैष्णव थे। उनके सम्पर्क में मीरा का मन कृष्ण-प्रेम में कुछ इस तरह रँग गया कि उसमें और किसी के लिए स्थान ही न रहा। दुनिया ने जाना और माना कि मीरा का विवाह मेवाड़ के महाराणा साँगा के ज्येष्ठ पुत्र भोजराज के साथ हो गया, पर मीरा का विवाह मीरा के लिए तो, उसी गिरिधर गोपाल के साथ हुआ, जिसकी मूर्ति को अपने साथ लेकर वह विवाह-संस्कार के आसन पर बैठी।

आनुषंगिक दुर्भाग्य कि वह शीघ्र ही विधवा हो गयी और उसके सगे देवर रतनसिंह की भी मृत्यु के कारण उसके सौतेले देवर राणा विक्रम पर आ पड़ा उसके संरक्षण का भार।

मीरा बन्धनहीन, मर्यादाहीन, स्वच्छन्द साधनी और राणा आदेश, नियन्त्रण और मर्यादा का पुजारी—दोनों में संघर्ष स्वाभाविक था और वह आया।

राणा सीतापति राम का वंशधर, जिसने वर्णाश्रम व्यवस्था के विरुद्ध तप करते शूद्र का सिर तलवार के एक ही वार में धड़ से अलग कर दिया और प्रेम-पगली मीरा हरिजन सन्त रैदास की शिष्या—'गुरु मिलिया रैदासजी, दीनी ज्ञान की गुटकी।'

राणा सामाजिक बन्धनों का दास, जिसके लिए रानी का स्वरूप यह कि उसे सूर्य भी न देख सके और मीरा इन सब बन्धनों से मुक्त, वन-उपवन साधुओं के साथ कृष्ण-भक्ति में नाचती-गाती एक उन्मुक्त विहंगबाल !

राणाजी अब न रहूँगी तोरी हटकी,
साधु संग मोहिं प्यारो लागै लाज गयी घूँघट की।
सतगुरु मुकुर दिखाया घर का नाचूँगी दे-दे चुटकी।

राणा के दिमाग़ में रानी का चित्र है—सोने-रत्नों से जड़ा, रेशम से लकदक और महलों में बन्द, पर मीरा का शृंगार है रुद्राक्ष की माला, चन्दन-चर्चित ललाट और दिन-रात के बन्धनों से भी स्वतन्त्र।

"महल किला राणा मोहि न चाये सारी रेशम पट की।
हुई दिवानी मीरा डोले केश लटा सब छिटकी।।"

दीवानी मीरा की घर-घर चर्चा है। इस चर्चा में निन्दा का विष ही घुला है, अमृत की कहीं एक बूँद नहीं, फिर राणा उस राम का वंशधर, लोक-लाज और लोक-संग्रह के नाम पर जिसने निर्दोष पत्नी को वनवास दे दिया। वह अपने वंश की यह निन्दा कैसे सहे ? उधर मीरा की कोई निन्दा करे या स्तुति उसे क्या। उराके लिए तो स्पष्ट दिशा है—"मेरे तो गिरधर गोपाल दूसरा न कोई !" जिसके लिए दूसरा कोई है ही नहीं, वह लोक-लाज किससे करे !

राणा की बहन ऊदाँबाई मीरा को समझाती है :

"भाभी मीरा, साधाँ को संग निवार, सारो शहर थारी निन्दा करै।"

मीरा बिलकुल अपने में स्पष्ट है :

"बाई ऊदाँ करै तो पड़्या झक मारो मन लाग्यो रमता राम सूँ।"

ऊदाँबाई लोक-निन्दा का दूसरा पक्ष लेती है :

"भाभी मीरा, गढ़ चित्तौड़ राणोजी लाजै गढ़रा राजवी।"

अरे भाभी, तुझे अपनी निन्दा की चिन्ता नहीं है तो कम-से-कम इस महान् चित्तौड़ और उसके राणा की तो तू चिन्ता कर, पर मीरा क्या अपने प्रति कहीं अस्पष्ट है कि वह शरमाये :

"बाई ऊदाँ, ताज्यो-ताज्यो चित्तौड़ राणाजी ताज्यो गढ़रा राजवी।"

अरे बावली ऊदाँ, मैंने तो अपने कर्मों से इस तेरे चित्तौड़गढ़ और उसके राणा दोनों को तार दिया है।

अब नारी ने नारी के कोमल मर्म पर उँगली रख उसे टटोला।

ऊदाँबाई कहती है :

"भाभी मीराँ, राणाजी रो बचन न लोप, उन रूठ्याँ भीड़ी कोऊ नहीं !"

भाभी, राणा की बात न टाल, उनके रूठने पर तेरी कोई रक्षा नहीं कर सकता ! ऊदाँ बेचारी नहीं जानती कि मीरा का रक्षक तो सदैव मीरा के साथ है :

"ऊदाँ, रमापति आवै म्हारै भीड़ अरज करूँ छै तासू बीनती।"

सखी-सहेलियों के ये परामर्श, विष का प्याला, काँटों की सेज और काला नाग सब असफल रहे—मीरा का बढ़ा क़दम फिर पीछे न मुड़ा। मीरा ने अपनी बात अन्त में दो टूक कह दी :

"राणा नै समझावो जावो, मैं तो बात न मानी।
मीरा के प्रभु गिरधर नागर, सन्ताँ हाथ बिकानी।"

मीरा समाज की मर्यादा के प्रति अथ से इति तक विद्रोही है। न उसे प्रलोभनों से उस मर्यादा में बाँधा जा सका, न लोक-निन्दा के भय से और न मृत्यु एवं दण्ड के आतंक से। वह अपने रास्ते चली और सिर्फ़ अपने ही रास्ते चली। अपने रास्ते की ऊँचाई और पवित्रता ही उसके सामने रही, लोकापवाद नहीं।

मूर्ख और अन्धा समाज यदि असत्य को सत्य, पाप को पुण्य और काले को गोरा कहे तो क्या हमें झुक जाना चाहिए और उसकी हाँ में हाँ मिलानी चाहिए ? मीरा के जीवन की प्रतिध्वनि है—नहीं, एक बार नहीं, हज़ार बार नहीं, लाख बार नहीं; और बस यही मीरा का विद्रोह है !

सीता ने समाज-व्यवस्था की रक्षा के लिए जिस मर्यादा का कठोर पालन किया, मीरा ने सत्य की रक्षा के लिए उसके टुकड़े-टुकड़े कर दिये और दोनों ने मिलकर जैसे संसार से कहा—समाज की मर्यादा संकट सहकर भी पालन करने के योग्य है; जब वह सत्य पर आश्रित हो, शिव पर सन्तुलित हो और सुन्दर की विधायिका हो और समाज की मर्यादा संकट सहकर, प्राण देकर भी भंग करने के योग्य है, जब वह सत्य के विरुद्ध हो, शिव की बाधक हो और सुन्दर की नाशक हो।

स्पष्ट शब्दों में—मर्यादा साधन है साध्य नहीं। वह इसलिए है कि सत्य, शिव, सुन्दर का पथ प्रशस्त करे। वह इसलिए नहीं है कि सत्य, शिव, सुन्दर के पथ में बाधक बनकर खड़ी हो—उसे यह अधिकार नहीं दिया जा सकता,

नहीं दिया जा सकता। पहली दशा में वह पोषण है और दूसरी में शोषण और यह तो बालक भी जानते हैं कि पोषण हमारे सिंचन का और शोषण हमारे संहार का ही पात्र है—जहाँ पोषण का शोषण और शोषण का पोषण होता है, वह व्यक्ति हो या समाज फल-फूल नहीं सकता !

सीता और मीरा; हमारे राष्ट्र के दो महान् नारी-चरित्र और हमारी नारी-संस्कृति की महत्त्वपूर्ण इकाई ! इस इकाई के प्रति हमारा शत-शत वन्दन और लक्ष-लक्ष अभिनन्दन !

मेरे मित्र की खोटी अठन्नी !

चित्रकार मित्र श्री आशाराम शुक्ल के कला-निकेतन से उस दिन नयी दिल्ली रेडियो स्टेशन के लिए चला तो एक मित्र भी साथ हो लिये। डेढ़ रुपये में ताँगा किया, रेडियो स्टेशन पहुँचे तो देखा कि जेब में कोई छोटा नोट ही नहीं।

दस रुपये का नोट ताँगेवाले को दिखाया तो उसने एक अधूरे वाक्य में ही अपनी बात पूरी कर दी, "अजी, सरकार !" साथ आये मित्र का हाथ उनकी जेब को छूनेवाला ही था कि अपना नोट मैंने उन्हें थमाया और भीतर चला गया। थोड़ी देर बाद वे भीतर लौटे तो मेरा नोट उनके हाथ में था। बोले, "नोट तो टूटा नहीं, पर एक बला टल गयी। जाने कहाँ से एक खोटी अठन्नी जेब में आ घुसी थी और महीना हो गया, टलती ही न थी। एक रुपये के नोट में लपेटकर ताँगेवाले को भिड़ा आया।"

मुझे यह बुरा लगा। मैंने उन्हें इसके लिए बुरा-भला कहा तो बोले, "अजी, अब आपकी तरह तो हम भगत हो नहीं सकते। फिर मैं खोटे सिक्के ढालता तो हूँ नहीं, चलती हुई आयी थी, चलती हुई चली गयी !"

कोई एक घण्टा बाद हम रेडियो स्टेशन से बाहर निकले तो देखा कि वही ताँगेवाला खड़ा है। उसने हमें बुलाया और हम बैठ गये। तै करने की भी कोई बात न थी; अभी तो हम उसमें आये ही थे।

मुझे खुशी हुई कि वह मिल गया। ताँगे से उतरकर नोट टूटेगा तो सोचा इसकी खोटी अठन्नी भी बदल दूँगा, पर मेरे मित्र मुझसे अधिक चौकन्ने थे। उन्होंने मेरे उतरने से पहले ही अपने पास से दो रुपये का नोट ताँगेवाले

को थमा दिया। उनके पास शायद वही नोट था और किसी दुर्घटना की सम्भावना भी उनके मन में न थी, पर ताँगेवाले ने नोट लेकर जब उनकी ही दी हुई खोटी अठन्नी उनके हाथ दी तो बेचारे झेंपे भी, झिझके भी, पर करते क्या, राह तो कहीं थी ही नहीं। उनकी जेब से चली अठन्नी, चल-फिरकर उनकी जेब में आ पहुँची।

एक बार तो लगा कि मेरे भीतर हँसी उफ़न पड़ेगी, पर तभी जैसे गम्भीरता की गाँठ उलझ-सी गयी। मुझे लगा कि यह खोटी अठन्नी जीवन का एक बड़ा पाठ है, पर वह पाठ क्या है ?

नोट तुड़ाकर तीन रुपये मैंने भावना में हाँ और स्वरों में ना कहते, मित्र की जेब में डाले और अपने कमरे में आ लेटा—वह अठन्नी का पाठ क्या है ?

दो

आदमी का मन भी अजीब चीज़ है। सोच रहा था अठन्नी की बात और जा पहुँचा लक्सर स्टेशन। 1935-36 की बात है। एक मुसाफ़िर स्टेशन मास्टर के पास आया। उसकी गाड़ी छूट गयी थी। रातभर उसे स्टेशन पर रहना था, पर उसके पास पाँच हज़ार रुपये और इतने का ही ज़ेवर था। स्टेशन मास्टर ने उसे भरोसा दिलाया और वेटिंग रूम में सुला दिया। साथ ही एक भंगी को इसके लिए भी तैयार कर दिया कि वह रात में दो बजे के बाद उसे क़त्ल कर दे !

स्टेशन मास्टर का लड़का सिनेमा देखकर सहारनपुर से लौटा तो पिता के डर से घर न जा, उसी वेटिंग रूम में घुस आया और उसने उस मुसाफ़िर को बाहर निकाल दिया।

ठीक समय पर भंगी आया और अपना काम कर गया, पर मुसाफ़िर के पास न रुपये निकले, न ज़ेवर। स्टेशन मास्टर ने आकर देखा तो उसका लड़का मरा पड़ा था और वह मुसाफ़िर बाहर के टी स्टाल पर चाय पी रहा था !

वही खोटी अठन्नी की बात कि स्टेशन मास्टर के मन में एक बुरी वृत्ति पैदा हुई। उसने उस बुरी वृत्ति से दूसरे को हानि पहुँचाने के लिए उसे

बाहर फेंका, पर उसने बाहर आनेवाले का कोई नुक़सान न कर, स्वयं उसका ही गला दबोच लिया; यानी खोटी अठन्नी फिर अपनी ही जेब में लौट आयी।

मुझे याद आ गये मेरे मित्र डॉक्टर व्रजमोहन गुप्त। एक बार उन्होंने बातों-बातों में बताया था कि स्वामी विवेकानन्द ने अपनी एक पुस्तक में बड़े मार्के की बात लिखी है कि बिजली चौकोर चलती है और वह जहाँ से चलती है, चारों ओर घूमकर अन्त में वहीं आ टिकती है। यही हालत हमारी मनोवृत्तियों की है। मान लीजिए रामू के हृदय में श्यामू के प्रति क्रोध, घृणा या ईर्ष्या की प्रवृत्ति पैदा हुई। वह प्रवृत्ति श्यामू को स्पर्श करेगी, प्रभावित करेगी, पर लौटकर रामू के हृदय में ही आ समाएगी। इस प्रकार उस वृत्ति से श्यामू का कम और रामू का ही अधिक नुक़सान होगा।

यह कितनी विचित्र, पर महत्त्वपूर्ण बात है कि हम जब दूसरे का अनिष्ट करने के लिए उफ़नते हैं तो अपना ही नाश कर रहे होते हैं और समझते यह रहते हैं कि हम पूरी तरह सुरक्षित हैं।

भावना को भाषा का रूप देते हुए मैंने सोचा, "किसी के लिए भी अपने मन में कड़वाहट को, हिंसा-वृत्ति को, जन्म न लेने दो; भले ही वह तुम्हारा शत्रु हो, क्योंकि वह हिंसावृत्ति यदि शत्रु का नाश करेगी तो तुम्हारा सर्वनाश करेगी; और वह भी इस तरह कि तुम उसे पहचान भी न पाओ !"

मेरे मन में तभी एक चमत्कारी विचार आया—तो क्या अपने किसी विरोधी को क्षमा कर देना, उस पर कृपा करना नहीं, किन्तु अपने को क्रोध और प्रतिशोध की प्रचण्ड वृत्तियों में झुलसने से बचाना ही है ?

तीन

उनकी मृत्यु हुए कई साल हो गये, पर मुझे लगा कि ठाकुर चन्दनसिंह कहीं से मेरे पास आ बैठे हैं। कभी वे रुस्तमे-हिन्द जैसे थे, पर आज हड्डियों के ढाँचे पर खाल मढ़ी थी। पहले जो चेहरा कपूर था, आज तवा हो रहा था। उनके होठ आज भी हँसते थे, पर यह हँसी भी कुछ हँसी थी ! पहले वे हँसते तो लगता कि मोतियों की थैली खुल गयी और आज; जैसे वे अपने रोने को खुद ही रँग रहे हों !

देखकर जी धक् रह गया—"यह आपको क्या हो गया ठाकुर साहब ?" मैंने पूछा, तो बोले—"मैं अपनी जलायी आग में झुलस गया भाई साहब ! आपको याद होगा कि हमारे गाँव में एक बार ननकू और बुन्दा में मनमुटाव हो गया। दोनों के खेत पास-पास थे। फ़सल सोना हुई खड़ी थी। ननकू एक दिन को कहीं रिश्तेदारी में गया तो बुन्दा ने उसके खेत में पतंगा फेंक दिया और बुराई से बचने को गाँव की चौपाल पर आ बैठा। उधर हवा पलटा खा गयी और आग की लपटें बुन्दा के खेत में आ खिलीं।

यही हाल मेरा हुआ। मेरा छोटा भाई बड़ा होनहार था। उसने बड़ी तरक्क़ी की। ऑनरेरी मजिस्ट्रेट हो गया और बड़े-बड़े अफ़सर उसके घर आने लगे। मुझसे यह बरदाश्त न हुआ, ईर्ष्या मेरे भीतर दहक उठी। बात यह हुई कि लोग उसे मेरा छोटा भाई न कहकर, मुझे उसका बड़ा भाई कहने लगे। इसे मैंने अपना अपमान समझा और मेरे भीतर क्रोध प्रचण्ड हो उठा, पर भला मैं उसका क्या बिगाड़ सकता था। वह तो अपने गुणों के कारण नाम पा रहा था।

मेरे भीतर हर समय आग जलती और मैं हरेक से खाता-फाड़ता बोलता। इससे जो मेरे थे, वे भी ग़ैर हो गये। मेरी स्त्री मुझे छोड़कर अपने पिता के घर चली गयी और लड़का आवारा हो गया। मैं हर समय भाई को मिटाने के मनसूबे बाँधता, पर खुद मिटता जाता। अन्त में मुझे टी. बी. हो गयी, छोटे भाई ने मेरी बहुत सेवा की, पर उस सेवा से भी मुझे शान्ति न मिली। मैं नौकर को लालच देकर अपना जूठा दूध भाई को पिला देता, जिससे उसे भी टी. बी. हो जाए, पर भाई, उसके भीतर शान्ति थी, वह लहलहाता रहा; मेरे भीतर आग थी; मैं जलता रहा और एक दिन सचमुच जल जाऊँ, अब इसकी तैयारी है !"

चार

ठाकुर चन्दन सिंह की कहानी सुनी तो मुझे याद आ गयी मेरे मित्र की पत्नी ज्ञानदेवी। वह अपनी सहेली के प्रेमी को प्यार करने लगी। कुछ दिन तीनों में पूरा सद्भाव रहा, पर बाद में ज्ञानदेवी के मन में यह दुर्भावना जागी कि उसे ही सर्वाधिकार मिल जाए और उसने उन दोनों के बीच में ज़हर बोने

शुरू किये। वह ज़हर बोती, सींचती, उसमें अंकुर भी आते, पर वे पनप न पाते।

ज्ञानदेवी अपनी असफलता देखती, उफ़नती, गरजती, धूल उड़ाती और हाय-हाय करती। उसका मीठा बोल, कड़वा हो गया, चेहरा रूखा हो चला और आदत लड़ाकू। वह तेज़ी के साथ प्रचण्ड होती गयी और एक दिन उस पर गठिया का ऐसा आक्रमण हुआ कि वह लुंज हो पड़ी। वह विदुषी अपने रोग का मनोवैज्ञानिक कारण समझती थी, अपने मन को बदलने के प्रयत्न भी करती थी, पर उसकी प्रचण्डता उसे फिर आ घेरती थी। बहुत दिनों तक वह यों ही झटके खाती रही। पता नहीं फिर उसकी नाव किस किनारे लगी।

पाँच

एक और महिला के सम्बन्ध में मेरा निजी अनुभव है कि वह अपनी एक सहेली से घृणा करने लगी। यह घृणा बढ़कर प्रचण्ड होती गयी और इसका आश्चर्यजनक फल यह हुआ कि उस महिला की खाल सख़्त हो गयी—उसका कोमल स्पर्श रूखा होता चला गया।

उन्होंने इसके लिए विटामिन की बहुत गोलियाँ खायीं, पर उन्हीं के शब्दों में उनकी खाल आदमी से हाथी की होती गयी। खाल के साथ ही उनकी आकृति पर भी इसका प्रभाव पड़ा और वे जैसे पुरुष हो चलीं। चेहरे की सारी लुनाई जाती रही, परुषता आ गयी और आश्चर्य की बात है कि उनकी हँसी की मीठी खिलखिल एक करख़्त खाँ-खाँ में बदल गयी।

बीच में बहुत दिन उनसे मिलना नहीं हुआ, पर इसके बाद एक दिन बातचीत हुई तो देखा कि उनकी वह परुषता अब चेहरे पर नहीं है और क्या बातचीत, क्या हँसी, सभी में पुरानी मिठास लौट रही है।

मैंने ज़रा बचकर पूछा, "अब तो आपका स्वास्थ्य अच्छा है !"

"और इसका श्रेय आपकी दवा को है !" वे खिलकर कह उठीं, तो मैं भौचक ! अत्यन्त गम्भीर होकर उन्होंने कहा, "वह सब मेरे भीतर उमड़ी घृणा की प्रचण्ड वृत्ति का फल था। इसीलिए किसी औषध ने काम नहीं किया, पर अचानक एक दिन मैंने आपकी छोटी कहानी पढ़ी—'झरना

हँसा'—और बस मेरा जीवन बदल गया, मेरी घृणा पिघल गयी और धीरे-धीरे मैं कोमल होती चली गयी।''

जहाँ मतभेद हो, विरोध हो, झगड़ा-झंझट हो, वहाँ भी प्रेम करो, सेवा करो, सहो और यह सम्भव न हो तो उपेक्षा करो, तटस्थ होकर वह फ़ाइल सामने से सरका दो, पर ईर्ष्या न करो, क्रोध न करो, घृणा न करो। ये वृत्तियाँ हृदय में जाग ही उठें तो उन्हें स्थायी न होने दो, प्रचण्ड न होने दो, अपने पर उन्हें छाने न दो। विवेक से, विचार से, सहिष्णुता से, उन्हें दूर भगा दो, उन्हें शान्त कर दो; क्योंकि ये उस आग की लपटें हैं, जो जलायी जाती हैं दूसरों को फूँकने के लिए, पर फूँकती हैं सिर्फ़ अपने को ही। ये ऐसे विष-बुझे तीर हैं, जो चलाये जाते हैं दूसरों का संहार करने के लिए, पर चारों ओर घूमने के बाद ये काटते हैं उसी हाथ को जिसका बल पा धनुष से छूटते हैं।

एक था पेड़ और एक था ठूँठ !

जिस मकान में मैं ठहरा, उसकी खिड़की के सामने ही खड़ा था एक पूरा पनपा बाँझ का पहाड़ी पेड़। पलंग पर लेटे-लेटे वह यों दीखता कि जैसे कुशल-समाचार पूछने को आया कोई मेरा ही मित्र हो।

एक दिन उसे देखते-देखते इस बात पर मेरा ध्यान गया कि यह इतना बड़ा पेड़ हवा का तेज़ झोंका आते ही पूरा-का-पूरा इस तरह हिल जाता है, जैसे बीन की तान पर कोई साँप झूम रहा हो और इसका ऊपर का हिस्सा हवा जब और भी तेज़ हो जाती है तो काफ़ी झुक जाता है, पर हवा के हलका पड़ते ही वह फिर सीधा हो जाता है।

हवा मौज में थी, अपने झोंकों में झूम रही थी, इसलिए बराबर यही क्रिया होती रही और मैं उसे देखता रहा। देखता क्या रहा, उसकी झुक-झूम में रस लेता रहा। पड़े-पड़े वह पेड़ पूरा न दीखता था, इसलिए मैं पलंग से खिड़की पर आ बैठा। अब मुझे वह पेड़ जड़ से फुंगल तक दिखाई देने लगा और मेरा ध्यान इस बात की ओर गया कि हवा कितनी भी तेज़ हो, पेड़ की जड़ स्थिर रहती है—हिलती नहीं है।

यहीं बैठे, मेरा ध्यान एक दूसरे पेड़ पर गया, जो इस पेड़ से काफ़ी निचाई में था। पेड़ क्या था, पेड़ का ठूँठ था—ठूँठ; सूखा वृक्ष और सूखा वृक्ष माने निर्जीव मुरदा वृक्ष। सोचा, यह वृक्ष का कंकाल है; जैसा एक दिन सभी को होना है ! अब मैं कभी इस हरे-भरे पेड़ की ओर देखता, कभी उस सूखे ठूँठ की तरफ़। यों ही देखते-भालते मेरा ध्यान इस बात की ओर गया कि हवा धीमे चले या वेग से, यह ठूँठ न हिलता है, न झुकता है।

न हिलना, न झुकना; मन में यह दो शब्द आये और मैंने आप ही आप इन्हें अपने में दोहराया—न हिलना, न झुकना।

दूर अन्तर में कुछ स्पर्श हुआ, पर वह स्पर्श सूक्ष्म था; यों ही संकेत-सा। शब्द चक्कर काटते रहे—न हिलना, न झुकना और तब आया यह वाक्य—न हिलना, न झुकना जीवन की स्थिरता का, दृढ़ता का चिह्न है और वह वीर पुरुष है, जो न हिलता है, न झुकता है।

तभी मैंने फिर देखा उस ठूँठ की ओर। वह न हिल रहा था, न झुक रहा था ! मन में अचानक प्रश्न आया—न हिलना, न झुकना जीवन की स्थिरता का चिह्न है, पर इस ठूँठ में जीवन कहाँ है ? यह तो मुरदा पेड़ है !

अब मेरे सामने एक विचित्र दृश्य था कि जो जीवित था, वह हिल रहा था, झुक रहा था और जो मृतक था वह न हिल रहा था, न झुक रहा था। तो न हिलना, न झुकना जीवन की स्थिरता का चिह्न हुआ या मृत्यु की जड़ता का ?

अजीब उलझन थी, पर समाधान क्या था ? मैं दोनों को देख रहा था, देखता रहा और तब मेरे मन में आया कि जो परिस्थितियों के अनुसार हिलता, झुकता नहीं, वह वीर नहीं, जड़ है; क्योंकि हिलना और झुकना ही जीवन का चिह्न है।

हिलना और झुकना; अर्थात् परिस्थितियों से समझौता। जिस जीवन में समझौता नहीं, समन्वय नहीं, सामंजस्य नहीं, वह जीवन कहाँ है ? वह तो जीवन की जड़ता है; जैसे यह ठूँठ और जैसे यह पहाड़ का शिखर।

मुझे ध्यान आया कि जीते-जागते जीवन में भी एक ऐसी मनोदशा आती है, जब मनुष्य हिलने और झुकने से इनकार कर देता है। अतीत में रावण और हिरण्यकश्यप इस दशा के प्रतीक थे तो इस युग में हिटलर और स्टालिन, जो केवल एक ही मत को सही मानते रहे और वह स्वयं उनका मत था। आज की भाषा में इसी का नाम है डिक्टेटरी-अधिनायकता।

विश्व की भाषा है—दे, ले।

विश्व की जीवन-प्रणाली है—कह, सुन।

विश्व की यात्रा का पथ है—मान, मना।

इन तीनों का समन्वय है—हिलना-झुकना और समझौता-समन्वय। जिसमें यह नहीं है, वह जड़ है; भले ही वह इस ठूँठ की तरह निर्जीव हो या रावण की तरह ज़िद्दी !

मेरी खिड़की के सामने खड़ा हिल रहा था बाँझ का विशाल पेड़ और दूर दीख रहा था वह ठूँठ। समय की बात; तभी पास के घर से निकला एक मनुष्य और वह अपनी छोटी कुल्हाड़ी से उस ठूँठ का एक छोटा टहना काटने लगा। सामने ही दीख रही थी सड़क, जिस पर अपनी कुदाल से काम कर रहे थे कुछ मज़दूर।

कुल्हाड़ी और कुदाल; कुदाल और कुल्हाड़ी—मैंने बार-बार इन शब्दों को दोहराया और तब आया मेरे मन में यह वाक्य—विश्व की भाषा है—दे, ले; विश्व की जीवन-प्रणाली है कह, सुन; विश्व की यात्रा का पथ है—मान, मना; अर्थात् हिल भी और झुक भी, पर जो इन्हें भूलकर जड़ हो जाता है, वह ठूँठ हो, पर्वत का शिखर हो, अहंकारी मानव हो, विश्व उससे जिस भाषा में बात करता है उसी के प्रतिनिधि हैं ये कुल्हाड़ी-कुदाल।

साफ़-साफ़ यों कि जीवन में दो भी, लो भी, कहो भी, सुनो भी, मानो भी, मनाओ भी; और यह सब नहीं तो तैयार रहो कि तुम काट डाले जाओ, खोद डाले जाओ, पीस डाले जाओ !

मैं खिड़की से उठकर अपने पलंग पर आ पड़ा। बाँझ का पेड़ अब भी हिल रहा था, झुक रहा था, झूम रहा था, पर तभी मेरे मन में उठा एक प्रश्न—तो क्या जीवन की चरितार्थता बस यही है कि जीवन में हवा का झोंका आया और हम हिल गये ? जीवन में संघर्ष का झटका आया और हम झुक गये ? साफ़-साफ़ यों कि यहाँ-वहाँ हिलते-झुकते रहना ही महत्त्वपूर्ण है और जीवन की स्थिरता-दृढ़ता जीवन के नक़ली सत्य ही हैं ?

प्रश्न क्या है, कम्बख़्त बिजली की तेज़ शॉक है यह, जो यों धकियाता है कि एक बार तो जड़ से ऊपर तक सब पाया-सँजोया अस्त-व्यस्त हो उठे। सोचा—नहीं जी, यह हिलना और झुकना जीवन की कृतार्थता नहीं, अधिक-से-अधिक यह कह सकते हैं कि विवशता है। जीवन की वास्तविक कृतार्थता तो न हिलना, न झुकना ही है, यानी दृढ़ रहना ही है—"मरियम सो मरियम, पै टरियम नहीं।"

मैं अपने पलंग पर पड़ा देखता रहा कि बाँझ का पेड़ झुक रहा है, झूम रहा है, हिल रहा है और दूर पर खड़ा ठूँठ न हिलता है, न झुकता है। जीवन है वृक्ष में, जो जीवन की कृतार्थता-दृढ़ता से हीन है और वह दृढ़ता है ठूँठ में, जो जीवन से हीन है; अजीब उलझन है यह !

तभी हवा का एक तेज़ झोंका आया और बाँझ हिल उठा। मेरी दृष्टि उसकी झूमती देह-यष्टि के साथ रपटी-रपटती उसकी जड़ तक चली गयी और तब मैंने फिर देखा कि हवा का झोंका आता है तो टहनियाँ हिलती हैं, तना भी झूमता है, पर अपनी जगह जमी रहती है उसकी जड़। हवा का झोंका हलका हो या तेज़, वह न झुकती है, न झूमती है।

अब स्थिति यह कि कभी मैं देख रहा हूँ स्थिर जड़ को और कभी हिलते-झूमते ऊपरी भाग को। लग रहा है कि कोई बात मन में उठ रही है और वह उलझन को सुलझानेवाली है, पर वह बात क्या है ?

बात मन की तह से ऊपर आ रही है—ऊपर आ गयी है।

बात यह कि हमारा जीवन भी इस वृक्ष की तरह होना चाहिए कि उसका कुछ भाग हिलने-झुकनेवाला हो और कुछ भाग स्थिर रहनेवाला, यही जीवन की पूर्ण कृतार्थता है।

बात अपने में पूर्ण है, पर ज़रा स्पष्टता चाहती है और वह स्पष्टता यह है कि हम जीवन के विस्तृत व्यवहार में हिलते-झुकते रहें, समन्वयवादी रहें, पर सत्य के, सिद्धान्त के प्रश्न पर हम स्थिर रहें, दृढ़ रहें और टूट भले ही जाएँ, पर हिलें नहीं, समझौता करें नहीं।

जीवन में देह है, जीवन में आत्मा है। देह है नाशशील और आत्मा है शाश्वत, तो आत्मा को हिलना-झुकना नहीं है और देह को निरन्तर हिलना झुकना ही है; नहीं तो हम हो जाएँगे रामलीला के रावण की तरह, जो बाँस की खपच्चियों पर खड़ा रहता है—न हिलता है, न झुकता है। हमारे विचार लचीले हों, परिस्थितियों के साथ वे समन्वय साधते चलें, पर हमारे आदर्श स्थिर हों। हमारे पैरों में जीवन के मोर्चे पर डटे रहने की भी शक्ति हो और स्वयं मुड़कर हमें उठने-बैठने-लेटने में मदद देने की भी।

संक्षेप में जीवन की कृतार्थता यह है कि वह दृढ़ हो, पर अड़ियल न हो।

दृढ़, जो औचित्य के लिए, सत्य के लिए टूट जाता है, पर हिलता और झुकता नहीं।

अड़ियल, जो औचित्य और अनौचित्य, समय-असमय का विचार किये बिना ही अड़ जाता है, और टूट तो जाता है, पर हिलता-झुकता नहीं।

दो टूक बात यों कि जीवन वह है, जो समय पर अड़ भी सकता है और समय पर झुक भी, पर ठूँठ वह है, जो अड़ ही सकता है, झुक नहीं सकता।

एक है जीवन्त दृढ़ता और दूसरा निर्जीव जड़ता।

हम दृढ़ हों, जड़ नहीं।

मैंने देखा, बाँझ का पेड़ अब भी हिल रहा था, झुक रहा था और ठूँठ अनझुका, अनहिला, ज्यों-का-त्यों खड़ा।

लीजिए, आदमी बनिए !

"कहो भाई आजकल क्या ठाठ हैं ?"

"ठाठ ? अरे भाई, ठाठ होंगे ठाठ वालों के; यहाँ तो आज टाट ही टाट है।"

"टाट ही सही, पर तुम्हारा गला क्यों सूख रहा है ? तुम तो इस तरह कह रहे हो, जैसे ठाठ तो होती है कोई बड़ी चीज़ और टाट होता है यों ही कूड़ा-कच्चर। भाई जान, टाट माने जूट और जूट हमारे देश का एक ख़ास उद्योग है। ख़ैर, छोड़ो यह पहेली-बुझौवल और यह बताओ कि तबीयत टाइट क्यों है और लो छोड़ो तबीयत को भी सिर्फ़ यह बताओ कि यों टूलते-झूलते तुम आ कहाँ से रहे हो ?"

"भैया, स्टेशन से आ रहा हूँ।"

"अच्छा जी, तो अब क़ैंची-कमीशन के मेम्बर हो गये हो तुम, पर याद रखना एक दिन सरकारी गाड़ी में बड़े घर जाओगे। यों घूर क्यों रहे हो ? लो, हम अपनी बात वापस लेते हैं। यह कोई पुराना ज़माना थोड़ा ही है कि जब तलवार का घाव भर जाता था, बात का नहीं। यह नयी रोशनी है कि सॉरी कहते ही बात ख़त्म हो जाती है। लो, हमने क़ैंची-कमीशन की मेम्बरी से भी तुम्हें बरी कर दिया, अब तुम साफ़-साफ़ यह बताओ कि स्टेशन क्यों गये थे और वहाँ से लटके-झटके क्यों आ रहे हो ?"

"दिल्ली जाने को स्टेशन गया था, पर गाड़ी नहीं मिली और गाड़ी क्या नहीं मिली, टिकिट ही नहीं मिला। बात यह हुई कि मेले के कारण भीड़ बहुत थी और क्यू बन नहीं पाया। मैं अपनी आदमीयत से मजबूर, एक

तरफ़ खड़ा रहा कि क्यों धक्का-मुक्की करूँ; बस गाड़ी छुक-छुक कर गयी और मेरा नम्बर ही नहीं आया !"

"तो बाबू ने टिकिट बाँटना देरी से आरम्भ किया होगा। तुमने उसकी गरदन पर मालिश क्यों नहीं की ?"

"जी, निवेदन यह है कि उसकी गरदन और मेरी भुजा के बीच में सरकार ने अक़्लमन्दी से काम लेकर लोहे का एक मज़बूत जँगला लगा दिया है; वरना आपके उपदेश के अनुसार गरदन की मालिश तो होती न होती उसके पर्स की पालिश हो चुकी होती। वैसे सचाई यह है कि उस बेचारे की मालिश-पालिश का यह मौक़ा ही न था, क्योंकि जब यात्री लोग गाड़ी के छूटने का समय होने के बाद ही घर से चलने की आदत रखते हों तो उसका समय से काम करना, क्या काम दे ?"

"ठीक है, तो बाबूजी बेक़सूर थे और यह ख़ुद तुम्हारा क़सूर है कि गाड़ी चलती-फिरती नज़र आयी, पर तुम खम्भे से वहीं खड़े रहे।"

"जी, तो आदमी बनने की कोशिश करना, आदमीयत से काम लेना भी अब क़सूर हो गया ?"

"माफ़ कीजिए भाई साहब, आप दूसरे के बोल मेरे मुँह में रख रहे हैं। मैंने यह नहीं कहा कि आदमी बनने की कोशिश करना क़सूर है। मेरा भाव तो यह है कि इस नये युग में पुरानी आदमीयत से काम लेना क़सूर है और जाने दीजिए क़सूर की बात, उससे अब सफलता नहीं मिल सकती, जैसा कि आपको नहीं मिली। ठीक भी है; दिसम्बर-जनवरी में तीन-सेरा लिहाफ़ न ओढ़ो, तो नमूनिया निमन्त्रण की प्रतीक्षा किये बिना ही फेफड़ों की खिड़की में आ झाँकता है; पर वही लिहाफ़ मई-जून में ओढ़ा जाए तो पाँच मिनिट में स्टीम बाथ का मज़ा आ जाता है।"

"तो भले आदमी, आदमीयत भी नयी पुरानी होती है ?"

"जी हाँ, ज़माना नया तो आदमीयत नयी और आदमीयत नयी तो आदमी बनने के नुसख़े नये। मैं न पुराने ज़माने का तीसमारख़ाँ हूँ, न इस ज़माने का राममूर्ति, फिर भी कभी और कहीं झापड़ नहीं खाता—बताओ कभी चूकता है निशाना ? किसी की बही देख लो या किसी का लेजर, हमारा नाम अच्छे आदमियों में लिखा मिलेगा और यह सब कोई चमत्कार नहीं है,

जादू नहीं है, सिर्फ़ आदमी बनने के नये नुसख़ों का असर है।"

"तो भाई, हमें बताओ आदमी बनने का नया नुसख़ा, आज तो जो बीती, सो बीती, पर फिर तो न बीते।"

"बहुत अच्छा, अगर आप हमें गुरु बनाने पर उतारू हो गये हैं तो ज़रूर बाँधेंगे आपको कण्ठी और कण्ठी क्या, लीजिए आपकी दीक्षा ही हम टिकिट ख़रीदने के महामन्त्र से आरम्भ करते हैं।

टिकिट ख़रीदते समय आदमी बनने का पुराना नुसख़ा तो वह था जो तुमने आज़माया, पर यह नया नुसख़ा वह है, जो एक बार सोमवती अमावस्या पर मैंने आज़माया था। गरमी का मौसम और सोमवती का स्नान, भला फिर हरद्वार जाने को किसका जी है, जो जाऊँ-जाऊँ न करे और हम तो ठहरे पुरुष, जी पर ज़ब्त भी कर लें, पर श्रीमतीजी को रोकना तो गंगा की धार को रोकना टोकना है। ख़ैर साहब, हम पहुँच गये स्टेशन, पर टिकिट-घर की खिड़की पर जो ध्यान गया तो सच मानिए कुरुक्षेत्र का दृश्य दिखाई दिया—धक्कम-धक्का तो था ही, घमाघसी भी थी और शोर-शराब्बा भी। दूर से देखो तो लगता था कि अच्छी-ख़ासी रस्साकशी हो रही है।

सामान के पास बैठाया श्रीमतीजी को और स्वयं सर के खिड़की की तरफ़, खिड़की पर पहुँचना तो सम्भव ही न था, इसलिए पास की दूसरी खिड़की पर जा टिके। वहाँ से वह बाबू दिखाई देता था और भीड़ दूर न थी। क्यू लगा हो तो जल्दी-जल्दी टिकिट मिलते हैं और भीड़ हो तो देर लगती ही है। लोगों ने इस देरी को बाबू की ढील समझा और दो-चार उसे गरम-गरम बोल बोले। बस मेरे लिए यही अवसर था कि अपना नया नुसख़ा पिलाऊँ और आदमी बनकर काम साधूँ।

मैंने ऊँची आवाज़ से कहा, भाइयो, भीड़ तो तुम ख़ुद करते हो और क़सूर बताते हो बाबूजी का, यह अजीब बात है, वे बेचारे ख़ाली बैठे सिगरेट तो नहीं पी रहे, काम ही कर रहे हैं। सुबह से काम में जुटते हैं, खड़े-खड़े पैरों में ख़ून उतर आता है, ज़रा इस पर भी तो ध्यान दो।

मैंने देखा, टिकिट बाबू के मन पर मेरी बात का यह असर हुआ कि वे प्रसन्न हुए। तभी मैंने उनकी ओर देखकर कहा, बाबूजी, आप लोगों की बात का बुरा न मानें। बात यह है कि अब सरकार जनता की है, इसलिए

जनता के लोग सरकारी आदमियों को अपने घर का ही आदमी समझते हैं और बाबूजी, अपनों के लिए तो गुस्सा भी प्यार होता है।

मैंने देखा कि भीड़ पर भी मेरी बात का अच्छा असर पड़ा और रेल-पेल ज़रा कम हो गयी।

थोड़ी देर बाद ज़रा फिर तेज़ी आयी तो मैंने ऊँची आवाज़ में कहा, भाइयो, बाबूजी हवा की तरह टिकिट दे रहे हैं। घबराओ मत, सबको टिकिट मिल जाएगा और किसी की गाड़ी नहीं छूटेगी।

भीड़ में शान्ति आ गयी और बाबूजी ने मेरी तरफ़ नरम आँखों से देखा तो मैंने उसी खिड़की से रुपये भीतर डालकर अँगुलियों के इशारे से दो टिकिट माँगे और वे मुझे मिल गये। लोग अब भी ठुके-से खड़े थे और मैं श्रीमतीजी के साथ भीतर प्लेटफ़ॉर्म पर आ गया था।

यह है भाईजी, आदमी बनने का नया नुसख़ा कि बाबूजी भी ख़ुश, जनता भी ख़ुश और हम भी ख़ुश—आम के आम, गुठली के दाम। भीड़ भी मान गयी कि कोई आदमी है और बाबूजी भी। कहो मानते हो या नहीं ?"

"मान गये साहब, न मानने की इसमें गुंजायश कहाँ है, पर..."

"पर-वर इसमें कुछ नहीं, बस पर इतना ही है कि इस नुसख़े को अदल-बदलकर पिया-पिलाया जाता है। यह हकीम पन्नालाल का बनफ़्शा नहीं कि हमेशा उसमें बताशे ही डाले जाएँ, इसमें कभी बताशे पड़ते हैं तो कभी मिश्री और कभी गुड़।

यों टुकुर-टुकुर क्या घूर रहे हो मुझे ? लो मिश्री, बताशे और गुड़ का भेद समझाता हूँ तुम्हें। उस दिन प्रदर्शनी देखने जा रहे थे। स्टेशन आये तो टिकिट-घर पर भीड़। सोमवती वाली भीड़ नहीं, समझदार भीड़—क्यू में खड़ी, पर मुसीबत यह कि क्यू इतना लम्बा कि उसमें खड़े हों, तो हमारा नम्बर चालीसवाँ। हम सीधे खिड़की के पास पहुँचे और ऊँची आवाज़ से क्यू वालों से कहा, भाइयो, मैं मजबूरी में आपका नम्बर ले रहा हूँ। ऐसा करना मेरा हक़ नहीं है। यह आपकी मेहरबानी है। आपका समय कुछ मुझसे कम क़ीमती नहीं है। वे पसीज जाते हैं और मैं बेनम्बर ही टिकिट ले, मुसकराता हुआ चला आता हूँ। इस नुसख़े का मोल यह नहीं है कि टिकिट

मुझे पहले मिल गया, पर यह है कि उन्हें बेवक़ूफ़ बनाने पर भी वे मुझे एक आदमी मान लेते हैं—जी हाँ, एक आदमी।''

''आपके यह टिकिट ख़रीदने के नुसख़े तो सचमुच हकीम पन्नालाल के नुसख़ों से भी ज़्यादा रामबाण हैं, पर...।''

''फिर वही पर, पर-वर इसमें कुछ नहीं, सिर्फ़ पर इतना है कि ये नुसख़े टिकिट खरीदने के नहीं, आदमी बनने के हैं। यह बहुत बारीक भेद की बात है। राजा भोज का समय होता तो इस भेद की बात पर सोने की सैकड़ों मोहरें बरस पड़तीं, पर लो, तुम्हें बिना दक्षिणा के ही यह भेद बता रहा हूँ। बात यह है कि हर आदमी दूसरे आदमी को अपने से हीन समझता है। अब आवश्यकता यह है कि हमारी बात और काम ऐसे हों कि वह हमें श्रेष्ठ माने। इसका नाम है आदमी बनना, तो अवसर टिकिट खरीदने का हो या किसी और बात का, ख़ास बात है आदमी बनना, अपनी श्रेष्ठता का सिक्का दूसरे के दिल पर बैठाना। बस, इतना यहीं और समझ लो कि श्रेष्ठता का यह सिक्का कभी तो बैठता है चरित्र की ऊँचाई से और कभी उपयोगिता से। कहो, है न गहरे भेद की बात ?''

''हाँ, बात तो वाक़ई गहरे भेद की है, पर हमारी समझ में यह भेद अभी बैठा नहीं है। तुम एक-दो अनुभव और सुनाओ तो काम चले।''

''अनुभव ? अनुभव एक-दो नहीं, एक सौ सुनो, अनुभव भी एक से एक और एक सौ एक के। अपनी ही बात कहे जाना ठीक नहीं है, इसलिए आप-बीती के बाद जगबीती का भी एक नमूना लो—

ठाकुर शीशमसिंह को तो तुम जानते हो ? हाँ, हाँ, वे ही नगलीकलाँ वाले। क्या राय है तुम्हारी उनके बारे में ? लो, अपने प्रश्न का उत्तर भी मैं ही दिये देता हूँ कि बहुत अच्छे आदमी हैं और यह तुम्हारी-मेरी ही राय नहीं, सारे इलाक़े की राय है। अब मैं पूछता हूँ तुमसे कि क्या उनके चरित्र में कोई ऐसी ऊँचाई है कि सारी दुनिया उनका मान करे, उन्हें आदमी माने ? आपका जवाब है नहीं और यही जवाब है मेरा भी तो बस यह सब आदमी बनने के नुसख़ों का ही असर है। आपको याद होगा हकीम पन्नालाल बहुत साफ़-सुथरे काग़ज़ पर नुसख़े लिखा करते थे, ठाकुर शीशमसिंह भी बहुत सफ़ाई से नुसख़े लिखते हैं, पर ख़ास बात यह है कि न उसमें होता है

चिरायता, न गिलोय, न सौंफ़ न अजवायन; उसमें होता है नमस्ते और भवदीय।''

''नुसख़े में नमस्ते और भवदीय होता है ?''

''हाँ जी, नुसख़े में नमस्ते और भवदीय होता है और लो, उलझने की कोई बात नहीं; बात है सिर्फ़ यह कि 1942 में एक फ़रार क्रान्तिकारी छिपकर उनके यहाँ रहता था। अब वह पहुँच गया एक ऊँचे पद पर और इनका लिहाज़ करता है। उसके कारण इनकी और भी चार बड़े आदमियों से जान-पहचान हो गयी है। अब ठाकुर साहब इन्हीं लोगों के नाम सिफ़ारिशी ख़त लिखा करते हैं। किसी का मुक़दमा हो या परमिट, पासपोर्ट हो या मेम्बरी, बेटे की नौकरी हो या बेटी का रिश्ता, ठाकुर साहब का ख़त ले जाइए—वे ख़त देने से कभी इनकार न करेंगे। बस ठाकुर साहब सबके लिए आदमी बने हुए हैं।''

''तो उनके ख़त से सबका काम बन जाता है ?''

''भाईजी, मैं बता रहा हूँ तुमको आदमी बनने के नुसख़े और तुम बने जा रहे हो चुकन्दर ख़ान। अरे मियाँ, सबके सब काम तो ईश्वर भी नहीं कर सकता, फिर आदमी क्या चीज़ है, सोचो तो ! इन पत्रों में से कुछ तो रद्दी की टोकरी में फेंक दिये जाते हैं और पत्र ले जानेवालों की बात भी कोई नहीं पूछता, कुछ का यह असर होता है कि पत्र लानेवालों की बात सुन ली जाती है और उन्हें चलताऊ आश्वासन मिल जाता है—भले ही आगे जाकर नाव डूब जाए, और कुछ का काम हो जाता है—शायद पत्र न ले जाने पर भी वह हो जाता, पर रहस्य यह है कि ठाकुर साहब को किसी के काम होने या न होने से कोई मतलब ही नहीं, वे तो आदमी इसलिए बन गये हैं कि सबकी बात हमदर्दी से सुनते हैं और सबकी मदद को तैयार रहते हैं। फिर जिन-जिनकी बात कुछ पूछ ली जाती है या जिनका काम हो जाता है, वे तो ठाकुर साहब के चारण हो ही जाते हैं, पर जिनकी बात नहीं पूछी जाती और वे लौटकर शिकायत करते हैं, तो ठाकुर साहब समय का रोना रो देते हैं कि इस आदमी पर इतने एहसान किये हैं, पर अब बड़ा आदमी बन गया तो दिमाग़ ही नहीं सँभलता उससे ! ठाकुर साहब का नुसख़ा कामयाब है या नहीं ?''

"वाह साहब वाह, यह तो आपने ग़ज़ब की बात सुनायी।"

"इसमें न कुछ ग़ज़ब है, न अजब, हाँ, बात ज़रूर है और बात भी नुसख़े की और नुसख़ा भी कोई ऐसा-वैसा नहीं, आदमी बनने का है। यह नुसख़ा बहुत लोग जानते हैं, पर इसे सब अपने-अपने ढंग पर बाँधते हैं, यही इसकी विशेषता है। हनुमान्‌जी की बगीची में जो स्वामीजी रहते हैं, वे इसे एक तीसरे ही रूप में प्रयोग करते हैं। उनके बारे में मशहूर है कि अफ़सरों पर उनका बहुत असर है। बस मुक़दमे वाले उन्हें घेरे रहते हैं और मज़ा यह कि दोनों पक्षवाले उनसे मदद चाहते हैं। वे दोनों को आश्वासन दे देते हैं, पर उन्होंने एक बार भी कभी किसी की सिफ़ारिश नहीं की—हारनेवाला हार जाता है और जीतने वाला जीत जाता है।"

"तब तो उनका नुसख़ा फ़ेल रहा, क्योंकि हारनेवाला तो उन्हें गाली देता ही होगा भाई साहब ?"

"प्रश्न तुम्हारा ठीक है, पर क़तई बेठीक है; क्योंकि तुम मनोविज्ञान पढ़े ही नहीं हो। अरे भाई, जो हार गया, वह दुःख से इतना दब जाता है कि उसे स्वामीजी की चर्चा करने की कहाँ फ़ुरसत ? और जो जीत गया, वह उत्साह में है, चार जगह मुक़दमे की बात करता है तो स्वामीजी की वन्दना हो ही जाती है और यों स्वामीजी आदमी बने रहते हैं आज भी, कल भी।

सचाई यह है कि इस मामले में तिल की ओट पहाड़ है। लो, उठते-उठते तुम्हें अपना ही एक नुसख़ा पिलाता हूँ। जब मैं किसी दूकान से कोई सामान ख़रीदता हूँ और दूकानदार सामान तोलने लगता है तो दूसरी तरफ़ मैं इस तरह मुँह फेर लेता हूँ, जैसे मैं उसे देख ही नहीं रहा, पर कनअँखियों से उसे देखता रहता हूँ। अब जो उसने नीता तोल दिया तो ठीक, पूरा तोल दिया, तब भी कोई बात नहीं, पर डण्डी खिंची देखी तो कहता हूँ—लालाजी आपके तो हाथ ही तुले हुए हैं और फिर ज़रा कम ही तुल गया तो क्या है, यहाँ भी आपका है, वहाँ भी आपका है और बस मैं देखता हूँ कि डण्डी नी गयी है। इस तरह सामान भी मुझे पूरा मिल जाता है और मैं दूकानदार की निगाह में आदमी भी बन जाता हूँ।"

अब आया तुम्हारी समझ में नये ज़माने की आदमीयत का नुसख़ा ?

अजी, होना-हवाना क्या है ?

जीवन में कभी-कभी कुछ ऐसी घड़ियाँ भी आती हैं, जब किसी काम में जी नहीं लगता। न सिलसिले से कुछ सोचने को जी चाहता है, न पढ़ने को और न कुछ करने को। तन चाहे बहुत थका न हो, पर मन थका रहता है।

तन थका हो तो नींद उसकी अचूक दवा है, पर इन घड़ियों में नींद भी नहीं आती। दिल और दिमाग़ पर मायूसी का अजीब साया-सा पड़ा रहता है। आमतौर पर ऐसा तब होता है, जब आदमी के सामने कोई ऐसा मसला पेश होता है कि वह उसे हल नहीं कर पाता और मजबूरी यह होती है कि बिना हल किये बैठा जा नहीं सकता। अब आदमी इस उधेड़-बुन में कि फिर होगा क्या ? तब वह सोचते-सोचते इतना थक जाता है कि फिर सिलसिले से सोचना भी उसके बस का नहीं रहता।

औरों का भी ऐसा हाल होता होगा; क्योंकि यह कोई पेटेण्ट प्रयोग तो है नहीं कि मेरी ही मिल्कीयत हो और वे इसका कुछ इलाज भी करते होंगे, पर मुझे इसकी कोई दवा अभी तक मालूम नहीं हो सकी। हाँ, एक बात ज़रूर है कि इन घड़ियों में अगर कहीं क़िस्मत से चचा मिल जाएँ तो पाँच-सात मिनिटों में ही यह मायूसी छूमन्तर हो जाती है और तन-मन का थकान उतर-सा जाता है। तभी तो हम लोग कभी-कभी हँसी में उन्हें चचा विमटो कहकर, उनके प्रति अपने मन का सम्मान प्रदर्शित किया करते हैं।

जिन्हें मायूसी का यह दौरा-सा उठता है और कभी-न-कभी यह सभी को उठता होगा, वे सब चाहेंगे कि मैं चचा का नुसख़ा उन्हें बता दूँ और

वे भी किचनर कम्पनी के मिस्टर पाइबा या गोविन्द अत्तार के पण्डित भोलानाथ से मँगाकर उससे फ़ायदा उठाएँ, पर बता दूँ क्या ख़ाक ! चचा न डॉक्टर हैं, न हकीम, न वैद्य। यहाँ तक कि वे झाड़-फूँक करनेवाले ओझा भी नहीं कि उनका ताबीज़ ही भिजवा दूँ।

"फिर क्या हैं वे ?"

यह एक मुनासिब सवाल है। चचा अलताफुर्रहमान एक उर्दू अख़बार के एडीटर हैं। उम्र कोई साठ साल होगी। हमारे शहर में अगर आप देखें कि पानों से मसूड़े रँगे, एक पुराने अचकन से तन ढके, सफ़ेद बालों को मेहँदी से लाल किये और टूटे फ्रेम के सफ़ेद चश्मे से झाँकती आँखों को बरेली के सुरमे से आँजे, अपनी पुरानी तुर्की टोपी को ज़रा-सा बाँकपन दिये, एक बूढ़े मियाँ कहीं अपनी छड़ी को टेकते जा रहे हैं तो समझ लीजिए कि वे हमारे चचा हैं और बस बिना तकल्लुफ़ आप उनसे बातें कीजिए, चाहें तो उनका नुसख़ा भी पूछिए। शरमाने या सकुचाने की ज़रूरत नहीं, क्योंकि हमारे साथ ही वे आपके भी तो चचा हैं !

"जी, हमारे चचा कैसे ? हमसे तो उन बेचारों की कभी दीद-शनीद भी नहीं हुई ?"

ठीक है, आप यह कह सकते हैं और मुझ पर नाराज़ भी हो सकते हैं, पर असल में नाराज़ी की कोई बात नहीं। मेरे पिताजी उन्हें चचा कहा करते थे, मेरे चचा तो वे हैं ही और मेरे बच्चे भी उन्हें चचा कहा करते हैं। असल में वे जगत्-चचा हैं और आप भी हैं इस जगत् के ही निवासी, लिहाज़ा इस हुलिये से उन्हें पहचानकर आप उन्हें अपना भी चचा मान सकते हैं और उनसे मायूसी दूर करने का नुसख़ा पूछ सकते हैं।

और कहा तो मैंने अभी आपसे कि वे एडीटर हैं, हकीम-वकीम नहीं। फिर भी मेरा हवाला देकर आप उनसे नुसख़ा पूछ सकते हैं। जानते हैं आप, वे क्या कहेंगे ? सुनते ही ज़ोर से क़हक़हा लगाएँगे, दो-चार इधर-उधर की बातें सुनाएँगे और अन्त में कहेंगे—"यह है तुम्हारा मसला ? हुँः, पिद्दी न पिद्दी का शोरबा, सिर्फ़ साये का भूत है मियाँ, साये का भूत; इसमें होना-हवाना क्या है ?" लीजिए अब आपसे छिपाना क्या है, बस यही उनका नुसख़ा है।

बात यह है कि चचा की इन बातों में कुछ ऐसा असर होता है कि मन बहल जाता है, बहल क्या बस बदल जाता है और एक ऐसी ताज़गी मन में उभरती है कि सामने के झमेले से लड़ने की ताक़त मिल जाती है।

मान लीजिए आप किसी मसले से परेशान हैं और चचा आ गये। आपने उनसे कहा, "चचा, मेरा तो दिल बुझा जा रहा है, आख़िर क्या होगा इस मामले में।" तो वे पहले ज़रा मुसकराएँगे और तब कहेंगे—"अरे भाई, इसमें होना-हवाना क्या है, दिल का दीया बुझा जा रहा है तो उठकर उसमें तेल डालो, यानी कुछ पियो !"

"क्या पिएँ चचा ?" आप पूछ बैठें तो वे फिर मुसकराएँगे और तब इस तरह कहेंगे जैसे कोई बड़ी गम्भीर बात कह रहे हैं, "अरे भाई, पिएँ क्या, वही तीन तोले अफ़ीम और तीन छटाँक तेल; बस मामला साफ़ !"

इसके बाद बच्चों की तरह मुँह बनाकर खिसियाएँगे और फ़रमाएँगे, "वाह साहब, इस दुनिया में इतनी पीने की चीज़ें हैं कि सिर्फ़ उर्दू में उनके नाम लिख दूँ तो मेरा अख़बार भर जाए—क्या समझे जनाब, पूरे चार पेज और आप पूछ रहे हैं कि क्या पिएँ चचा ? अरे साहब, तन्दुरुस्ती के लिए पीने को गंगा-जमना के इलाक़े में दूध और मारवाड़ में प्यास बुझाने को पानी मिले या न मिले, मायूसी दूर करने की दवा का इन्तज़ाम हुकूमत ने हर जगह कर रखा है और वह अगर कहीं चूक भी गयी है तो हमारे पण्डे-पुजारियों ने अपने-अपने मन्दिरों में कुण्डी-सोटे का प्रबन्ध करके उस कमी को पूरा कर दिया है। इस पर भी आपकी आँखें नहीं खुलतीं, तो भला हो इन कम्पनीवालों का। बेचारों ने छोटी-छोटी गलियों की दुकानों तक पर चाय की पुड़ियें भेज दी हैं। एक प्याला गले से उतारो कि ख़ुमार आए और बस मायूसी वन टू थ्री। अब बैठो किसी हँसमुख के साथ और दो-चार मिनिट जोड़ो गप्पें, बस दिल और दिमाग़ ताज़ा। अब आप चाहे कुछ लिखिए-पढ़िए, बाज़ार से घर का सामान लाइए या जिस मसले में उलझे हैं, उसे सुलझाने को निकल पड़िए। बाहर-भीतर की इस ताज़गी में आप उलटे-सीधे चार हाथ मारेंगे, मामला सुलझ जाएगा और होना-हवाना क्या है ?"

यह है चचा विमटो का वह नुसख़ा, जो मायूसी और परेशानी पर कभी बेकार नहीं जाता। मैं बरसों यह समझता रहा कि चचा हँस-हँसाकर आदमी

का दिल बहला देते हैं, पर उस दिन मैंने जाना कि चचा का नुसख़ा, तो अपने में ज़िन्दगी की एक फ़िलासफ़ी लिये हुए है।

"ओः हो, तो आपको अपने चचा के इस नुसख़े में ज़िन्दगी की एक फ़िलासफ़ी भी दिखाई दे गयी ? सच यह है भाई साहब, कि हर लेखक कुछ-न-कुछ पागल होता है और इस समय तो आप सचमुच आगरे की एक ख़ास बिल्डिंग के चारों तरफ़ ही घूम रहे हैं।"

जी हाँ, आगरे की बिल्डिंग के बाहर ही नहीं, मुमकिन है मैं उसके भीतर ही घूम रहा होऊँ, पर मेरा विश्वास है कि पूरी बात सुनकर आप भी यह मान लेंगे कि हमारे चचा एक ज़िन्दादिल इनसान ही नहीं, पूरे दार्शनिक–फ़िलासफ़र हैं और दार्शनिक भी जीवन के; यानी कोरे सिद्धान्ती नहीं, एक अमली आदमी।

'अच्छा, तो सुनाइए फिर अपने चचा की जीवन-फ़िलासफ़ी हमें भी ज़रा। मुमकिन है उसमें से कुछ हमारे हाथ पल्ले भी पड़ जाए; वैसे तो आप जानते ही हैं कि हम अपने मुल्क के एक मशहूर कूड़मग्ज़ आदमी हैं।"

तो लीजिए, सुनिए, चचा की जीवन-फ़िलासफ़ी। बात यह हुई कि हमारे दफ़्तर के बड़े साहब हमसे नाराज़ हो गये और उन्होंने हमसे ऐसा कसकर जवाब तलब किया कि सबने मान लिया कि अब हमारा पत्ता कटा। अच्छी तनख्वाह, शानदार काम, छूटा सो छूटा, फिर कहाँ मिलता है ? हम परेशान हो गये और दिमाग़ की हालत वही हो गयी कि यों तो सारे दिन सोच-ही-सोच, पर कोई पूछे कि भई, क्या सोच रहे हो तो हम इस तरह चौंके कि जैसे दूसरे की थैली में हाथ दिये पकड़े गये !

क़िस्मत की बात कि कहीं से घूमते-घामते आ निकले चचा और हमें देखा जो गुमसुम तो दूर से ही तनतनाकर बोले–"कहो साहबज़ादे, किसकी गली में पिट आये आज ?"

पहले तो हमें बुरा लगा कि वाह साहब, हमारी तो बन रही है जान पर और इन्हें सूझी है फुलझड़ी छोड़ने की; फिर फ़ौरन ही हम सँभल गये कि ये तो चचा हैं और चचा को न उतरा हुआ चेहरा पसन्द है, न चढ़ा हुआ। वे अकसर कहा करते हैं कि भाई, चेहरा कोई सिगनल नहीं है कि उसे इस तरह ताने रखो कि देखते ही हँसी-खुशी की रेल फ़ौरन थम जाए

और न वो कोई गुब्बारा ही है कि हमेशा इस तरह फूला रहे कि मालूम हो पीली हसीन बरों से आपकी मुहब्बत अभी शुरू हुई है। अरे मियाँ, चेहरा है चाँद, चेहरा है गुलाब कि जब देखो खिला रहे, महकता रहे, चमकता रहे।

तो हम पी गये अपना ताव और धीमे से हमने अपना मामला चचा को सुनाकर उनसे पूछा कि अब होगा क्या ? हँसकर चचा बोले–"होगा क्या, होगा क्या, होगा क्या ! अरे, होना-हवाना क्या है इसमें, तुम्हारा अफ़सर तुम्हारे जवाब से, तुम्हारी ख़ुशामद से, तुम्हारी सिफ़ारिश से मान गया; तो मामला ज्यों-का-त्यों, नहीं तो 31 तारीख़ को महीने भर की तनख्वाह और गेट आउट का परवाना दोनों एक साथ मिल जाएँगे। फिर चाहे आप आलू-छोले बेचें और चाहे मूँगफली, पूरी आज़ादी है।"

दुखी तो हम पड़े ही थे, चचा की बात से हमें गुस्सा भी आया और तुनककर हमने कहा, "होना-हवाना क्या है, होना-हवाना क्या है, बस इस बकवाद के सिवा आपको कुछ और भी आता है चचा ?"

बात हमारी गरम थी, मगर चचा ने और भी नरम होकर कहा, "इस बकवाद की गहराई को समझने के लिए अरस्तू और पतंजलि के खोपड़े की जरूरत है, तुम इसे क्या समझोगे मेरे लाड़ले मीण्डक, मगर आज तुम्हें भी मैं इसे न समझा दूँ, तो तुम भी मुझे क्या चचा कहोगे।

लो सुनो, यह होना-हवाना क्या है राधेश्याम कथावाचक के परिवर्तन नाटक की गोल्डन पिल्स है, जो सब बीमारियों का अकेला इलाज़ है और यहाँ तक कि कोई तुम-जैसा लायक़ भतीजा अपने हम-जैसे चचा को बिना पासपोर्ट के ही सातवें आसमान पर भेजना चाहे तो उसके लिए भी यह रामबाण है।

राम के बाण ने रावण को मारकर भारत के इतिहास में एक नया मोड़ पैदा किया था और हमारी इस गोली ने भी भारत को एक नया मोड़ दिया, यह शायद आपको पता नहीं, औरंगज़ेब अगर 'होना-हवाना क्या है' की गोली न खाता तो दिल्ली के इतिहास में औरंगज़ेब की सिर्फ़ इतनी ही चर्चा होती कि समूगढ़ के मैदान से उसका सिर काटकर शाहजहाँ के सामने दरबार में पेश किया गया और उन्होंने हुक्म दिया कि इसे ठोकरों में लुढ़कने के लिए चाँदनी चौक में फेंक दो।"

"यह किस तरह चचा ?" हमने पूछा तो बोले, "हाँ, अब आये हैं राह पर ?" और तब कहने लगे, "औरंगज़ेब दक्खिन की लड़ाइयाँ जीतकर दिल्ली की गद्दी अपने बाप से छीनने चला तो समूगढ़ के मैदान में उसकी टक्कर शाही फ़ौजों से हुई। उधर औरंगज़ेब अपनी तीस हज़ार फ़ौजों के साथ और इधर बड़ा भाई दारा साठ हज़ार शाही फ़ौजों के साथ। कहाँ तीस, कहाँ साठ ! औरंगज़ेब अपने हाथी पर चढ़ा अपनी फ़ौज के बीचोंबीच खड़ा था कि राजपूत उस पर टूट पड़े और उसके हाथी के चारों तरफ़ जो पठान सिपाही थे उनमें भगदड़ पड़ गयी।

दारा ने दूर से यह देखा और यह सोचकर कि बस लड़ाई के फ़ैसले का वक्त आ गया है, अपना हाथी मोरचे की तरफ़ हूल दिया, पर दारा आरामों में पला राजकुमार और औरंगज़ेब लड़ाइयों के मोरचों पर पनपा सिपाही। दारा धूप और प्यास से बेहाल होकर कुछ मिनिटों के लिए एक हलके से साये में ठहरकर आराम करने लगा, पर ठीक इसी मौक़े पर ख़तरे को सामने आया देख औरंगज़ेब के हाथीवान ने पूछा, "अब क्या होगा हुज़ूर ?"

औरंगज़ेब ने कड़ककर कहा, "होना-हवाना क्या है जी ! फ़ौरन हाथी के पैरों में साँकल डाल दो, जिससे यह अंगुल-भर भी इधर-उधर न सरक सके !"

हाथीवान ने हुक्म की तामील की और बस इतनी देर में तख्ता उलट गया। भागे हुए पठान सिपाही लौट आये और राजपूत सिपाही घिर गये। फ़तह औरंगज़ेब के हाथों रही और दारा दिल्ली की तरफ़ भागता नज़र आया।

"कहिए, इसी गोली ने भारत के इतिहास को यह नया मोड़ दिया या नहीं ? और आप जब देखते हैं, हमारी इस गोली का मज़ाक उड़ाते हैं और इसे बकवाद बताते हैं। इस गोली का पहला असर यह है कि आदमी के दिल में भरोसा होता है, बेफ़िकरी आती है और कोशिशों के लिए उसके हाथ-पैर खुल जाते हैं।"

लेकिन चचा, एक निराश-नाउम्मीद आदमी भी तो यही सोचता है कि अब होना-हवाना क्या है ? हमने बीच में टोककर पूछा तो बोले, "ठीक

है निराश आदमी भी यही सोचता है कि अब होना-हवाना क्या है और कोशिशें बन्द कर बैठ जाता है, पर इसमें मेरी गोली का क्या क़ुसूर कि लोग उसे ग़लत इस्तेमाल करें। फिर भी गोली कुछ-न-कुछ अपना काम करती है और ऐसे लोगों को भी तसल्ली से बैठा देती है, उनकी बेचैनी कम कर देती है; वरना वे जाने कब तक तड़पते और स्यापे लेते।''

ज़रा रुककर बोले, ''लीजिए, इस बारे में एक ख़ास बात बताऊँ कि मेरी यह बात बेफ़िकरी की एक दवा ही नहीं है, धर्म का सार भी है।''

वाह चचा, वाह, यह एक ही रही, पर यह तो बताइए कि आप-जैसे नास्तिक को यह धर्म-कर्म कब से सूझने लगा ? हमारा यह प्रश्न सुना तो चचा बोले, ''हम हज़ार नास्तिक हों, हमें धर्म वालों की बस एक यही बात पसन्द है कि उनका पक्का ईमान-विश्वास इस बात में है कि होना-हवाना क्या है ?

एहसान नाख़ुदा का उठाये मेरी बला।
कश्ती ख़ुदा पै छोड़ दूँ लंगर को तोड़ दूँ।

अरे डूबेगी, डूब जाएगी, पार होगी, हो जाएगी। पार करेगा तो ईश्वर, डुबाएगा तो ईश्वर और वह जो कुछ करता है भला ही करता है—उसकी इच्छा पूरन हो !

सो भैया ! चाहे आप पण्डत गरड़धज की तरह ईश्वरभक्त हों, चाहे चचा की तरह सफ़ाचट्ट, पर 'होगा क्या, होगा क्या' के चक्कर से निकलिए और धुड़धुड़ी लेकर खड़े हो जाइए; साथ ही पूरी ताक़त से एक बार सोचिए कि भई, ख़ामख़ाँ हम परेशान क्यों हों, आख़िर होना-हवाना क्या है ?

और लो सुनो, आपने उस दिन हमें चाय के साथ गरम पकौड़ियाँ खिलायी थीं, उसका एहसान हमारे सिर है, सो आपको बिना फ़ीस लिये एक मशवरा देकर उसे उतार देते हैं, क्योंकि एहसानफ़रामोशी—कृतघ्नता—बहुत बड़ा पाप है !''

चचा की यह बात सुनी तो हम खिसककर उनके पास हो गये कि जाने वे बड़े साहब के बारे में ही कोई काम की बात न कह दें और कहा, हाँ, तो दीजिए फिर मशवरा, पर चचा, रामबाण हो कि बड़ा साहब धम्म से नीचे आ गिरे !

"बड़ा साहब ? अरे भाई, वो पाँचफुटा है क्या चीज़, आपका सारा दफ़्तर धड़ाम से नीचे आ गिरे, अगर आप हमारे मशविरे पर कान दें।" चचा ने गम्भीरता से कहा और तब बोले, "आप गीदड़-गुरु के चेले हो जाएँ और उसका गुरुमन्त्र गले में नहीं, दिल में उतार लें। बस, मामला आपों-आप मुट्ठी में आ जाएगा !"

गीदड़-गुरु का चेला, कौन गीदड़-गुरु ? सवाल सुना तो चचा बोले, "अरे आप गीदड़-गुरु को भी नहीं जानते, तभी तो बड़े साहब से डरे यहाँ पड़े हैं तकिये में सिर दिये; वरना एक साहब क्या, आप दो की यों फिरकी बना दें।" अच्छा, तो फिर सुनिए गीदड़-गुरु की कहानी :

गीदड़ ने जंगल में देखा कि एक हाथी मरा पड़ा है। उसने दाँत मारे, पंजे चलाये, पर हाथी की खाल थी, उसका दाँव न बैठा। स्वादिष्ट भोजन का भण्डारा सामने, मगर यह कुण्डी कैसे खुले ?

उधर से आ निकला एक शेर ! गीदड़ ने उससे कहा, "मामा, मैंने तुम्हारे लिए यह हाथी मारा है, लो आओ भोग लगाओ।"

शेर ने कहा, "बेटे, मैं दूसरे का शिकार नहीं खाता, मेरा प्रसाद समझकर तुम्हीं आनन्द करो।"

गीदड़ का वार ख़ाली गया, पर तभी उधर से आ निकला एक चीता। गीदड़ ने कहा, "यह हाथी बड़े मामा ने मारा है छोटे मामा, और पहरे पर मुझे बैठा, नहाने गये हैं वे, पर तुम बहुत भूखे मालूम होते हो, इसलिए एक तरफ़ से थोड़ा-सा तुम खा लो। मैं दूर बैठा देख रहा हूँ, मामा आते दिखाई देंगे तो तुम्हें कह दूँगा, तुम भाग जाना।"

चीता लोभ में आ गया, पर अपने मज़बूत पंजों से हाथी की खाल को चीर, वह मुँह मारने को ही था कि गीदड़ ने दौड़कर कहा, "भागो, मामा आ रहे हैं।"

चीता भाग गया और यों गीदड़ ने कई दिन ख़ूब भोग लगाया। ये हैं गीदड़-गुरु और यह है उनका गुरुमन्त्र ! कुछ समझे ? अरे भाई, समझना इसमें क्या है, बस जिसके हाथ में आपके मसले की बागडोर है, उसे चारों तरफ़ अ को आ से आ को इ से इस तरह तोप दो कि वह आप से बाहर न जा सके।

बस फिर आप भी मेरी फ़िलासफ़ी के क़ायल हो जाएँगे और कोई आपसे अगर पूछेगा कि भाई, आपके बारे में अब क्या होगा तो आप चटाक से कहेंगे—अजी, इसमें होना-हवाना क्या है ?

अब भी समझ में कुछ कसर रह गयी हो तो यों समझ लीजिए कि मेरी फ़िलासफ़ी का सार यह है कि कोई मसला इतना बड़ा नहीं होता कि हल न हो सके, और सच तो यह है कि हर मसले के साथ ही उसका हल भी रहता है, पर मुसीबत तो यह है कि हम मसले के भय से इतने डर जाते हैं कि उसे न खुलने वाली गाँठ समझ लेते हैं। होना-हवाना क्या है इस फ़िलासफ़ी की घोषणा है कि कोशिश करने से पहले ही उसकी कामयाबी तय है, तो मत लीजिए नाकामयाबी का मनहूस नाम और समझ लीजिए कि हर मसला हल होने के लिए है !

अधूरा कभी नहीं, पूरा और पूरी तरह !

जहाँ तक याद है यह ईगुल की बात है। उस वर्ष वहाँ गाँधी सेवा संघ का वार्षिक सम्मेलन था और गाँधीजी भी उसमें पधारे थे। वहाँ उन्होंने जो भाषण दिया, उसका आरम्भ उन्होंने कुछ इस तरह किया–

अभी मैं अपने ठहरने के स्थान से जब यहाँ चला आ रहा था तो मैंने देखा कि एक अध्यापक महोदय कुछ बालकों को तकली चलाना सिखा रहे थे, पर उनका तकली चलाने का तरीक़ा स्वयं ही शुद्ध नहीं था। भूल यह थी कि वे पहले पूरा धागा खींच लेते थे और तब उसे ऐंठते थे। यह बड़ी भारी भूल है।

एक साधक ने पूछा, पूरा धागा खींचकर फिर उसे ऐंठने में क्या भूल है बापू ?

जवाब मिला, पूरा धागा खींचने पर किसी काम से बिना उसे ऐंठ दिये कातनेवाले को उठना पड़ जाए तो उस कच्चे सूत के ख़राब होने का तो भय है ही, पर सबसे बड़ी बात तो यह है कि आपका एक काम अधूरा रह गया।

और बस अपने स्वभाव के अनुसार यहीं गाँधीजी तकली के सूत्र से जीवन के सूत्र में उतर आये और बोले, पता नहीं मनुष्य के पास मृत्यु कब आ पहुँचे, इसलिए उसे इस तरह जीना चाहिए कि जब भी वह संसार से जाए, उसका हरेक काम अपनी जगह पूरा हो और किसी दूसरे को उसका काम पूरा करने में नहीं, उसके काम को आगे बढ़ाने में ही हाथ लगाना पड़े।

ईगुल की यह बातचीत जब-जब मेरे ध्यान में आयी है, मैंने सोचा है—गाँधीजी जीवन की हर बात को कितनी गहराई से सोचते थे और जीवन के हर क्षण को कितनी गम्भीरता से लेते थे।

और जब भी कभी मैं यह सोचता हूँ कि वे जिस दिन स्वयं इस संसार से गये, अपना वह दिन उन्होंने तीन बजकर सत्ताईस मिनिट पर आरम्भ किया था और जवाब के लिए बीच में पड़ी चिट्ठियों का जवाब उन्होंने लिखाया था, तो एक तड़फन मेरे प्राणों में कौंध-कौंध उठती है कि क्या वे जानते थे कि मैं आज जा रहा हूँ और इसीलिए उन्होंने अपने कई अधूरे काम उस दिन पूरे कर दिये थे !!

तो जीवन का यह सूत्र बना कि जो काम करो, पूरा करो—एक को बीच में अधूरा छोड़, दूसरे का आरम्भ और दूसरे को अधूरा छोड़, तीसरे का आरम्भ, यह काम करने का कोई अच्छा तरीक़ा नहीं है।

लोकजीवन में इस सत्य को एक कहावत में यों कहा गया है—'आगे दौड़, पीछे चौड़।'

इतिहास में भी ऐसे वीरों की कथाएँ सुरक्षित हैं जो जीतते गये और बढ़ते गये, पर जब आख़िरी किनारे पर पहुँचे तो उन्होंने देखा कि उनके गले में विजय का हार नहीं, गुलामी का तौक पड़ा है और उनके हाथों में विजित देशों के विजय-पत्र नहीं, हथकड़ियाँ डाली जा रही हैं। क्यों ? क्योंकि वे जीते देशों की व्यवस्था का अधूरा काम छोड़कर आगे बढ़ गये !

मैं जीवन की सरल बात कहने बैठा था, पर लगता है कि कुछ बोझिल हो चला हूँ तो आइए अपने मित्र श्री खन्ना और उनकी पत्नी श्रीमती खन्ना से आपका परिचय कराऊँ। श्री खन्ना एक ईमानदार, परिश्रमी और भले राज्यकर्मचारी तो श्रीमती खन्ना एक सुरुचि-सम्पन्न, सहृदय गृहिणी। एक मध्यम श्रेणी का छोटा-सा परिवार, पर इतना व्यवस्थित कि देखें तो देखते ही रह जाएँ—हँसी में मित्र लोग कहते हैं, "श्रीमती खन्ना झाड़ू से नहीं बुहारतीं, जीभ से फ़र्श चाटती हैं।" वे अपना घर ऐसा रखती हैं कि जैसे यह म्यूज़ियम हो और इसकी चीज़ें बरती न जाती हों, बस देखने के लिए सजी ही रहती हों !

एक दिन पूछा, "इस व्यवस्था का रहस्य क्या है ?"

श्रीमती खन्ना बोलीं, "जो चीज़ जहाँ की है, उसे वहीं रखने की आदत !" और तब उन्होंने एक ताज़ा संस्मरण सुनाया, "रात खन्ना साहब एक बजे आये। उनके साथ सामान भी था। आते ही उन्होंने कपड़े निकाले, बदले और बिस्तरबन्द खोलकर जूता जूते के स्टैण्ड पर रखा, चप्पल पलंग के पास, बिस्तरा भीतर की चौकी पर पहुँचाया, मैले कपड़े डोली में डाले, होल्डाल तह करके उसकी जगह रखा, फलों की टोकरी रसोई में रख आये, थर्मस खूँटी पर टाँग दिया, ट्रंक भीतर के कमरे में रखा, छतरी कोने में और यों ढाई बजे सोये।"

हम जब सुबह सोकर उठे तो घर ज्यों-का-त्यों था। दूसरे लोग ऐसे मौक़े पर यह फेंका इधर तो वह मारा उधर और कुछ पलंग के नीचे तो कुछ चारों ओर; ग़रज़ यह कि घर को ऐसा कर देते हैं; जैसे यहाँ से अभी-अभी राजस्थानी लुहारों का काफ़िला उठा हो !

वे बोलीं, "बस यही हमारी व्यवस्था का रहस्य है।"

मैंने कहा, "ठीक है, आप लोग खादी न पहनने पर भी इस मामले में गाँधीजी के पक्के शिष्य हैं, कभी अधूरा काम नहीं करते।" और तब मैंने उन्हें गाँधीजी का वह ईगुल वाला संस्मरण सुनाया।

खन्ना परिवार के विरुद्ध है मेरा एक आत्मीय और उसकी बहू रानी। दोनों सुन्दर हैं, पर घर का सौन्दर्य दोनों को पसन्द नहीं—उनका घर देखकर ऐसा लगता है कि वे आज ही इस घर में आये हैं और उनका सामान किसी दूसरे घर से लाकर अभी यहाँ पटका गया है– यहाँ यह पड़ा है तो वहाँ वह। कभी-कभी मैं उसे व्यवस्थित करा देता हूँ, पर यह रेते का राजमहल उसी दिन से छीजने लगता है और दो-तीन दिन में ही फिर अपना पुराना स्वरूप ले लेता है।

क्या उसके पास जगह की कमी है ? ना, यह स्वभाव की बनावट है, जिसे मैं मानसिक दरिद्रता कहा करता हूँ।

विकास प्रेस के बरामदे का पार्टीशन करके बनायी गयी मेरी अपनी कोठरी है—नौ बालिश्त चौड़ी, नौ बालिश्त लम्बी। इसमें मेरा पुस्तकालय है, कार्यालय है, पूजा-मन्दिर है, शयन-कक्ष है, बैठक है, स्टोर है और भी बहुत कुछ है। समाज के अत्यन्त प्रतिष्ठित नागरिक, जो धनपति हैं, ऊँचे

राज्यकर्मचारी हैं, मिनिस्टर-डिप्टी-मिनिस्टर हैं और बड़े-बड़े भवनों में रहते हैं, अकसर इस कोठरी में आतिथ्य ग्रहण करते रहे हैं। मैंने बार-बार देखा है कि वे आकर पहले भौचक हो इस कोठरी में चारों ओर आँखें घुमाते हैं और तब कहते हैं कि वाह साहब, यह आपकी कोठरी तो ख़ूब है। मैं स्वयं अपनी कोठरी पर गर्व करता हूँ कि उसमें एक पूरा जीवन है, वातावरण है, व्यवस्था है, सौन्दर्य है।

मैं जानता हूँ कि आपका घर भी अव्यवस्थित रहता है और आप चाहते हैं कि वह खन्ना परिवार या मेरी कोठरी की तरह व्यवस्थित रहे तो अधूरा काम करने की बुरी आदत छोड़िए और पूरा काम करने की अच्छी आदत डालिए।

अधूरे या पूरे काम का घर की व्यवस्था से भला क्या सम्बन्ध ? आपके मन में यह प्रश्न पूरे ज़ोर से उमड़ रहा है पर इसका बड़ा गहरा सम्बन्ध है, क्योंकि अधूरे काम ही घर की व्यवस्था को ख़राब करते हैं।

यह कैसे ? इस तरह कि आपका घर इस समय पूरी तरह व्यवस्थित है, हर चीज़ अपनी जगह पर रखी खिल रही है और आपने यह निश्चय भी कर लिया है कि इसे ऐसा ही रखेंगे। अब आप कपड़ों के दराज़ में से एक बनियाइन निकालते हैं। वह कहीं कपड़ों में रखा गया है, मिलता नहीं। आप दो-चार कपड़े निकालकर कुरसी पर रख देते हैं और बनियाइन लेकर बाहर के कमरे में आ जाते हैं। बस सारी व्यवस्था समाप्त समझिए; क्योंकि आपने अधूरा काम किया और कपड़ों को ज्यों-का-त्यों नहीं रखा।

आपके बाद आपका पुत्र आ गया और वह अपने स्थान पर रखी उस कुरसी को खींच, ऊपर के ताक़ में रखा अपना खेल उतारकर कुरसी को वहीं छोड़ जाएगा। तब दर्शन देंगी उसकी माताजी और वे कपड़ों की मरम्मत करके, कैंची से कटी कतरनें और सुई-तागे का डिब्बा बीच में छोड़ जाएँगी और बस आज का सूरज डूबने से पहले ही आपका घर कबाड़ी की दूकान बन जाएगा।

है न अधूरा काम घर की व्यवस्था का दुश्मन ?

दूर के नगर में मेरे एक मित्र रहते हैं। तीन-चार साल बाद मैं गया तो देखा कि एक छोटा-सा दोमंज़िला मकान उन्होंने बना लिया है। नया

मकान, नया फ़रनीचर, नयी किताबें, पर दरवाज़े की तरफ़ वाली दीवार पर पानी के डोरे खिंचे हुए, जिससे कमरे में एक भद्दापन छाया हुआ।

पूछा, यह पानी कहाँ से आया है, तो बोले, ''ये पैड के दो छेद बन्द होने से रह गये, बरसात में पिछवाड़ आ जाती है।''

वही अधूरा काम कि मकान बने दो साल हो गये, पर पैड बाँधने के लिए बने छेद रह गये, जिन्हें बन्द करने का काम सिर्फ़ दस मिनिट का था। अब चार ईंट, आध सेर सीमेण्ट, दस मिनिट के लिए मिस्त्री और सीढ़ी, यह सब हो तो वे छेद बन्द हों, इसलिए दस मिनिट की वह अपूर्णता जाने कब तक पूर्ण हो !

इससे भी एक छोटी बात लीजिए। आपने अपने कमरे में झाड़ू लगायी, सामान जहाँ का तहाँ किया, पर आप देख रहे हैं कि ऊपर कोने में एक जाला लगा है। आप अपनी बेंत ज़रा हिला दें तो जाला ख़त्म हो, पर नहीं आपने उसे छोड़ दिया और बस आपका काम अधूरा रह गया।

काम को अपूर्ण करने की आदत जीवन को अपूर्ण कर देती है और कभी-कभी इसके भयंकर परिणाम निकलते हैं।

मेरे एक मित्र हैं पी. सी. एस.। यूनिवर्सिटी में फ़र्स्ट आये थे और डिप्टी कलेक्टर होने के कुछ दिन बाद ही सिटी मजिस्ट्रेट हो गये। एक शहर से दूसरे शहर में तबादला हुआ। किराये पर लिया हुआ फ़रनीचर और क़ालीन अपने किसी अर्दली के हाथों लौटा दिया और चले गये, पर दो साल बाद फ़रनीचरवाले ने उस सामान और किराये की नालिश कर दी। अब मजिस्ट्रेट साहब की पोजीशन ख़तरे में। पन्द्रह दिन मैं दौड़ा-दौड़ा फिरा और तब कहीं चार सौ रुपये में फ़ैसला हुआ।

बात यह हुई कि या तो अर्दली साहब ने सामान साफ़ किया या फिर फ़रनीचरवाले के मुंशी ने बेच खाया। सामान लौटाकर रसीद न लेने के अधूरे काम ने यह परेशानी और जुर्माना दिया।

एक साहब ने अपने क़ीमती सामान की अटैची क़ुली के सिर पर रखी और टिकिट ख़रीदने लगे। मेम साहब ने कहा, सामान क़ीमती है, मैं साथ जा रही हूँ तो अकड़कर बोले, डोंट बर्री, कमौन डीयर (चिन्ता मत करो, तुम मेरे साथ रहो प्यारी !) क़ुली ने यह बात सुन ली और जाने कहाँ रल

गया। न मेम साहब साथ गयीं, न साहब ने नम्बर नोट किया। वही काम की अपूर्णता !

यह अपूर्णता क्यों होती है ? इस प्रश्न के मनोवैज्ञानिक विश्लेषण में मैं न उतरूँगा; क्योंकि किसी छोटे दर्जे की अँगरेज़ी पुस्तक में युग बीते पढ़ी एक कविता की दो पंक्तियों में ही इसका समाधान है–

"वर्क ह्वाइल यू वर्क, प्ले ह्वाइल यू प्ले !
दैट इज़ दी वे, टु बि हैप्पी आई से !"

जब तुम काम करो तो बस काम ही करो और जब खेलो तो बस खेलो ही खेलो; मैं कहता हूँ प्रसन्न रहने का एक यही तरीक़ा है।

बात गहरी है कि काम करो तो उसमें पूरा ध्यान, पूरी दिलचस्पी, पूरी योग्यता लगा दो; क्योंकि दिलचस्पी, लगन और चाह ही आदमी में पूर्णता के लिए चाव पैदा करती है और इसी से वह अधूरेपन से बच, पूर्ण काम करने का आदी हो जाता है।

अधूरा काम जीवन को अधूरा कर देता है, उससे बचो और हमेशा पूरा काम तो करो ही, काम को पूरी तरह भी करो–

"वर्क ह्वाइल यू वर्क, प्ले ह्वाइल यू प्ले !"

दुनिया दुखों का घर है !

बात आज की है एकदम ताज़ी, पर बात पुरानी है, बहुत पुरानी और शायद उस बरगद के पेड़ से भी पुरानी, जो दक्षेश्वर महादेव के मन्दिर में खड़ा है। जाने कब से खड़ा है, यों ही यह बरगद का पेड़—वट का वृक्ष। मेरे बाबा कहते हैं कि वे बालक थे तो यह पेड़ यहीं इसी तरह खड़ा था और वे उसके नीचे दूसरे बालकों के साथ आँखमिचौनी और दोई-दुक्का खेला करते थे।

लगभग अस्सी वर्ष के हैं मेरे बाबा तो यहाँ खड़े-ही-खड़े इस बड़ के पेड़ ने एक पूरी सदी का इतिहास अपनी आँखों देखा है। कितना विशाल, कितना बूढ़ा, कितना पुराना है यह बड़ का पेड़, पर जो बात मैं आपको सुनाना चाहता हूँ, वह इतनी पुरानी है कि उसका अता-पता इस बूढ़े बड़ से पूछो तो यह बग़लें झाँकने लगे और अन्त में खिसियाना-सा कहे कि भाई, जब मैं छोटा-सा बालक था, तब भी बड़े-बूढ़े यह बात आपस में यों ही कहा करते थे, जैसे आज तुम लोग कहते हो।

तो मतलब यह कि बूढ़े बड़ से भी बूढ़ी है यह बात, जो मैं आपको सुना रहा हूँ। बुढ़ापे में आदमी ही नहीं हाथी धसक जाता है और उसमें खुली ताज़गी नहीं रहती, पर जो बात मैं आपको सुना रहा हूँ, वह इतनी बूढ़ी है, फिर भी ग़ज़ब की तेज़ी और ताज़गी है उसमें और ताज़गी भी क्या कोई ऐसी-वैसी, वह तितली-सी सारे देश में उड़ी फिरा करती है। जब मैं कहता हूँ कि उड़ी फिरती है तो आप यह न समझें कि वह कोई अप्सरा है, जो इधर से उधर उड़ी फिरे, जी नहीं वह लोक के कण्ठ का हार है।

"ओः हो, जाने क्या कहे जा रहे हैं आप। मान लिया कि जो बात हमें आप सुनानेवाले हैं, वह बहुत पुरानी है, सारे देश में उसका प्रचार है, पर भले आदमी, भूमिका, बाँधे जा रहे हो, आख़िर वह बात भी तो सुनाओ कि क्या है ?"

ऊँ हूँ, तुम बोले भी तो यह बोले। बात के बीच में टपकना ही था तो कोई काम की बात कहते। वाह जी, वाह, कहा भी तो क्या कहा कि हम भूमिका बाँध रहे हैं, जैसे भूमिका बाँधना कोई मामूली बात हो। भाई साहब, भूमिका बाँधने का मतलब है, हवा बाँधना और जिसने हवा बाँध दी, उसके लिए सफलता ऐसी कि जैसे आप सड़क पर पड़ी-पायी गिन्नी चुपके से उठाकर अण्टी में लगा लें। भूमिका बाँधना, यानी हवा बाँधना ऐसा महत्त्वपूर्ण न होता तो क्या संसार के महान् शासकों और कर्णधारों की खोपड़ी कोई खोखली हो गयी है कि वे हवा बाँधनेवालों की जेब में बैठे फिरा करते हैं।

"संसार के शासक और कर्णधार हवा बाँधनेवालों की जेब में बैठे फिरा करते हैं, यह क्या कह रहे हैं आप ?"

अजी भाई साहब, मैं जो कुछ कह रहा हूँ वो तो एक और एक दो की तरह बिलकुल साफ़ है, पर तुम्हारी अक्ल का द्वार ज़रा ऐसा तंग है कि उसमें कोई बात ऐसी ही मुश्किल से बैठती है, जैसे मोटी स्त्री के हाथ में बुल्लन मियाँ की पतली चूड़ी। ख़ैर, कुछ भी हो, मुझे तो यह चूड़ी बैठानी ही है तो मैं आपसे पूछता हूँ कि हिटलर जो सारी उम्र प्रचारमन्त्री गोयबेल्स को अपना सगा भतीजा बनाये रहा, उसका यही रहस्य था महाराज ! अच्छा तो अब तुम मेरी वह बात सुनो, जो दक्ष के मन्दिर में खड़े उस बरगद के पेड़ से भी पुरानी है और फिर भी देश के घर-घर में फैली हुई है।

आज तो नन्हे और भुल्लन का बेटा भौंदू और बुड़कल्ला भी अब अपने लिए दुलहिन देखने जाता है तो पूछता है—नाचना जानती हो ? और इस प्रश्न के उत्तर में यदि वह सकुचाई-सिकुड़ी किशोरी कहे कि 'हाँ' तो वह कुछ इस तरह मुसकराहट के साथ सिर हिलाता है कि जैसे वह भरत के नाट्यशास्त्र पर ही थीसिस लिखकर डी. फिल्. हुआ हो। साथ ही यदि कानों में पड़े 'ना' तो वह सम्पूर्ण गम्भीरता के साथ कुछ इस तरह भौंहों को

सिकोड़कर माथे पर बरसाती नदी के कगार-से खड़े कर लेता है कि जैसे उसने दुलहिन के सम्बन्ध में हो रही जाँच-पड़ताल के सामने ऊँची दीवारें ही खड़ी कर दी हों।

साथ ही पलौथी से इस तरह उकड़ूँ हो जाता है कि बिना ना किये ही लड़की वालों के लिए उसकी बिदाई का ऐलान हो जाता है। यह आज की दशा का चित्र है, पर मैं तो उन दिनों की बात कह रहा हूँ, जब नृत्य और गान में निपुणता कन्या में बिना जाँचे उसी तरह अनिवार्य समझी जाती थी, जिस तरह आजकल भोजन बनाना। यही कारण है कि उन दिनों वर के लिए वधू की खोज करते समय नाचने-गाने की जाँच-पड़ताल न करके परिवार के लोग वंश के गुण-दोष देखा करते थे।

बहू जिस दिन पति के घर आती, उस दिन रात भर मुहल्ले-पड़ोस की कोई कन्या और बहू न सोती और रात भर नृत्य और गान की धूम मची रहती। यह एक तरह से बहू की परीक्षा का उत्सव होता, क्योंकि इसमें नगर और परिवार की पुरानी बहुएँ और कन्याएँ जहाँ अपनी कला का प्रदर्शन करतीं, वहाँ बहू को भी अपनी कला का पूरा प्रदर्शन देना पड़ता। इस तरह दोनों एक-दूसरे की आँखों में तुल जाते। उस उत्सव-रात्रि को लोक की भाषा में कहा जाता—रतजगा।

उस दिन भी भारत के एक सुखी नगर में ऐसा ही रतजगा था। बहू डोले से उतरी तो चाँद निकल आया। बड़ी-बूढ़ियों ने कहा—"बहू रूप का लच्छा है।" सास ने गर्व में डूबकर कहा—"गुणों का भण्डार भी है।" ईर्ष्या से कुढ़कर जिठानी ने कहा—"यह तो रात में देखा जाएगा।" ननद ने सँभालते हुए कहा—"देख लेना फिर रात में ही।"

रतजगा प्रारम्भ हुआ। दस-ग्यारह बजे रात तक लड़कियाँ नाचीं और तब बहुएँ मैदान में आयीं। समारोह जब पूरी गरमी पर आ गया तो सास ने कहा, "बहू, अब तू उठ मेरी चाँद !"

गर्वीली बहू ने उपेक्षा से कहा, "इन छोकरियों में मैं क्या नाचूँ माँ; किसी का नाच बढ़िया लगे तो मेरे दिल में भी उमंग आए।"

बहुओं ने इसमें अपने लिए व्यंग्य पाया और उनके ताल में ठसक, भ्रू-भंगियों में कसक की लहरें और अंग-विन्यास में थिरक और लचक

गतिशील हो उठी। इस गति में नयी बहू के चैलेंज की स्वीकृति भी थी और अपनी ओर से चैलेंज भी थी।

कोई तीन बजे नयी दुलहिन नाचने को उठी। सबके दिल धड़क उठे और साँसों की चाल धीमी पड़ गयी। बहू ने अब अपना आँचल सँवारा, अब लहँगे के शल सीधे किये, अब ढोलक की कसाई देखी और अब बैठी बहुओं को आगे-पीछे कर जगह ठीक की और लो वह आ गयी नाच की मुद्रा में, पर यह क्या कि वह फिर ठहर गयी और आँखें फाड़-फाड़कर आँगन को देखने लगी। और अब सबने आँखें फाड़-फाड़कर देखा—मुँह पर विराग का भाव लिये बहू बैठ गयी है और पैरों से घुँघरू खोल रही है।

आश्चर्य से सास ने पूछा, "ऐं, क्या है बहू ?"

"मैं नहीं नाच सकती यहाँ !" बहू ने नाक सिकोड़कर कहा, तो और भी आश्चर्य में सास ने पूछा, "क्यों, क्या बात है मेरी चाँद ?"

"इस मकान का आँगन ज़रा टेढ़ा है और नृत्य का भाव-विकास एकदम चौकोर स्थल में ही हो सकता है।" एक दार्शनिक की तरह गम्भीर होकर बहू ने कहा और घुँघरू खोलकर उसने ज़रा दूर सरका दिये।

बड़ी-बूढ़ियों के भय से बहुएँ कुछ कह न पायीं। फिर भी उनके हृदय का विद्रोह जिस गागर में सागर की तरह लहरा उठा, वह आज भी लोकोक्ति में अमर है कि 'नाच न जाने आँगन टेढ़ा।' जब कोई अपनी कमी को दूसरों के सिर मढ़कर पल्ला बचाना चाहता है तो यह सूक्ति व्यंग्य का बाण बनकर चोट करती है।

कहिए, ठीक है न मेरी बात कि दक्षेश्वर महादेव के मन्दिर में खड़े बरगद के पेड़ से पुरानी होकर भी यह बात आज भी वैसी ही ताज़ी है, जैसी कि उस दिन थी कि जब अपमानित बहुओं की हुंकार उस नयी बहू पर बरस पड़ी थी ?

एक और बात बड़ी अजीब है कि पुरानी पड़कर हर चीज़ कमज़ोर हो जाती है, पर लोकोक्तियों की यह विशेषता है कि ज्यों-ज्यों वे घिसती हैं उनके भाव का पैनापन बढ़ता है। 'नाच न जाने आँगन टेढ़ा' इस लोकोक्ति पर ही जब मैं विचार करता हूँ तो मुझे लगता है कि इसमें जीवनशास्त्र का एक पूरा अध्याय अब समा गया है।

"ओ हो, इसमें जीवनशास्त्र का एक पूरा अध्याय भी समा गया इतनी देर में। तुम्हें भी लन्तरानियाँ छौंकने की आदत हो गयी है कुछ !"

भाई साहब, मुझे लन्तरानियाँ छौंकने की आदत पड़ गयी है तो कोई बुरी बात नहीं, क्योंकि भोजन है जीवन का प्राण और भोजन का प्राण है छौंक। पुराने लोग कह गये हैं कि छौंक आधा चौका है। फिर बातों का छौंक तो एक कला है। बीरबल न इंजीनियर था, न कवि; फिर भी अकबर बादशाह की मूँछ का बाल बना रहा, सिर्फ़ बातों में छौंक की कला के कारण। आप मेरी इस कला को यों ही उड़ाना चाहते हैं कि दे ढील और वो काटा ? कान खोलकर सुन लीजिए, मैं पूरी ताक़त के साथ एक बार फिर दोहराना चाहता हूँ कि इस कहावत में जीवनशास्त्र का एक पूरा अध्याय छिपा है, पर मुसीबत तो यह है कि लोग नाचना तो जानते नहीं और आँगन को टेढ़ा बताते हैं।

मुझे अपने एक बचपन के साथी की याद आ रही है। हम दोनों एक संस्कृत पाठशाला के विद्यार्थी थे और उस साल प्रथम परीक्षा दे रहे थे। सारी पाठशाला में सबसे ख़राब लिखाई मेरे इस साथी की थी, पर वह इसे अपनी कमी नहीं मानता था। वह कहा करता था कि मुझे अभी तक अच्छा-सा पेन नहीं मिला और तुम लोगों को मिल गया है, इसलिए तुम ज़रा अच्छा लिख पाते हो। मुझे भी जिस दिन मनपसन्द पेन मिल जाएगा, बस मैं भी काग़ज़ पर मोती टाँकने लगूँगा। सचमुच यही उसका विश्वास था !

परीक्षा को एक सप्ताह रह गया, पर उसे कोई मनपसन्द पेन न मिला। नतीजा यह कि वह काग़ज़ पर मोती टाँकने में कामयाब नहीं हुआ और मकोड़े ही मारता रहा। अब वह परेशान था कि क्या करें। अचानक उसने एक नया आविष्कार किया और यह सूची बनायी कि पाठशाला में कौन-कौन विद्यार्थी बहुत सुन्दर लिखता है। सूची बनते ही उसने नया क़दम उठाया और उन सबके निब चुराकर एक छोटी-सी डिबिया में बन्द कर लिये। बुद्धि का बदहाज़मा देखिए कि आपने उनसे एक बार भी लिखकर नहीं देखा और मान लिया कि कापी के काग़ज़ों पर अब मैं अजन्ता और इलोरा की तसवीरें उतार दूँगा।

परीक्षा के दिन बड़े आराम के साथ उसने इस डिबिया का एक निब

अपने पेन में लगाया और कापी के टायटिल पर लिखा—नमः शिवाय। पूरे उत्साह से उसने कापी उठाकर अपनी चूँधी-चिपचिपायी आँखों से देखा तो दिल धड़क उठा—ऐं, ये तो वे ही मकोड़े और मक्कड़ हैं, इनमें शिवजी के ललाट पर दमदमाते चन्द्रमा की चाँदनी का तो नाम नहीं, हाँ उनके भुजंग और भभूत के भूत ज़रूर नाच रहे हैं।

बेचारे ने बड़ी मुश्किल से अपनी खोपड़ी में सोचने की शक्ति को जगाया और दोनों हाथ साधकर बायें अँगूठे के नाख़ून पर निब को इस तरह चटकाया जैसे गाँव की फूहड़ सखियाँ अपने मैके में नेफे से नोची जूँ को पकड़कर चटका देती हैं, पर कोई फल न मिला। अक़्ल काम ही न करती थी कि क्या बात है। ज़रा ठहरकर उसने अपनी दुपल्ली टोपी से निब को पोंछा और नया डोबा भरा, पर कोई काम न चला। निराशा में आदमी रो पड़ता है या फुंकारता है। वह फुंकार उठा और उसने डैक्स में मारकर निब का नामोनिशान ही मिटा डाला। इस तरह तीन दिन में मेरे साथी ने लगभग पन्द्रह निबों का बलिदान किया और फ़र्स्ट डिवीज़न में फ़ेल हो गया।

यही भूल आपकी है भाई साहब, नाच आप जानते नहीं, न जानना मानते भी नहीं और आँगन को टेढ़ा बतलाते हैं, पर मैं इसके लिए आपको कोई दोष नहीं दे सकता, क्योंकि इस दुनिया के निन्यानबे फ़ीसदी आदमियों का यही हाल है। जिसे देखिए दुखों का मर्सिया पढ़ते नज़र आता है, जैसे यह दुनिया दुखों का ही एक अजायब घर हो। फिर कोई दुखी है, तो उससे यह भी पूछना पड़ता है कि भाई, तू क्यों दुखी है ? इसके जवाब में इस किनारे से दुनिया के उस किनारे तक कोई यह नहीं कहता कि मैंने भूल की, ठीक नहीं चला और इसलिए दुखी हूँ। अपने बारे में हरेक की राय सौ फ़ीसदी ठीक है। कोई कुटुम्ब वालों का नाम लेता है, कोई मित्र-साथियों का और किसी को इनमें से कोई हाथ न आए तो सबके दोषों का ज़िम्मेदार भाग्य तो है ही। अब यह भाग्य कोई चीज़ है या नहीं, इस बहस में मैं नहीं पड़ता, पर सोचता हूँ कि वह बेचारा गूँगा है और बोल सकता तो अपने इन लाड़लों में से बहुतों की सात पीढ़ियाँ बखान मारता !

मेरे पड़ोस में दो भाई हैं। ग़रीब माँ-बाप के बेटे और मामूली पढ़े हुए। एक ने मुहल्ले में मामूली पान की दूकान कर ली और आज वायल के कुरते

में सोने के बटन लगाये बैठता है। दूसरा लखपती होने के चक्कर पर चढ़ गया और नक़ली रुपया बनाने के सिलसिले में जेल काटकर आया है। रात-दिन भाग्य को क़ोसता है और गुनगुनाया करता है :

"मेरा तजरुबा है कि इस ज़िन्दगी में परेशानियाँ ही परेशानियाँ हैं।"

उस दिन बातों-ही-बातों में बोला, "अजी बाबूजी, भगवान् की यही मरज़ी थी कि मैं बरबाद हो जाऊँ, सो हो गया।" मैं सोचने लगा कि यह भगवान् कौन है, कैसा है कि लोगों को बरबाद करने के गुलटप्पे मारता रहता है।

भगवान् के बारे में भी एक अजीब मसखरी है। एक साँस में लोग कहते हैं, वह दयालु है, सर्वशक्तिमान् है, न्यायकारी है और उसी ने यह दुनिया बनायी है और उसी साँस में कहते हैं कि यह दुनिया दुखों का घर है, परेशानियों का अड्डा है। यही नहीं कि यह बात अनपढ़ कहते हों या नासमझ; जी नहीं, वे कहते हैं यह बात जो धर्म-कर्म के ठेकेदार माने जाते हैं और इतनी पुस्तकें रटे फिरते हैं कि मामूली गधे पर लाद दो तो बेचारे की कमर तीरकमान बन जाए।

अब पूछे कोई इन भले आदमियों से कि भाई, जो ईश्वर दयालु और सर्वशक्तिमान् है, वह दुखों का घर क्यों घड़ेगा ? भला जो इंजीनियर हो सकता हो, उसका सिर फिरा है कि वह आलू-छोले बेचता फिरे ? दुनिया सुखों का भण्डार है, यह एक ऐसा उपवन है, जिसमें ख़ुशियों के फूल खिले हैं। हाँ, इसमें काँटों की बाढ़ भी है। अगर कोई उन फूलों की तरफ़ तो देखे नहीं और काँटों में उलझता फिरे तो इसमें भगवान् क्या करे ?

बात वही है कि कम्बख़्त नाचना जानते नहीं और आँगन को टेढ़ा बताते हैं। अब बताओ तुम कि इस कहावत में जीवनशास्त्र का एक अध्याय भरा हुआ है या नहीं ? अरे साहब, तुम सोचने की मुद्रा में गुम क्यों हुए जा रहे हो ? मान लो, हाँ साहब, बस मान ही लो कि आज हमने तुम्हें काम की एक बात बता दी है। जानता हूँ कि तुम कंजूस हो और धन्यवाद नहीं दोगे, पर कोई फ़िकर नहीं; हम भी उन दूकानदारों में हैं, जो सौदा देकर दाम लेना भूल जाया करते हैं।

बल-बहादुरी : एक चिन्तन

बल में पुरुषत्व क़ा निवास है और सहृदयता में देवत्व का। बल के अभाव में परिलक्षित होता है क्लीवत्व का दयनीय दर्शन और सहृदयता की शून्यता में ताण्डव करती है, पापपुंज-प्रोज्वलित पैशाचिकता !

क्लीवत्व भय का पिता है और उसकी सहचरी है दीनता, पर पैशाचिकता की सखी है क्रूरता और वह अज्ञान के पुत्र अहंकार का पोषण करती है।

पुरुषत्व अभय का जनक है और देवत्व शान्ति का। अभय और शान्ति का यह सुन्दर सम्मिलन ही मानवता के विकास की पुण्य-भूमि है।

रावण भी बली था और राम भी; कृष्ण में भी बल का अधिष्ठान था और कंस में भी; पर एक की आज जयन्ती मनायी जाती है और दूसरे का स्मरण हमारे हृदयों में घृणा के उद्रेक का कारण होता है।

बात क्या है ?

एक ने अपने बल का उपयोग किया जनता के अधिकारों की रक्षा में और दूसरे ने उनके अपहरण में; एक के बल का पथ-प्रदर्शक था प्रेम और दूसरे का स्वार्थ; बस दोनों का यही अन्तर है ! इसका अर्थ यह हुआ कि सबल के बल का सदुपयोग ही उसके साफल्य की एकमात्र कुंजी है।

बल एक है, पर उपयोग के साँचे में ढलकर हम उसे दो रूपों में देखते हैं। आत्मा का संस्पर्श उसे वीरता के पवित्र एवं स्पृहणीय नाम से उद्घोषित करता है और देह का क्रूरता के जघन्य एवं घृणित नाम से।

दूसरे शब्दों में विवेक का साहचर्य उसे स्वर्ग की सीमा में ले जाता है

और अविवेक का नरक की।

सामान्यतः बल अन्धा है और उसकी गति पथ-प्रदर्शक के अधीन है।

राष्ट्र एवं जातियों के गौरव की स्थिति पूर्णतः कोकिल के शिशु जैसी है। उसका जन्म होता है, शक्ति की कल्याणमयी गोद में, पर वह पलता है प्रेम के पवित्र पालने में। बल उसकी नसों में अभिमान एवं कर्मण्यता के रक्त का संचार करता है और प्रेम उसे त्याग का अमृत पिलाकर अमर करने का प्रयत्न। बल एवं प्रेम का यह सात्त्विक सहयोग ही राष्ट्रों के निर्माण की मूलशिला और इन दोनों का पारस्परिक विरोध ही विश्व के विशाल राष्ट्रों एवं जातियों के खँडहरों का सच्चा एवं हृदयवेधी इतिहास है।

बल आकर्षण का केन्द्र है। बल का उपयुक्त प्रदर्शन अपनों और बेगानों, सभी को अपनी ओर आकर्षित करता है—सबल को सभी मुग्ध-दृष्टि से देखते हैं, प्रेम और श्रद्धा का स्नेहोपहार उसके चरणों में समर्पित कर सभी अपने को धन्य समझते हैं, पर वीर अपने प्रतिद्वन्द्वी वीर के एक प्रशंसा वाक्य को जनसाधारण के अतिशयोक्तिपूर्ण अनेक भाषणों से अधिक महत्त्व देता है। वास्तव में एक कवि ही दूसरे कवि की सच्ची प्रशंसा करने का अधिकारी है। और एक वीर ही दूसरे वीर का सच्चा सम्मान कर सकता है।

इतिहास-रत्न जयमल और वीर-शिरोमणि फत्ता का हम कितना ही गुणगान करें, पर उनका सच्चा सम्मान तो मुग़ल-सम्राट् वीर अकबर ही कर सका था।

झाँसी की वीर महारानी लक्ष्मीबाई के सम्मान में हम कितने ही काव्यों का निर्माण क्यों न करें, उस देवी का वास्तविक सम्मान ब्रिटिश सेना के वीर सेनापति ह्यूरोज के वे शब्द हैं, जो आज भी इतिहास के स्वर्ण-पृष्ठों में अपनी दिव्य-प्रकाशमाला के साथ जगमगा रहे हैं।

बल और बुद्धि का वही सम्बन्ध है जो देह और आँख का। बुद्धि-कौशल के बिना बल का कुछ अर्थ नहीं और बल के अभाव में बुद्धि-कौशल पंगु है।

राजपूतों में बल था; ऐसा बल, विश्व-इतिहास के पृष्ठों में जिसकी कोई उपमा नहीं, पर पराजय के अतिरिक्त उन्हें क्या मिला ?

वे जहाँ लड़े सिंह की भाँति लड़े। शत्रु और मित्र सभी ने खुले दिल उनके शौर्य की प्रशंसा की, पर इससे क्या ?

कल्पना के मोदक हमें कुछ काल के लिए आनन्द के मधुर आवेश में भले ही भुला दें, पर हमारी क्षुधा की शान्ति नहीं कर सकते।

शाहजहाँ का उत्तराधिकारी दारा, साठ हज़ार से भी अधिक बल-राशि का स्वामी था और उसका छोटा भाई औरंगज़ेब इससे आधी से भी कम, पर बुद्धि-कौशल के अभाव में एक का अन्त इतना दयनीय है कि पत्थर भी पसीज उठे और दूसरा इसी के सहारे साम्राज्य का अधीश्वर बन बैठा !

बल के साथ बुद्धि का एकत्र संयोग सौभाग्य-श्री का पुनीत वरदान है। जिस मनुष्य, जाति या राष्ट्र को महामाया का यह वरदान प्राप्त है, सफलता उसके सामने हाथ बाँधे खड़ी रहने में अपने जीवन की चरितार्थता मानती है और विजय उसकी आँख के एक सूक्ष्म संकेत पर नाचने में अपना गौरव अनुभव करता है।

यह संयोग सत्त्वाश्रित होने पर सौन्दर्य एवं प्रेम के सम्मिलन-सा मनोहर, प्रकृति एवं पुरुष के सम्मिलन-सा पुनीत और काव्य एवं संगीत के सम्मिलन-सा अजेय हो उठता है।

बल की चरम सीमा कहाँ है ?

शत्रुदल-गंजन में, केसरी के साथ खेल खेलने में या फिर देश और धर्म के लिए हँसते-हँसते अपने प्राणों की आहुति देने में ?

नहीं, बल की चरम सीमा वीर की उस अविचल-मुसकान में है, जो चारों ओर पराजय और पराभव का वातावरण उपस्थित होने पर भी उसके अरुण अधर-मण्डल पर अपनी पुण्य-पुनीत प्रकाशमाला के साथ थिरका करती है।

बर्बरता के राक्षसी ताण्डव के बीच चुनी जाने वाली दीवार में आकण्ठ निमग्न गुरु गोविन्दसिंह के आत्मज सरल शिशुओं के अधर-मण्डल पर विकसित होनेवाली अविचल स्मित रेखा पर कौन सहृदय है, जो नेपोलियन और गैरीबाल्डी, राणाप्रताप और शिवाजी ही नहीं, विश्व की समस्त वीरता का सार न्यौछावर करने में हिचकेगा ?

विश्व के इतिहास-उपवन में वीरता-वल्लरी के उदाहरण-सुमनों की कमी नहीं। एक-से-एक सुरभित एवं एक-से-एक सुन्दर, पर उनमें सर्वोत्कृष्ट एवं

दिव्य के नाम से उद्घोषित सुमनों का विकास विजय-वैभव की वरेण्य-वैजयन्ती की ऊँची फहरान के पार्श्व देश में नहीं हुआ, पराजय की पुण्य-परागमाला ही उनका प्रसूतिगृह है।

पश्चिम शरीरबल का उपासक है और भारत आत्मबल का। अपने-अपने क्षेत्र और समय में दोनों ही बल ख़ूब फले-फूले और विकास की चरम सीमा तक पहुँचे। प्राचीनतम अतीत के अनन्तर भी बुद्ध के रूप में भारत ने एक बार फिर अपने पक्ष की उज्ज्वलता घोषित की, पर अभी विश्व के विशाल प्रांगण में उसके पक्ष की सर्वोत्कृष्टता प्रमाणित होनी अवशिष्ट थी कि प्रकृति ने गाँधी की महासृष्टि की, जो युद्ध की पाशविकता को अहिंसा के साथ सफलतापूर्वक जोड़ एक सांस्कृतिक अनुष्ठान का रूप दे सका और यों भारतीय संस्कृति के इतिहास में एक नया अध्याय जोड़ने में सफल हुआ।

पुण्य पर्वत की उस पिकनिक में

काम से थक जाऊँ या मानव के अमानवीय व्यवहार से ऊब उठूँ तो ताज़गी के लिए दौड़कर प्रकृति की गोद में जा पहुँचता हूँ। समय कम हो तो खेत पर और ज़्यादा हो तो पर्वत की गोद में।

मुझे लगता है कि ये पर्वत ही हमारी संस्कृति के प्रसूतिगृह हैं और यों मैं उनके वातावरण में पहुँच, एक आध्यात्मिक आँचल की छाया का स्पर्श पा पुलकित हो उठता हूँ। फिर जहाँ पुलक है, वहाँ थकान कहाँ, अवसाद कहाँ, निराशा कहाँ ?

यह है एक हिल-स्टेशन—पर्वतीय नगर, जिसमें मैं ठहरा हूँ। घूमता हूँ, देखता हूँ, सोचता हूँ, लिखता हूँ; बस यही मेरी पिकनिक है। कमरे की पिछली खिड़की से झाँका तो दिखाई दिया—दूर, एक साफ़-समतल मैदान, जिसके चारों तरफ़ देवदारु के वृक्ष ही वृक्ष। सोचा, वहाँ बैठकर कुछ लिखा जाए तो बड़ा मज़ा रहे और बस आयी फुरेरी तो चल पड़ा।

घर के पास की छोटी सड़क और उससे उतरती पगडण्डी। चला जा रहा हूँ रपटता-झपटता उदकता-कुदकता और यह लो मैं हूँ उस मैदान में ! शान्त एकान्त वातावरण, सचमुच कुटिया बनाने लायक़ स्थान है।

कुटिया आज निरादृत है और कोठी समादृत, पर कुटिया है संस्कृति का केन्द्र और कोठी सभ्यता का। कुटिया में हम उपार्जन करते हैं और कोठी में व्यय; पर कुटिया देश की दुर्गति के दिनों में अभाव का प्रतीक बन गयी; त्याग का मन्दिर न रही और यों हम सांस्कृतिक दिवालिया हो गये।

कुटिया और कोठी के विचार-चक्र पर जाने कब तक घूमता रहा, पर

सूरज ढला तो मैं चला। मस्तिष्क में विचार अब भी हैं, पर बढ़ा जा रहा हूँ। बढ़ा क्या जा रहा हूँ, चढ़ा आ रहा हूँ घर की ओर, पर यह क्या कि पसीना आ रहा है और यात्रा बोझिल है। हरेक क़दम पहले से भारी हुआ जा रहा है, बात क्या है यह ?

ओह, यह स्थान खड्ड में है और अब मुझे चढ़ाई चढ़नी पड़ रही है। तो चढ़ रहा हूँ, थक रहा हूँ और सोच रहा हूँ, गिरना आसान है, उठना कठिन है। गिरने में सरलता है, देखती आँखों में सरसता भी है, पर उठने में श्रम है, साधना है।

तभी एक प्रश्न पटबीजना-सा भीतर चमक उठा—क्या ऊपर उठने के श्रम में, साधना में मिठास, रस और आनन्द नहीं है ? वह रूखी-सूखी ही चीज़ है ? शायद हो, पर अपने जीवन की लम्बी साधना में मुझे तो कहीं रूखापन नहीं मिला; फिर भला मैं कैसे कहूँ कि साधना एक रूखी चीज़ है ? सिद्धि समाप्ति है, लीनता है, पर साधना तो मधुर ही मधुर है !

ठीक है, पर मुझे ऊपर जाने में यह आनन्द क्यों नहीं मिल रहा है ? प्रश्न तो अपना ठीक है, ठीक जगह है, पर ना, ठीक लगता है, ठीक कहाँ है ? साधना की आत्मा है स्वेच्छा और मेरे इस ऊपर जाने में स्वेच्छा नहीं, मजबूरी है, अनजाने यहाँ आ गया, अनचाहे ऊपर जा रहा हूँ, इसमें साधना कहाँ, यह तो बोझ है !

भक्त भगवान् की पूजा में लीन हो जाता है, अपूर्व आनन्द उसे मिलता है, पर एक पुजारीजी हैं। दोपहर को वे ताश जमाते हैं और शाम को जब भगवान् की पूजा का तक़ाज़ा उन पर आता है तो कभी-कभी कहा करते हैं, "उठो भाई, पहले पूजा का पाप काट आएँ !"

मैं भी ऊपर चढ़ रहा हूँ, पर चढ़ाई का पाप ही तो काट रहा हूँ ! फिर आनन्द कैसे मिले ?

पगडण्डी चढ़ा चला आ रहा था कि ध्यान आ गया इस पगडण्डी में कितने मोड़ हैं ? कितने क्या, मोड़-ही-मोड़ हैं; जैसे यह राह न होकर कोई चक्कर हो !

तभी जैसे भीतर किसी ने कहा, जीवन में भी तो मोड़ हैं इसी तरह; और अब जैसे जीवन और पथ दोनों मेरे सामने आ गये। मैं सोचता रहा,

पथ में भी मोड़ हैं, जीवन में भी मोड़ हैं।

"पर क्यों हैं ये मोड़ ?" जिज्ञासा ने पूछा और विवेक ने उत्तर दिया, "पथ में मोड़ न हों तो पथिक अपनी मंज़िल तक कैसे पहुँचे और जीवन में मोड़ न हों तो मानव अपना लक्ष्य कैसे पाए, पगले !"

तब ठीक है—मैंने सोचा—मोड़ पथ की भी शक्ति है और जीवन की भी; पर शक्ति जहाँ शक्ति है, वहीं एक ख़तरा भी है कि सदुपयोग हो तो शक्ति-निर्माण का साधन है और दुरुपयोग हो तो विनाश का मोरचा।

जीवन या पथ के मोड़ पर आते ही जहाँ आगे बढ़ने की प्रवृत्ति पनपती है, वहाँ भटक जाने की सम्भावना भी तो ! यहाँ दिशाबोध आवश्यक है और यह दिशाबोध ही शक्ति का सदुपयोग है।

चढ़ते ही चढ़ते किसी से सुना, सामने की पहाड़ियों में एक साधु रहता है और सर्दियों में, जब चारों ओर सूनापन छा जाता है तो कभी-कभी वह दिखाई देता है।

जीवन की यह कैसी स्थिति है कि न पास कोई अपना आदमी, न सुख-सुविधा का कोई साधन, बस पहाड़ की सूनी कन्दरा और उसमें निवास करता एक मनुष्य, जिसके पास अपनी एक लँगोटी भी नहीं—एकदम अकिंचन !

अकिंचन, तो क्या दयनीय ? मेरी आँखों में घूम रहे हैं, वे दीन-भिखारी, जिनके पास कुछ भी नहीं होता—सचमुच दयनीय।

तो क्या साधु और भिखारी, दोनों एक ही चीज़ हैं ? लगता तो यही है कि एक ही चीज़ हैं—उसके पास भी कुछ नहीं और इसके पास भी कुछ नहीं, पर देख रहा हूँ अन्तर्वासी इसे ले नहीं पा रहा और उसके विद्रोह की वाणी सुन रहा हूँ—ना, ये दोनों एक नहीं हैं; एक के पास कुछ नहीं है और वह टुकड़ों के लिए दर-दर भटकता है, पर एक के पास कुछ नहीं है, तब भी वह स्वर्ग का अधीश्वर है।

डुबकी खाते-खाते मैं उभर आया हूँ—हमारी महान् संस्कृति का यह कैसा चमत्कार है कि मनुष्य की दीनता की चरम सीमा है अकिंचनता और

उसके उत्कर्ष की चरम सीमा है अकिंचनता। अकिंचनता की ही छाया में जी रहे हैं वे लाखों, जो मानव होकर भी नाली के कीड़ों की स्थिति में हैं और अकिंचनता की छाया में ही पनपे हैं—महावीर, बुद्ध और गाँधी !

सोच रहा हूँ, यह दीनता दूर होनी है और यह उत्कर्ष पनपना है और चढ़ा चला आ रहा हूँ।

पर्वतमाला से मैंने कहा, "तुम कितनी उदार हो कि मेरी जाति के हज़ारों लोगों को अपनी गोद में लिये रहती हो ? क्या इसमें कष्ट नहीं होता ?"

पर्वतमाला ने कहा, "कष्ट की इसमें क्या बात ! तुम देखते नहीं, आकाशदेव मुझे कितने प्यार से अपनी गोद में लिये हुए हैं ?"

मैंने उन्नत आकाश की ओर देखा। वह विश्वब्रह्माण्ड को अपनी गोद में लिये स्पर्श-सुख की कोमल अनुभूति में लीन था।

सन्ध्या का समय, सामने के ऊँचे पर्वत-शिखर पर काले बादल का एक टुकड़ा और उसके किनारे डूबते सूर्य की किरणों के आलोक में स्वर्णाभा; प्रकृति की कारीगरी का यह प्रदर्शन, यह अद्भुत प्रदर्शन !

पर्वत-सुन्दरी गोटे का चूनर ओढ़े किसी की प्रतीक्षा में है या ताल के सम पर छम से ठुमककर नृत्य की मुद्रा में स्थिर हो गयी है ?

बादल का टुकड़ा नीचा हो गया है और वह स्वर्ण-रेखा ठीक शिखर पर आ लगी है। सन्ध्या के झुटपुटे में हरित श्यामल शिखर और शुद्ध स्वर्ण की यह मोटी रेखा। वातावरण शान्त, आँखों में स्वर्ण-प्रकाश और मन लीन।

क्या पुराण-वर्णित शिवताण्डव की यही प्रस्तावना है ?

और यह लौट रहा हूँ मैं अपने घर—नगर। बस में एक यात्री को चक्कर आ गया तो किसी अनुभवी ने कहा, "आप दूर देखिए, पास देखने से ज़्यादा चक्कर आते हैं।"

एक सरदारजी को ज़ोरों से उबकाइयाँ आयीं तो दूसरे अनुभवी ने कहा, "आप ऊपर देखिए, नीचे देखने से ज़्यादा चक्कर आते ,हैं।"

मैंने दोनों अनुभवों को मिलाकर सोचा—ठीक है, जीवन की यात्रा में जो लोग नीचे की ओर देखते हैं—विचारों के नीचे धरातल पर आँख रखते हैं और जो लोग पास ही देखते हैं, संकीर्ण-दृष्टि का शिकार हो जाते हैं, उन्हें ऐसे चक्कर आते हैं कि वे यात्रा का कुछ भी आनन्द नहीं ले पाते।

और अब मैं फिर अपने नगर में था—इस युग में यात्रा कितनी सुगम हो गयी है, पर क्या सुगमता ऐसी चीज़ है कि हम उसे हर बात में चाहें और यह भूल जाएँ कि पथ की दुर्गमता ही मंज़िल के महत्त्व का मापदण्ड है ?

□□□